游客情感体验的理论建构与实证研究

赵 亮◎著

中国纺织出版社有限公司

图书在版编目（CIP）数据

游客情感体验的理论建构与实证研究 / 赵亮著 . --
北京 : 中国纺织出版社有限公司 , 2024.2
ISBN 978-7-5229-1475-6

Ⅰ . ①游… Ⅱ . ①赵… Ⅲ . ①游客—消费心理学—研
究 Ⅳ . ① F713.55

中国国家版本馆 CIP 数据核字（2024）第 048342 号

责任编辑：房丽娜　　责任校对：王花妮　　责任印制：储志伟

中国纺织出版社有限公司出版发行
地址：北京市朝阳区百子湾东里 A407 号楼　邮政编码：100124
销售电话：010—67004422　传真：010—87155801
http://www.c-textilep.com
中国纺织出版社天猫旗舰店
官方微博 http://weibo.com/2119887771
天津千鹤文化传播有限公司印刷　各地新华书店经销
2024 年 2 月第 1 版第 1 次印刷
开本：710×1000　1/16　印张：16.5
字数：260 千字　定价：99.80 元

前　言

随着我国旅游业从传统观光型向休闲度假型的发展转变，游客旅游体验正在由强调体验的客观真实性向存在真实性转变，旅游体验研究也从单纯的视觉凝视转向多感官及身体本身的研究，情感与情感转向成为旅游研究中的热点课题，强调旅游过程的情感体验。“具身化与情感”已然成为当前旅游研究的七大主题之一。因此，对旅游情感体验的理论研究任务就更加迫切，如何科学地将情感从黑箱中解放出来，从跨学科视角，系统地解释游客特定情感体验的形成机理及其作用机制仍然是一个亟待解决的重要命题。有鉴于此，本书以敬畏情绪为研究对象，致力于将游客情感体验研究进一步推向深入。

本书运用文献综述法进行理论思辨，将访谈法与扎根理论法相结合进行中国游客敬畏情绪体验的理论构建，通过问卷调查法收集数据，采用统计分析法定量实证分析游客敬畏情绪体验的影响效应。研究内容主要包括理论建构和实证研究两大部分。在理论建构部分，本书在对游客敬畏情绪体验的国内外研究现状梳理之后，分析了游客敬畏情绪体验诱发的情境与维度构成，构建了游客敬畏情绪体验结构与过程模型和视障游客敬畏情绪体验模型，探讨了游客情感体验构建路径与影响因素。在实证研究部分，本书在理论研究的基础上，开发检验了中国游客敬畏情绪体验量表，实证分析了不同旅游情境下敬畏情绪体验对游客体验质量、国家认同、环境责任行为意向、亲环境行为以及主观幸福感的影响。

本书研究发现，中国游客敬畏情绪可以由社会、生命、历史文化、自然和宗教神灵诱发；游客敬畏情绪由震撼感、渺小感、愉悦感和虔敬感组成；游客敬畏情绪体验过程由敬畏触发、敬畏体验、敬畏延展三个部分构成，其发生次序按照首先产生生理反应，其次形成新的体验，最后进行模式调整的先后顺序展开；在纪念性旅游场景中敬畏情绪能够导致“小我”意识的产生，“小我”对游客的国家认同具有正向影响；在宗教山岳型旅游景区情境下敬畏情绪能够通过地方依恋和满意度正向作用于游客主观幸福感；在生态休闲型旅游景区情境下敬畏情绪能够通过“小我”和道德规范正向影响游客的亲环境行为。

最后，本书在对已有研究述评的基础上，从敬畏情绪的诱发、影响和研究方法三个方面阐述旅游情境下敬畏情绪在未来的研究方向，期望能够抛砖引玉，引起旅游学界和实践界对游客敬畏情绪的重视，推动敬畏情绪在旅游学中的学术发展。

著者

2024 年 1 月

目　录

第一章　绪论

第一章分为四个部分，第一部分主要介绍了中国游客情感体验：理论构建与实证研究的研究目的；第二部分为研究意义，分为理论意义和实践意义两个方面；第三部分为研究内容；第四部分为研究方法，包括文献分析法、访谈法、扎根理论法、问卷调查法、统计分析法。

第一节　研究目的

体验经济背景下，作为旅游世界的硬核，旅游体验对于旅游学科发展和产业实践至关重要。[1]旅游体验由触感、观感和情感三维结构构成，[2]其中情感维度是旅游体验的核心与主体，贯穿于旅游活动的始终，并随游客的时空转移而不断发生变化。情感体验影响游客的旅游动机与行为，[3]是衡量游客旅游体验质量的重要指标。

随着我国旅游业从传统观光型向休闲度假型的发展转变，游客旅游体验正在由强调体验的客观真实性向存在真实性转变，[4]旅游体验研究也从单纯的视觉凝视转向多感官及身体本身的研究，情感与情感转向成为旅游研究中的热点课题，强

---

❶ 谢彦君，樊友猛．身体视角下的旅游体验——基于徒步游记与访谈的扎根理论分析 [J]. 人文地理，2017，32（4）：129-137.

❷ 张朝枝，张鑫．流动性的旅游体验模型建构——基于骑行入藏旅游者的研究 [J]. 地理研究，2017，36（12）：2332-2342.

❸ Aho S K.Towards a general theory of a touristic experiences：Modelling experience processin tourism[J].Tourism Review，2001（3/4）；
谢彦君．旅游体验研究——一种现象学的视角 [M]. 天津：南开大学出版社，2005：124.

❹ Uriely N. The tourist experience：Conceptual developments [J]. Annals of Tourism Research，2005，32（1）：199-216.

调旅游过程的情感体验。[1]"具身化与情感"成为当前旅游研究的七大主题之一。[2]然而，针对游客情感体验的研究尽管产生了一些实证研究成果，[3]但现有研究大多使用笼统的积极情绪（Positive Emotions）作为研究模型框架中的情绪构念，把多种彼此差异较大的情感整合为一个情感变量，使情感变量内部构成一个黑箱，削弱了研究结论在实践指导中的针对性和可操作性。相较于旅游体验的其他领域，情感体验研究基础薄弱，深入性和系统性都不足，[4]理论化程度还远远不够，致使许多旅游问题未能从心理与情感的角度来解读，从而对旅游中实际问题的解决造成了巨大的障碍。因此，旅游情感体验的理论研究任务就更为迫切，如何科学地将情感从黑箱中解放出来，从跨学科视角系统地解释游客特定情感体验的形成机理及其作用机制仍然是一个亟待解决的重要命题。

有鉴于此，本书以敬畏情绪为研究对象，致力于将游客情感体验研究进一步推向深入。作为积极情感的一种，敬畏情绪自 2012 年科格伦等将其由心理学领域引入旅游学研究领域至今，国内外敬畏情绪在旅游学研究中的应用只经历了短短的 10 年。敬畏情绪是指当我们面对那些广阔的、浩大的，以及超越我们当前理解范围的事物时，产生的混合了钦佩、惊奇、困惑、服从等诸多感觉的复杂情

---

[1] Buda D M，d' Hauteserre A M，Johnston L，et al. Feeling and tourism studies [J]. Annals of Tourism Research，2014，46（8）：102–114.

[2] Cohen E. Cohen S A. Current sociological theories and issues in tourism [J]. Annals of Tourism Research，2012，6（4）：18–35.

[3] Bign é E，Andreu L，Gnoth J. The theme park experience：An analysis of pleasure，arousal and satisfaction [J]. Tourism Management，2005，26（6）：833–844;
Nawijn J. The holiday happiness curve：A preliminary investigation into mood during a holiday abroad [J]. International Journal of Tour–ism Research，2010，12（3）：281–290;
罗盛锋，黄燕玲，程道品，等．情感因素对游客体验与满意度的影响研究——以桂林山水实景演出"印象·刘三姐"为例 [J]. 旅游学刊，2011，26（1）：51–57;
黄潇婷．基于时空路径的旅游情感体验过程研究——以香港海洋公园为例 [J]. 旅游学刊，2015，30（6）：39–45;
屈小爽．基于网络文本的旅游者情感体验构建理路——以杭州西湖为例 [J]. 河南师范大学学报（哲学社会科学版），2017，44（4）：74–78;
许春晓，左湘，胡婷，等．旅游情境、游客情感与游客忠诚的关系研究——以岳阳楼—君山旅游区为例 [J]. 华侨大学学报（哲学社会科学版），2018，（5）：41–51.

[4] 李君轶，纪星，李振亭．欧美旅游者在秦始皇帝陵博物院的情感体验时空变化 [J]. 人文地理，2018，3（3）：129–136.

绪。作为人类积极情绪的一种，已有研究普遍认为，敬畏情绪与游客的旅游体验高度相关，在所有的离散情绪中，游客的敬畏情绪最常出现在旅游的过程中。[1]敬畏的心理学研究也提出敬畏情绪能够影响个体在旅游情境中的心理及行为。[2]

通过文献梳理发现，以往的研究虽然取得了一定的研究成果，但尚缺乏对游客敬畏情绪体验的诱发唤起、时空变化及其如何改变游客的知觉和行为等问题的系统性研究。本书正是以敬畏原型理论和积极情绪的扩展和建构理论为指导对上述问题进行研究，以期界定敬畏情绪的维度结构，明确游客敬畏情绪体验的形成及其时空变化机制，揭示敬畏情绪体验对游客态度及行为的影响机理。

第二节　研究意义

一、理论意义

（一）推动旅游体验研究在情感范畴和相关命题方面的理论化

自科恩（Cohen）提出旅游体验概念，并认为其包含认知和情感成分以来，[3]国外对旅游体验本质的研究，如旅游仪式、旅游表演的舞台化、旅游凝视的历史性与社会性等，主要围绕本真性认知体验议题展开。相较而言，国内学者在对国外认知体验研究进行引介、述评的同时，[4]也开始关注游客情感体验在旅游体验

---

[1] 田野，卢东，Samart Powaka. 游客的敬畏与忠诚：基于情绪评价理论的解释 [J]. 旅游学刊，2015，30（10）：80–88；
田野，卢东，吴亭 . 敬畏情绪与感知价值对游客满意度和忠诚的影响——以西藏旅游为例 [J]. 华东经济管理，2015，29（10）：79–85.

[2] 林正士，吴英伟，李忠荣 . 探索战地观光的旅游动机与情绪体验——以金门为例 [J]. 休闲与游憩研究，2015，7（1）：93–140.

[3] Cohen E.Rethinking the sociology of tourism[J].Annals of Tourism Research，1979，6（7）：18–35.

[4] 谢彦君，彭丹 . 旅游、旅游体验和符号——对相关研究的一个评述 [J]. 旅游科学。2005，19（4）：1–6；
赵红梅 . 对旅游体验及相关研究的解读 [J]. 广西民族研究，2007（4）：171–178；
厉新建 . 旅游体验研究：进展与思考 [J]. 旅游学刊，2008，23（6）：90–95；
赵红梅，董培海 . 回望“真实性”（authenticity）（下）——一个旅游研究的热点 [J]. 旅游学刊，2012，27（5）：13–22；
唐文跃，张腾飞，龚晶晶 . 国内外旅游体验研究进展与启示 [J]. 资源开发与市场，2018 34（11）：1571–1576.

领域的纵伸与拓展，[1]使旅游情感体验研究得到了初步的深化。纵观国内外相关研究，已经形成了一种跨学科视角下的综合解释取向，以达到对旅游体验认知上的提升，[2]从而促进旅游体验研究的进一步深入和延展。本书正是在对相关研究的这一理解的基础上，拟以游客敬畏情绪体验为研究对象，进一步推动旅游体验研究在情感范畴和相关命题方面的理论化。

（二）构建游客敬畏情绪体验与旅游情境关系的实证模型

自科格伦（Coghlan）首次将敬畏情绪系统引入旅游学研究后，[3]国内外相关的实证研究开始出现，[4]发现旅游情境可以激发游客敬畏情绪体验，但目前实证研究的情境仅以自然旅游地为主，对于宗教旅游地、黑色旅游地等可能与敬畏情绪有密切关系的案例地则鲜有触及。基于此，本书拟以不同旅游情境为案例地，构建敬畏情绪体验与旅游情境关系的实证模型，系统阐释二者之间的互动关系。

---

[1] 邹本涛．旅游情感体验的内容分析 [J]. 北京第二外国语学院学报，2010（9）；
刘丹萍，金程．旅游中的情感研究综述 [J]. 旅游科学，2015（2）；
李君轶，纪星，李振亭．欧美旅游者在秦始皇帝陵博物院的情感体验时空变化 [J]. 人文地理，2018（3）；
屈小爽．基于网络文本的旅游者情感体验构建理路——以杭州西湖为例 [J]. 河南师范大学学报（哲学社会科学版），2017（4）；
赵昭，张朝枝．历史背景认知对殖民遗产旅游情感体验的影响——以广州沙面岛为例 [J]. 热带地理，2018（5）.

[2] Repko O F.Interdisciplinary Research：Process and Theory[M].Sage Publications：Thousand Oaks，2008：15.

[3] Coghlan A，Buckley R，Weaver D.A framework for analyzing awe in tourism experiences [J]. Annals of Tourism Research，2012（3）.

[4] Powell R B，Brownlee M T，Kellert S R，et al.From awe to satisfaction：Immediate affective responses to the Antarctic tourism experience [J].Polar Record，2012（2）；
田野，卢东，Samart Powaka. 游客的敬畏与忠诚：基于情绪评价理论的解释 [J]. 旅游学刊，2015（10）；
Pearce J，Strickland-Munro J，Moore S A.What fosters awe-inspiring experiences in nature-based tourism destinations [J].Journal of Sustainable Tourism，2017（3）；
吕丽辉，王玉平．山岳型旅游景区敬畏情绪对游客行为意愿的影响研究——以杭州径山风景区为例 [J]. 世界地理研究，2017（6）.

二、实践意义

（一）为旅游管理部门和旅游企业制定旅游发展政策提供理论依据

游客情感体验是旅游景区规划、设计旅游线路的重要科学依据。通过挖掘游客敬畏情绪体验表现、时空变化规律以及影响因素等信息，帮助旅游开发者和管理者识别旅游目的地属性中的吸引力特征（如自然环境、宗教氛围等），对于目的地的旅游规划开发、旅游企业精准经营、景区管理部门提高服务质量、情感营销策略的制定等具有重要的指导意义。

（二）为旅游管理方干预游客行为提供知识基础

通过探索敬畏情绪因素对游客不同层次的积极行为影响的差异，探究敬畏情绪影响游客实施积极行为的认知心理学内在机理，可能反哺游客回到惯常环境后的积极行为，从而对整个社会的生态文明建设产生深远影响；为旅游管理方依托“游客关系管理”“群体规范干预”“合作氛围培育”等创新战略，培育、激发游客自发的积极行为提供知识基础和实践参考。

（三）为旅游产品体验质量的提升提供路径指引

通过对游客敬畏情绪体验表现、时空变化规律以及影响因素的研究，可以为景区旅游项目设置、服务设施配套、旅游线路规划、旅游推荐系统设计等方面提供激发游客敬畏情绪的路径、方法，以提升游客旅游产品体验的质量，增强游客的满意度和忠诚度，从而增强游客对目的地的依恋程度。

第三节　研究内容

本书共分为十三章，第一章提出问题，第二到第六章为理论建构部分，第七到第十二章为实证研究部分，第十三章得出结论。

在理论建构部分，本书在对游客敬畏情绪体验的国内外研究现状进行梳理之后，分析了游客敬畏情绪体验诱发的情境与维度构成，构建了游客敬畏情绪体验结构与过程模型及视障游客敬畏情绪体验模型，探讨了游客情感体验的构建路径与影响因素。

在实证研究部分，本书在理论研究的基础上，开发并检验了中国游客敬畏情绪体验量表，实证分析了不同旅游情境下敬畏情绪体验对游客体验质量、国家认同、亲环境行为以及主观幸福感的影响。

在结论部分，本书从敬畏情绪的诱发、影响和研究方法三个方面阐述了旅游情境下敬畏情绪在未来的研究方向。

第四节　研究方法

本书运用文献综述法进行理论思辨，将访谈法与扎根理论法相结合进行中国游客敬畏情绪体验的理论构建，通过问卷调查法收集数据，采用统计分析法定量实证分析游客敬畏情绪体验的影响效应。具体而言，全书所采用的研究方法包括：

一、文献综述法

主要使用 CNKI、Elsevier Science Direct 等数据库以及通过谷歌、百度学术等搜索引擎，检索国内外关于敬畏情绪、旅游涉入、体验质量的相关中英文学术文献，经过阅读寻找与本书对象相关性较强、文章质量较好、具有一定学术贡献的文章，并通过检索文章后面的参考文献，采用滚雪球的方式搜集更多的文献资料。

敬畏情绪相关文章的搜集主要来源于心理学期刊（《心理学报》、*Cognition and Emotion* 等）和旅游学期刊（《旅游学刊》《旅游科学》等）；旅游涉入相关文章主要集中在经济与管理科学、营销学、旅游学期刊（《地域研究与开发》、*Journal of Destination Marketing & Management*、*Tourism Management*）；对体验质量在管理学、营销学的相关研究进行了解学习，尤其是发表在旅游学、地理学期刊（*Journal of Leisure Research*、《旅游导刊》《人文地理》等）上的文献。文献的阅读、积累为后续定性与定量分析提供了理论与逻辑基础。

二、访谈法

通过访谈法收集一手资料，访谈法相对灵活，方便访问者挖掘受访者内心深处的想法，了解受访者的心理变化。通过阅读已有文献，并根据研究实际，生成访谈问题，并随机选取受访者，采用面对面的交流互动或网络访谈方式。访谈分为无结构型访谈、半结构型访谈和结构型访谈，本书主要采用半结构型访谈，即只设计问题大纲，访谈者不对访谈结构进行完全的控制，只在必要的时候做出一些针对性的调整。

三、扎根理论方法

1967 年格拉斯（Glaser）和斯特劳斯（Strauss）提出了扎根理论质性研究方法，这种研究方法受到社会科学研究领域的广泛欢迎，该方法强调对原始资料的归纳与分析，研究人员要采取开放式的态度，通过开放式编码、主轴编码和选择性编码，反复进行理论抽样，寻找概念之间的相关关系，自下而上地建构理论，适用于在某个学术领域进行探索性研究。开放式编码是对搜集到的网络游记和访谈资料进行逐句逐行的概念与范畴的提炼。主轴编码是将开放式编码形成的初始范畴放回到原来的文本资料中，通过比较初始范畴间的内涵与联系，形成主范畴。最后，对主轴编码得出的主范畴进行抽象，提取出核心范畴，是一种自下而上的理论构建的过程。

四、问卷调查法

问卷，又称为调查表、访谈表或测量工具，是由一连串题目组成的一种调查载体，其目的在于收集相关的数据和材料，了解调查对象对某些问题的看法。本书根据具体研究内容与旅游情境，在文献述评与扎根理论分析原始文本资料的基础上，设置测量量表，通过线上、线下发放的形式进行数据收集，为实证分析、假设检验提供数据支撑。

五、统计分析法

主要采用 SPSS 和 AMOS 软件对研究假设进行检验，通过信效度分析，验证量表的有效性及可靠程度，之后对收集的数据进行共同方法偏差检验，以验证是否适宜做进一步分析，利用 AMOS 软件构建结构方程模型，对提出的各关系假设进行检验。

第二章　国内外研究现状

敬畏属于积极情绪下的一个类属，其最早的权威研究是凯尔特纳（Keltner）和海特（Haidt）提出的原型敬畏（a Prototype of Awe）理论。他们认为“感知到的浩大”和“顺应的需要”是敬畏情绪必要的核心特征，并将敬畏的诱发源归纳为社会性、有形性和认知性三类。[1] 基于敬畏原型理论，国内外关于敬畏情绪的维度、概念、测量、特征、前后置变量的研究开始大量涌现。

旅游本质上是提供服务的过程，游客是享受的主体，因此游客的情绪变化在旅游学的研究中十分重要。根据相关研究者的成果展示，游客的敬畏情绪经常出现在旅游过程中，且相比其他情绪更为凸显，[2] 因此有必要在旅游学领域开展敬畏研究。2012 年，科格伦首次将敬畏情绪理论系统引入旅游学，提出旅游体验中的敬畏研究框架，并在理论层面给出实证研究的发展方向，随后相关研究开始出现。[3]

敬畏情绪在积极心理学领域、教育学领域、哲学和社会学领域都受到了关注，在旅游学领域的研究虽然起步较晚，但也取得了相应的理论成果。纵观已有文献，敬畏情绪在概念内涵及量表开发的本土化、分类研究等方面仍存在诸多问题。本章主要论述了敬畏情绪的内涵、旅游研究引入敬畏情绪的必要性和意义以及敬畏情绪在旅游领域中的影响效应，全面述评已有文献。

---

[1] Keltner D，Haidt J.Approaching awe，a moral，spiritual，and aesthetic emotion [J].Cognition And Emotion，2003（2）.

[2] Hill J，Curtin S，Gough G.Understanding tourist encounters with nature：A thematicframework [J].Tourism Geographies，2014（1）；

Hughes K.Measuring the impact of viewingwildlife：do positive intentions equate to long-term changes in conservation behavior [J].Journal of Sustainable Tourism，2013（1）.

[3] 田野，卢东，Samart Powaka. 游客的敬畏与忠诚：基于情绪评价理论的解释 [J]. 旅游学刊，2015（10）.

第一节 敬畏情绪的内涵

一、敬畏情绪的概念缘起及维度测量

敬畏情绪是蕴含人类多种复杂情绪的一种心理认知过程。[1]不同学者对于敬畏情绪有着不同的概念研究。与中国传统文化语境下的"敬畏感"——源自古代伦理思想中的价值导向不同,[2]西方学者将超越一般的愉悦体验且濒临恐惧心理边缘的情绪,称作敬畏(Awe)。[3]敬畏情绪最早被关注是在哲学、心理学和社会学等研究领域,研究问题主要以敬畏情绪在建立人神之间、领导与伴随者之间的感情关联这一过程中的细致用途为主。[4]凯尔特纳和海特认为敬畏情绪指的是当个体的理解范畴超越了所要面对处理的事物时,脑海中缺少解决问题的理论框架,在无法认知的情况下产生的复杂情绪体验。[5]研究者指出,敬畏并不是简单的情绪叠加,而是不依靠任何情境,专注于内心和人格的一种心理品质。[6]叶巍岭从心理学原型、引致因素、构成维度以及影响效果等方面着重阐述了敬畏的复杂性,认为敬畏感是当个体面对现有认知范畴之外的事物时所产生的多重复合情绪。[7]曹菲基于消费者的角度将敬畏情绪定义为消费者处于自身不理解的场合或面对不

---

[1] 董蕊,彭凯平,喻丰.积极情绪之敬畏[J].心理科学进展,2013(11).

[2] 王云龙.探讨电影《狼图腾》中敬畏情绪的社会记忆重构[J].新闻研究导刊,2016(6).

[3] Keltner D,Haidt J.Approaching awe,a moral,spiritual,and aesthetic emotion [J].Cognition And Emotion,2003(2).

[4] Beardsley E M C.Aesthetic from Classical Greece to the Present [M].New York:MacMilan,1966:69;
Maslow A H.Religions,Values,and Peak-expiriences [M].Columus OH:Ohio State University Press,1964:72;
Lazarus R S.Emotion and Adaptation [M].New York:Oxford University Press,1991:136;
Ekman P.An argument for basic emotions [J].Cognition And Emotion,1992(3-4).

[5] Keltner D,Haidt J.Approaching awe,a moral,spiritual,and aesthetic emotion [J].Cognition And Emotion,2003(2).

[6] 苗贵云.论敬畏感的缺失及培养[J].河南科技学院学报,2011(11).

[7] 叶巍岭,周欣悦,黄蓉.敬畏感的复杂性及其在消费行为领域的研究展望[J].外国经济与管理,2018(5).

理解的事情时，产生的集惊奇、服从等情绪为一体的感受。[1]赵欢欢认为敬畏情绪的本质是一种人心秩序，以及具备积极含义和力量的品质，并基于人格词汇学的假设，以个体差异的角度视敬畏为一种沉稳持久的人格特质。[2]

凯尔特纳（Keltner）和海特（Haidt）的原型敬畏理论指出，敬畏包括宏伟和顺应两大核心要素，包含了美好、威胁、美德、卓越的能力和超自然的因果关系五个边缘的特征体现，并且敬畏情绪的核心元素相互组合出了敬畏的多样性，包括美丽、威胁和非凡能力等。[3]桑达拉詹（Sundararajan）将意识维度加入敬畏的原型理论当中，提出了原型理论扩展模型，具体包括自我反思、超然和二级意识。[4]在早期，研究敬畏常被视为一种消极情绪，附有恐怖的成分。[5]近年来，敬畏逐渐向去恐惧化的倾向发展，转换成为一种积极情绪。[6]科格伦总结出敬畏体验的三个特征，一是当下即时的生理反应，例如当个体感受到敬畏情绪时会不自觉地产生颤抖等不受控制的生理现象；二是比较独特性，例如感受到敬畏感之后个体产生的特殊的评价；三是结构性改变，通过对比过去的认知维度之后产生的特殊体验以及建立未来的心理模式，包括思辨、鼓舞等因素。[7]董蕊指出敬畏情绪是多种复杂情绪的混合，包括惊奇感、钦佩感、服从感等。[8]鲍威尔（Powell）认为敬畏情绪包含与自然的精神联结、目标指向、变革感受、谦虚感以及自然与人类之间的关联等五个方面的维度特征。[9]赵欢欢认为敬畏的特质倾向于个体的“常

---

[1] 曹菲，李东贤.敬畏情绪对消费者的心理和行为的影响 [J]. 现代管理科学，2019（4）.

[2] 赵欢欢，许燕，张和云.中国人敬畏特质的心理结构研究 [J]. 心理学探新，2019（4）.

[3] Keltner D，Haidt J.Approaching awe，a moral，spiritual，and aesthetic emotion [J].Cognition And Emotion，2003（2）.

[4] Sundararajan L.Religious awe：Potential contributions of negative theology to psychology，“positive” or otherwise [J].Journal of Theoretical and Philosophical Psychology，2002（2）.

[5] Halstead J M，Halstead A O.Awe，tragedy and the human condition [J].International Journal of Children’s Spirituality，2004（2）.

[6] Bonner E T，Friedman H L.A Conceptual Clarification of the Experience of Awe：An Interpretative Phenomenological Analysis [J].Humanistic Psychologist，2011（3）.

[7] Coghlan A，Buckley R，Weaver D.A framework for analyzing awe in tourism experiences [J]. Annals of Tourism Research，2012（3）.

[8] 董蕊，彭凯平，喻丰.积极情绪之敬畏 [J]. 心理科学进展，2013（11）.

[9] Powell R B，Brownlee M T，Kellert S R，et al.From awe to satisfaction：Immediate affective responses to the Antarctic tourism experience [J].Polar Record，2012（2）.

怀敬畏之心”，主要包含谨慎、欣赏、尊重和谦卑四类人格品质。[1]

学界对特质性敬畏的测量最早出自希奥塔（Shiota）使用包含敬畏分量表的特质性积极情绪量表考察其与大五人格关系的研究。[2] 目前，在测量特质性敬畏时，最常用的量表是特质性积极情绪量表（dispositional positive emotion scale，DPES）下面的敬畏情绪分量表。[3] 在中国语境下，赵欢欢编制了指向国内社会个体特质性心理维度的“敬畏特质词汇评定问卷”。[4] 针对状态性敬畏情绪的测量，张潮编制了指向中国大学生个体的敬畏情绪问卷。[5] 亚登（Yaden）和乔赛亚（Joshua）分别编制了指向成年群体的状态性敬畏体验量表。[6] 在旅游领域，田野通过对山岳型宗教景点的实证研究，设计了适合中国语境的中文测量量表，具体形成的框架划分为自然环境、宗教氛围和敬畏情绪三大部分。[7] 刘欢在研究红色旅游情境中游客的情绪变化时，依据田野的研究基础，在自然环境量表的基础上，增加了关于旅游基础设施、景点气氛和天气等方面内容的扩充；在宗教氛围量表上，增加了责任感和使命感等与红色旅游相关的条目；在敬畏情绪量表上，增加了积极的负面情绪和消极情绪两个维度。[8] 赵小红将敬畏情绪的测量划分为内部和外部两大类：内部主要包括敬畏事件的回忆、音乐、艺术和个人的成就等，没有出现任何外部环境的载体；外部主要包括个体直观感受到的外部环境，如美丽的景色等，敬畏情绪的产生以外部环境作为载体。[9]

---

[1] 赵欢欢，许燕，张和云．中国人敬畏特质的心理结构研究 [J]. 心理学探新，2019（4）.

[2] Shiota M N，Campos B，Keltner.The faces of positive emotion [J].Annals of the New York academy of sciences，2003（1）.

[3] 周凌霄，李姗殷，彭凯平，等．敬畏体验量表的中文版修订 [J]. 中国临床心理学杂志，2022（5）.

[4] 赵欢欢，许燕，张和云．中国人敬畏特质的心理结构研究 [J]. 心理学探新，2019（4）.

[5] 张潮，张文焱，刘文兰，等．大学生敬畏情绪问卷的编制 [J]. 心理技术与应用，2020（4）.

[6] Yaden D B，Barry K S，Elizabeth H，et al.The development of the Awe ExperienceScale（AWE-S）：A multifactorial measure for a complex emotion [J].The Journal of PositivePsychology，2018（4）；

Joshua D P，Leon L.Why Does Awe Have Prosocial Effects？ NewPerspectives on Awe and the Small Self [J].Perspectives on Psychological Science，2020（2）.

[7] 田野，卢东，Samart Powaka. 游客的敬畏与忠诚：基于情绪评价理论的解释 [J]. 旅游学刊，2015（10）.

[8] 刘欢，岳楠，白长虹．红色旅游情境下情绪唤起对游客认知的影响 [J]. 社会科学家，2018（3）.

[9] 赵小红，童薇，陈桃林，等．敬畏的心理模型及其认知神经机制 [J]. 心理科学进展，2021（3）.

二、敬畏情绪与其他情绪的辨析

董蕊将敬畏和快乐、自豪、惊奇、钦佩的关系进行了辨析。[1]希奥塔的实证研究表明，相对于诱发快乐情绪，敬畏情绪的诱发更趋复杂多样，诱发源具体表现为视野开阔的画面，例如，全景的自然场面、扎根于想象之外的他人成就、引导情绪的艺术和音乐等。而快乐的诱发源经常为发生频率高的社会事件，例如，社交聚会等。相比于自豪，敬畏的关注重点由个体自我转向敬畏诱发源，而自豪的关注点一直凝聚在个体本身。[2]卡佩兰（Cappellen）认为特质性敬畏呈现出灵活互动的认知，特质性自豪则呈现稳定的情绪。[3]哈尔斯特德（Halstead）对敬畏和惊奇进行了区分，认为敬畏一方面被包含于惊奇，类属于惊奇定义之下的吃惊，以及对于个体认知以外的他人成就诱发源的钦佩感；另一方面，敬畏又蕴含惊奇所不存在的恐惧因素。[4]爱莫迪诺 - 杨（Immordino-Yang）认为钦佩感是在观察到他人的成就或美德时，产生的向往的积极情绪。[5]钦佩感是最接近敬畏的情绪，二者在诱发时都会随着情绪的产生而忘却个体的存在，代替的是诱发对象的宏大。敬畏的诱发源包含于钦佩的诱发源，钦佩诱发于道德感的体现、他人价值的体现；敬畏诱发于自然的伟大、艺术品的勾勒或观看分娩视频时感受到的生命的真谛。[6]由此可见，敬畏是一种更加复杂且广泛的情绪。已知原型敬畏的两个核心特征为感知的宏大以及顺化的需求，叶巍岭对比了敬畏和其他情绪核心特征的包含情况，总结出相关情绪与敬畏的差异。[7]李明证实敬畏在一定程度上会降低具有冒险意

---

[1] 董蕊，彭凯平，喻丰．积极情绪之敬畏 [J]. 心理科学进展，2013（11）.

[2] Shiota M N，Keltner D，Mossman A.The nature of awe：elicitors，appraisals，and effects on self-concept [J].Cognition & emotion，2007（5）.

[3] Cappellen P，Saroglou V.Awe activates religious and spiritual feelings and behavioralintentions [J]. Psychology of Religion and Spirituality，2012（3）.

[4] Halstead J M，Halstead A O[J].Awe，tragedy and the human condition [J].InternationalJournal of Children's Spirituality，2004（2）.

[5] Immordino-Yang M H，Mccoll A，Damasio H，et al.Neural correlates of admiration andcompassion [J].Proceedings of the National Academy of Sciences of the United States of America，2009（19）.

[6] 陈世民，吴宝沛，方杰，等．钦佩感：一种见贤思齐的积极情绪 [J]. 心理科学进展，2011（11）.

[7] 叶巍岭，周欣悦，黄蓉．敬畏感的复杂性及其在消费行为领域的研究展望 [J]. 外国经济与管理，2018（5）.

义的行为，并且敬畏和快乐两种情绪在健康、交往等方面没有明显的不同；在对经济情况和道德情况做出选择时，敬畏与快乐两种情绪的体验差异明显。[1]屈晓燕证实敬畏情绪比快乐情绪更能促进个体的人际信任水平。[2]

三、敬畏情绪的激发及影响

凯尔特纳和海特的原型敬畏理论将诱发源概括为具体的三类：包括权威领导者在内的社会性诱发源，具有美丽景观、教堂和音乐等因素的物理诱发源，宏大理论等认知诱发源。[3]施奈德（Schneider）认为敬畏情绪的产生来源于对未知的好奇和神秘感，并且能够使个体保持一种谦卑的姿态。[4]董蕊指出在诱发敬畏时，不同的情境会激发出不同类型的敬畏情绪；根据原型敬畏理论，当个体面对壮观的景象时激发宏伟的敬畏；在面对需要调整自身的认知结构时，激发顺应的敬畏；在面对履行美好的行为时，激发美德的敬畏；在面对深奥伟大的理论和伟人时，激发卓越能力的敬畏；在面对审美事物时，激发美好的敬畏情绪。[5]赵小红在前人学者的基础上总结构建了敬畏心理认知模型，认为敬畏体验是由于个体对于未知事物刺激的预评价和最终结果评价两个评价过程组合而成。[6]胡静认为在美轮美奂的艺术和壮阔的景观面前，个体最容易引发敬畏情绪。[7]

敬畏诱发通常采用三种方法：视频诱发，包括被试者观看壮美的景色、伟大的演讲、生命的诞生等；回忆诱发，要求被试者尽最大可能从过往经历中筛选出值得敬畏的事情；阅读诱发，被试者阅读一段文字并尝试带入其中，身临其境般地体会人物的喜怒哀乐，由此触发敬畏情绪。[8]

---

[1] 李明，李敏维，李文俏，等.敬畏对道德冒险行为的影响 [J]. 应用心理学，2019（1）.

[2] 屈晓燕.敬畏情绪对人际信任的影响：心理距离的中介作用及熟悉性的调节作用 [D]. 长沙：湖南师范大学，2021.

[3] Keltner D，Haidt J.Approaching awe，a moral，spiritual，and aesthetic emotion [J].Cognition And Emotion，2003（2）.

[4] Schneider K J.Awakening to an Awe-Based Psychology [J].The HumanisticPsychologist，2011（3）.

[5] 董蕊，彭凯平，喻丰.积极情绪之敬畏 [J]. 心理科学进展，2013（11）.

[6] 赵小红，童薇，陈桃林，等.敬畏的心理模型及其认知神经机制 [J]. 心理科学进展，2021（3）.

[7] 胡静，杨艳，景奉杰.敬畏情绪对绿色消费行为的影响机制研究 [J]. 珞珈管理评论，2019（3）.

[8] Rudd M，Vohs K D，Aaker J.Awe expands people's perception of time，alters decisionmaking，and enhances well- being [J].Psychological Science，2012（10）.

随着积极心理学的不断发展，积极心理学对个体的健康成长的作用受到学术界的普遍关注，及时充分地展示积极乐观的心理品质已经成为当今社会和个体追求的目标，对行为意愿的影响探索也随之演变成为重要趋势。研究表明，敬畏在维护社会稳定、保持社会和谐发展、引导个体的行为方面具有不可估量的价值。亚登采用 VR 的科技手段诱发个体的敬畏情绪，结果发现敬畏情绪的激发能够促使个体创造性思维更加灵活流畅。[1] 斯特拉尔（Stellar）认为敬畏能够促使个体降低对自我的关注，将注意力转移到身边他人或是团体的行为当中。[2] 赵（Zhao）证明敬畏能够提升个体的幸福感。[3] 江（Jiang）通过研究指出敬畏情绪的产生会降低个体对于金钱的欲望。[4] 柯廷（Curtin）认为社会的物质主义及其给人们思想和行为上带来的消极影响能够被敬畏情绪淡化掉。[5] 普拉德（Prade）指出敬畏情绪在推进个体产生亲社会行为的同时还能够维持不同社会阶层的维稳发展。[6] 叶巍岭认为诱发敬畏情绪能够促使道德感提升，从而维护旅游环境的亲和力，减少舆情事件在旅游活动过程中的负面影响。[7] 耿爽基于联结感视角，证明敬畏情绪能够促进绿色消费行为。[8] 菲力克斯（Felix）研究表明敬畏情绪能够在一定程度上促进个体对于信息进行深入加工，减少负面舆论的可能性，从而提升购买旅游产品的行为意愿。[9] 赵经过实验研究后发现，产生敬畏情绪的个体能够牺牲自身的个

---

[1] Yaden D B，Barry K S，Elizabeth H，et al.The development of the Awe Experience Scale（AWE-S）：A multifactorial measure for a complex emotion [J].The Journal of Positive Psychology，2018（4）.

[2] Stellar J E，Gordon A，Anderson C L，et al.Awe and humility [J].Journal of personality and social psychology，2018（2）.

[3] Zhao H H，Zhang H Y，Xu Y，et al.Why Are People High in Dispositional AweHappier？The Roles of Meaning in Life and Materialism [J].Frontiers in psychology，2019（10）.

[4] Jiang Libin，Yin Jun，Mei Dongmei，et al.Awe Weakens the Desire for Money [J].Journal of Pacific Rim Psychology，2018（12）.

[5] Curtin S.Nature wild animals and tourism：An experiential view [J].Journal of tourism，2005（1）.

[6] Prade C，Saroglou V.Awe's effects on generosity and helping [J].Journal of PositivePsychology，2016（5）.

[7] 叶巍岭，周欣悦，黄蓉．敬畏感的复杂性及其在消费行为领域的研究展望 [J]. 外国经济与管理，2018（5）.

[8] 耿爽．敬畏情绪对亲环境行为的影响及机制 [D]. 杭州：浙江大学，2019.

[9] Felix S，Joya A K，Choi J J.The power of beauty？ The interactive effects of awe andonline reviews on purchase intentions [J].Journal of Retailing and Consumer Services，2020（54）.

人利益进而去实施保护环境的意愿。[1] 赵莉研究发现敬畏情绪具有调节作用，在环保广告聚焦主体差异和绿色购买意愿两个变量之间的效用明显。[2] 罗远淑研究发现敬畏情绪存在显著的负向预测个体不诚实行为的能力，并且权力感起到了中介作用。[3] 李双双研究发现敬畏感可以增加个体的助人行为，并且不同敬畏感水平的个体对不同性别、年龄以及经济情况的助人行为存在差异性。[4] 宋金泽研究发现特质敬畏对睡眠质量有着影响作用，压力和主观幸福感起到了链式中介作用。[5] 屈晓燕发现特质敬畏情绪与个体的信任之间存在显著正向关系，状态敬畏会提高个体的人际信任水平。[6] 辛志勇通过测量操纵验证了敬畏感对炫耀性消费具有抑制作用，且“小我”在二者之间起到中介作用。[7] 杨毅博发现大学生的敬畏感与自我控制之间存在着显著正相关的关系。[8]

另外，已有研究表明，敬畏情绪还能促使个体降低腐败行为意向的产生[9]，提高慷慨他人的可能性，[10] 积极参与活动，[11] 进行自我反省和自我约束，[12] 感知到时间的

---

[1] Zhao H H，Zhang H Y，Xu Y，et al.Relation Between Awe and Environmentalism：The Role of Social Dominance Orientation [J].Frontiers in psychology，2018（9）.

[2] 赵莉，孙建鑫，张玲．环保广告聚焦主体差异与绿色购买意愿——敬畏情绪的调节作用和自然联结感的中介作用 [J]. 珞珈管理评论，2021（2）.

[3] 罗远淑．敬畏对不诚实行为的影响：权力感的中介作用 [D]. 成都：四川师范大学，2021.

[4] 李双双．敬畏感对助人行为的影响 [C]//. 中国心理学会第二十三届全国心理学学术会议摘要集（下），2021.

[5] 宋金泽，李彤，张恺敏，等．敬畏会让人睡得更香吗？特质敬畏对大学生睡眠质量的影响 [C]//. 中国心理学会第二十三届全国心理学学术会议摘要集（上），2021.

[6] 屈晓燕．敬畏情绪对人际信任的影响：心理距离的中介作用及熟悉性的调节作用 [D]. 长沙：湖南师范大学，2021.

[7] 辛志勇，杜晓鹏，李冰月．敬则不逐物——敬畏对炫耀性消费倾向的抑制：小我的中介作用 [J]. 心理科学，2021（3）.

[8] 杨毅博，周炎根．大学生敬畏感对冒险行为的影响：自我控制的中介作用 C]//. 中国心理学会第二十三届全国心理学学术会议摘要集（下），2021.

[9] 赵欢欢，许燕，张和云．中国人敬畏特质的心理结构研究 [J]. 心理学探新，2019（4）.

[10] Rosenberg F R，Rosenberg M，McCord J.Self-esteem and delinquency [J].Journal of youth and adolescence，1978（3）.

[11] 田野，卢东，Samart Powpaka. 游客的敬畏与忠诚：基于情绪评价理论的解释 [J]. 旅游学刊，2015（10）.

[12] 汪荣有．论道德敬畏 [J]. 齐鲁学刊，2016（1）.

延伸和自我的渺小，[1] 实现自我超越，[2] 拓展个体的心理和社会资源，[3] 加强个体与社会的联结，[4] 正确看待自己的劣势和他人的优势所在，[5] 促进个体在发散和聚合思维上的创造性表现，[6] 减少个体的欺骗行为，[7] 自上而下更为深刻地处理信息。[8]

一直以来，心理学界重点关注个体消极情绪的克服，忽视对积极情绪作用机理的探索。直到积极心理学的兴起，积极情绪成为研究重点并渐成体系，心理学家针对其概念与功能做出系统的理论分析并展开大量的实证研究。[9] 基于敬畏情绪应用的普遍性以及其内涵衍生的积极效应，加上原型敬畏模型研究成果的理论支撑，涉及领域包括心理学、教育学、管理学、旅游学等的相关研究大量出现。敬畏作为一种积极情绪在心理学、社会学和哲学领域都得到了普遍认可。早期心理学家主要从宗教的角度研究敬畏情绪，实证较少。[10] 近些年，敬畏情绪理论的发展促使心理学家对敬畏进行了更为深入而广泛的研究，取得了丰硕的成果，主要体现在以下方面：第一，基于情绪评价理论，个体获取信息进而建立认知能够引导情绪的生成，也就是诱发情绪的形成。第二，目前对于敬畏情绪的实证研究相对较多，其诱发源主要集中于原型理论提出的社会性、物理性和认知性诱发源

---

❶ 王影，库婷婷，许书萍，等 . 敬畏感的情绪成分分析：基于社交网络的文本挖掘 [J]. 心理技术与应用，2020（4）.

❷ 罗利，杨东，陈圣栋，等 . 特质敬畏对亲社会倾向的正向预测：自我超越和共情的多重中介作用 [J]. 心理与行为研究，2022（3）.

❸ Cappellen P，Saroglou V.Awe activates religious and spiritual feelings and behavioralintentions [J]. Psychology of Religion and Spirituality，2012（3）.

❹ 景奉杰，胡静 . 消费者敬畏情绪对从众购买意愿的影响——基于社会联结视角的实证分析 [J]. 企业经济，2020（2）.

❺ Keltner D，Haidt J.Approaching awe，a moral，spiritual，and aesthetic emotion [J].Cognition And Emotion，2003（2）.

❻ 杨尹茵子 . 敬畏情绪对创造性的影响及其心理机制 [D]. 上海：华东师范大学，2020.

❼ 赵若晨，倰文花，俣哲，等 . 敬畏情绪对欺骗行为的影响：自我控制的中介作用 [C]// 中国心理学会第二十三届全国心理学学术会议摘要集（上），2021.

❽ Griskevicius V，Shiota M N，Neufeld S L.Influence of different positive emotions onpersuasion processing：a functional evolutionary approach [J].Emotion，2010（2）.

❾ 郭小艳，王振宏 . 积极情绪的概念功能与意义 [J]. 心理科学进展，2007（5）；
Fredrickson B L.The role of positive emotions in positive psychology：The broaden-and-buildtheory of positive emotions [J].American Psychologist，2001（3）；
吴茂英，Pearce P L. 积极心理学在旅游学研究中的应用 [J]. 旅游学刊，2014（1）.

❿ Hall G S.A study of fears [J].The American Journal of Psychology，1987（8）.

三大类，学者基本上在三大类当中证明其中的某个指标能够诱发敬畏情绪，例如类属于物理性诱发源的自然景观和宗教等。第三，除了诱发源之外，诱发方法也通过实验得以证明。对于敬畏情绪的后置变量研究大多数是正面且积极的维度，例如提升幸福感、乐于助人、进行绿色消费行为、增加道德感、开始捐赠并保护环境等。

第二节　旅游研究引入敬畏情绪的必要性和意义

马斯洛人本哲学观认为，旅游体验中的高峰体验通常伴随着敬畏或强烈的幸福感，[1]可见敬畏是与旅游高度相关的离散情绪之一，游客的敬畏情绪经常出现在旅游过程中。[2]学者研究表明，在很多具体旅游情境如绿色旅游、温泉旅游中，[3]敬畏体验十分常见，且相比其他情绪更为凸显。敬畏尤其容易出现在以自然为基础的旅游目的地情境下，[4]该环境激发游客敬畏感最主要的原因是游客和自然的直接接触。[5]如巴兰坦（Ballantyne）通过质性研究考察参与者对野生动物旅游体验

---

[1] Wuthnow R.Peak experiences: some empirical tests [J].Journal of HumanisticPsychology, 1978（3）;
李经龙，张小林，郑淑婧．旅游体验——旅游规划的新视角 [J]. 地理与地理信息科学，2005（6）；
刘家明，刘莹．基于体验视角的历史街区旅游复兴 [J]. 地理研究，2010（3）.

[2] 田野，卢东，吴亭．敬畏情绪与感知价值对游客满意度和忠诚的影响——以西藏旅游为例 [J]. 华东经济管理，2015（10）.

[3] 丁凤朝．绿色旅游——旅游业的发展出路 [J]. 知识经济，2010（11）；
王艳平．温泉泉源场所情景构建研究 [J]. 旅游论坛，2012（5）.

[4] Hood R.Eliciting mystical states of consciousness with semi-structured nature experiences [J]. Journal for the Scientific Study of Religion，1977（2）；
Pearce J，Strickland-Munro J，Moore S A.What fosters awe-inspiring experiences in nature-based tourism destinations？ [J].Journal of Sustainable Tourism，2017（3）；
Jepson D，Sharpley R.More than sense of place？ Exploring the emotional dimension of rural tourism experiences [J].Journal of Sustainable Tourism，2015（8-9）.

[5] Wheaton M，Ardoin N M，Hunt C，et al.Using web and mobile technology to motivate pro-environmental action after a nature-based tourism experience [J].Journal of SustainableTourism，2016（4）；
Ardoin N M，Wheaton M，Bowers A W，et al.Nature-basedtourism's impact on environmental knowledge，attitudes，and behavior：A review and analysis ofthe literature and potential future research [J].Journal of Sustainable Tourism，2015（6）；
Mayes G，Richins H.Dolphin watch tourism：Two differing examples of sustainable practices and pro-environmental outcomes [J].Tourism in Marine Environments，2009（2-3）.

的回忆，揭示了游客体验的四个层次，其中感觉印象层面包含游客的敬畏体验，结果显示，游客进入自然栖息地近距离观察野生动物的生活行为，有助于愉悦、惊奇或敬畏情绪体验的产生。[1]此外，在宗教旅游、黑色旅游、红色旅游和大型体育赛事旅游情境中，游客也被证实很容易产生对宗教和生命的敬畏感，甚至这种敬畏感本身就是游客的旅游动机。[2]金鹏研究了敬畏情绪对于游客国家认同的影响，发现红色旅游中的游客可以通过敬畏情绪促进对国家的认同。[3]我国的历史悠久，每个城市都在历史的长河中不断演变并积淀了丰富的文化内涵，因此红色旅游景点丰富。旅游的本质是游客前往不同于惯常环境下的其他城市或景点，观赏红色或宗教的自然景观从而激发游客的敬畏情绪，推动国家认同，这对于爱国主义、集体主义建设有着重大的意义，并且充实了游客对于祖国、历史文化、革命的认识和理解，并在此基础上对自身进行反思和重构。

在旅游学研究，尤其是游客行为研究领域，心理学理论及方法的应用十分常见，如从情绪、情感角度考察游客在旅游活动中的行为规律。心理学研究领域提出敬畏情绪是影响个体在旅游情境中心理及行为的因素之一。[4]由于敬畏情绪在旅游情绪感受的范畴之下，将其纳入旅游研究范畴，有助于从情绪角度解释游客行为，丰富游客情绪行为这一路径的研究内容。进一步探讨旅游中敬畏的内涵、表现形式，以及与其他情绪的比较，有助于提炼游客敬畏体验的形成要素，识别景区诱发敬畏情绪的吸引力，解释其形成机制。实践中，由于敬畏情绪对游客行为的积极作用，引入敬畏的旅游研究可以解决因游客负面行为导致的旅游问题，

---

❶ Ballantyne R，Packer J，Sutherland L A.Visitors’memories of wildlife tourism：Implications for the design of powerful interpretive experiences [J].Tourism Management，2011（4）.

❷ 朱竑，谢涤湘，刘迎华．青藏铁路对西藏旅游业可持续发展的影响及其对策 [J]. 经济地理，2005（6）；
宋玉蓉，卿前龙．基于游客动机的汶川地震遗址旅游吸引力研究 [J]. 四川师范大学学报（社会科学版），2011（5）；
王克军，马耀峰．旅游者情感动机的实证研究 [J]. 地理与地理信息科学，2015（3）.

❸ 金鹏．红色旅游情境下敬畏情绪对游客国家认同的影响研究 [D]. 成都：四川师范大学，2018.

❹ 林正士，吴英伟，李忠荣．探索战地观光的旅游动机与情绪体验——以金门为例 [J]. 休闲与游憩研究，2015（1）.

如通过景区解说提示系统促进游客敬畏体验的形成及持续，[1]进而正向引导游客实施环保行为，为管理者提供塑造游客敬畏意识的有效措施。

第三节 敬畏情绪在旅游领域的研究进展

一、敬畏情绪在旅游领域中的激发

游客面对壮阔的景观、神圣的寺庙等宏大场景时容易激发出敬畏体验。鲍威尔（Powell）在研究南极洲的旅游时发现，在宏大、新奇等特殊环境中敬畏情绪较容易出现。[2]田野以峨眉山景区为研究地，提出并验证引发游客敬畏情绪的必要因素除自然环境外，还包括景区的宗教氛围等与游客社交心理相关的精神环境。[3]在红色旅游中，红色旅游遗址属于敬畏情绪的物理诱发源，红色革命故事、红色伟人属于社会诱发源。[4]范玉强通过研究红色旅游验证了红色人物感知和红色事迹感知能够促进游客敬畏情绪的产生，红色精神感知和红色遗迹感知对敬畏情绪有着显著的正向影响，敬畏情绪在红色人物感知、红色事迹感知、红色精神感知、红色遗迹感知和游客满意度之间起到中介作用。[5]张庆芳通过研究野生动物对游客的敬畏感体验，发现女性、中年人和受过高等教育的游客较其他类型的游客更加容易产生敬畏情绪。[6]牛璟祺证实游客心中的自然宏大感知评价和自我

---

[1] Ballantyne R，Packer J，Sutherland L A.Visitors'memories of wildlife tourism：Implications for the design of powerful interpretive experiences [J].Tourism Management，2011（4）.

[2] Powell R B，Brownlee M T，Kellert S R，et al.From awe to satisfaction：Immediateaffective responses to the Antarctic tourism experience [J].Polar Record，2012（2）.

[3] 田野，卢东，Samart Powpaka. 游客的敬畏与忠诚：基于情绪评价理论的解释 [J]. 旅游学刊，2015（10）.

[4] 郭俊伶，卢东，金鹏 . 红色旅游中敬畏情绪对游客国家认同的影响研究 [J]. 资源开发与市场，2018（7）.

[5] 范玉强，陈志钢，刘涛慧，等 . 红色旅游情境下敬畏情绪对游客满意度的影响研究 [J]. 西北大学学报（自然科学版），2021（2）.

[6] 张庆芳，徐红罡 . 野生动物观赏旅游者的敬畏感体验：基于斯里兰卡大象旅游的实证研究 [J]. 中国生态旅游，2021（5）.

渺小感知评价是唤起游客敬畏感的原因之一。[1] 李卓研究发现，游客敬畏情绪可以通过社会、生命、历史文化、自然和宗教神灵诱发。[2]

二、敬畏情绪在旅游领域中的维度

洪晶晶运用扎根理论构建了感知视角下的游客敬畏的影响因素模型。[3] 李曼硕通过对视障游客敬畏体验的研究发现，视障游客的敬畏体验过程由敬畏触发、敬畏体验和敬畏延展三部分组成。其中敬畏触发包括主体、客体、体验和人际触发 4 个维度指标；敬畏体验包括渺小、希望、深刻等 17 个维度指标；敬畏延展包含幸福延展和模式延展 2 个维度。[4] 李卓运用扎根理论的方法，探究游客敬畏情绪的维度构成，研究发现，游客敬畏情绪包含震撼感、渺小感、愉悦感和虔敬感 4 个维度，是旅游者处理与加工旅游世界的认知事物时形成的复杂情绪。[5]

三、敬畏情绪在旅游领域中的影响效应

黑色旅游目的地的独特性在于其能建立敬畏生命的旅游范式，[6] 敬畏能够提升生活的满意度和幸福感，[7] 在特殊的旅游行为中，唤发敬畏能够使得游客感受到生命的真谛，从而珍惜当下。有研究表明负面情绪可以提升个体的宗教性和精神性，[8] 但是敬畏作为一种积极情绪也增加了促进宗教性的可能。[9] 鲍威尔在南极洲的旅游研究中发现，敬畏情绪的引发能够增加游客的满意度。[10] 吕丽辉在研究山

---

[1] 牛璟祺，刘静艳．具身感知情境下的游客环境责任行为意向——敬畏感与预期自觉情绪的唤起 [J]. 旅游学刊，2022（5）.

[2] 李卓，赵亮．游客敬畏情绪诱发情境与维度构成 [J]. 中国冶金教育，2021（6）.

[3] 洪晶晶．游客感知视角下旅游地游客敬畏情绪的影响因素研究 [J]. 保定：河北大学，2020.

[4] 李曼硕，赵亮，李卓．旅游情境下视障游客敬畏情绪体验研究 [J]. 中国冶金教育，2022（1）.

[5] 李卓，赵亮．游客敬畏情绪诱发情境与维度构成 [J]. 中国冶金教育，2021（6）.

[6] 胡锐．北川旅游及其宗教参与 [J]. 宗教学研究，2009（4）.

[7] 赵小红，童薇，陈桃林，等．敬畏的心理模型及其认知神经机制 [J]. 心理科学进展，2021（3）.

[8] Norenzayan A.Belief in Supernatural Agents in the Face of Death [J].Personality & Social Psychology Bulletin，2006（2）.

[9] Saroglou V，Buxant C，Tilquin J.Positive emotions as leading to religion and spirituality [J]. Journal of Positive Psychology，2008（3）.

[10] Powell R B，Brownlee M T，Kellert S R，et al.From awe to satisfaction：Immediateaffective responses to the Antarctic tourism experience [J].Polar Record，2012（2）.

岳型旅游景区的敬畏感时发现，敬畏感可以影响游客的行为意愿，并且敬畏感可以通过满意度间接影响游客的自发推荐意向和重游意向；直接影响游客的分享意向和溢价支付意向。[1]在其另一篇论文中，吕丽辉以道德规范为中介，深入分析了敬畏情绪对山岳景区游客环境责任行为的影响机制，研究表明，被诱发敬畏情绪的游客更容易提升其满意度，进而实施环境责任行为，并且道德规范中的道德判断和道德意愿在敬畏情绪和环境责任行为之间发挥着中介作用。[2]祁潇潇以千山风景区为研究地，将地方依恋作为中介变量，深入分析了敬畏情绪对宗教山岳型景区旅游者环境责任行为的影响机制，研究表明敬畏情绪对环境责任行为的直接影响效应显著，地方依恋二维度（依赖和认同）也在其中起部分链式中介作用。[3]李慧在研究红色旅游时发现，敬畏情绪能够正向影响地方依恋以及负责任旅游行为。[4]张彩红证明自我渺小感能够完全中介于敬畏情绪对亲环境行为的影响，敬畏产生使得游客降低自我关注转移到其他群体和身边事物进而产生亲环境行为意向，扩展了敬畏感在旅游领域中的应用。[5]已经有学者表明，敬畏情绪的产生能够提升个体的道德感和保护环境的意识，产生道德规范的行为。[6]范玉强以延安为案例地，研究发现敬畏情绪通过红色精神感知、红色人物感知、红色事迹感知与红色遗迹感知对游客满意度具有中介作用。[7]

在旅游行为过程中，由于自然环境和旅游性质的双重作用，诱发敬畏情绪的频率相对较高，特别是以自然景观、宗教、寺庙、宏伟、浩大的感知为导向的旅游，容易激发敬畏情绪。而敬畏体验的提出使得学者不仅仅关注敬畏情绪的诱发因素，

---

❶ 吕丽辉，王玉平．山岳型旅游景区敬畏情绪对游客行为意愿的影响研究——以杭州径山风景区为例 [J]. 世界地理研究，2017（6）.

❷ 吕丽辉，汪燕．敬畏情绪对山岳景区游客环境责任行为的影响——以道德规范为中介 [J]. 杭州电子科技大学学报（社会科学版），2023（2）.

❸ 祁潇潇，赵亮，胡迎春．敬畏情绪对旅游者实施环境责任行为的影响——以地方依恋为中介 [J]. 旅游学刊，2018（11）.

❹ 李慧，聂寒玉，张园园．红色旅游中敬畏情绪的唤起对游客负责任旅游行为的影响 [J]. 旅游论坛，2021（6）.

❺ 张彩红．敬畏情绪对游客亲环境行为的影响及机制 [D]. 成都：西南财经大学，2022.

❻ 卢东，张博坚，王冲，等．产生敬畏的游客更有道德吗？——基于实验方法的探性研究 [J]. 旅游学刊，2016（12）.

❼ 范玉强，陈志钢，刘涛慧，等．红色旅游情境下敬畏情绪对游客满意度的影响研究 [J]. 西北大学学报（自然科学版），2021（2）.

还将研究的重点转移到敬畏的体验当中。研究指出，诱发敬畏的后置变量促进个体发生亲社会行为、亲环境行为，提升对生活的满意度、忠诚度、幸福感和道德感等积极的效应。目前已有研究成果显示，游客敬畏情绪影响的变量相对来说比较单一，主要集中于上述提到的旅游满意度、维护旅游景区环境整洁、建立旅游品牌忠诚度、产生旅游目的地地方依恋等方面。并且敬畏情绪影响路径较为单调，后续研究可以依据敬畏感本身的维度内涵丰富后置影响变量，仔细研究变量之间的关系，形成新路径，扩展敬畏情绪在旅游领域中的理论应用。此外红色旅游、黑色旅游、山岳型旅游景区、宗教型旅游景区或具有特殊意义的旅游城市（例如西藏等），是敬畏情绪研究的首选，未来可以跳出目前已有的旅游研究类型，站在新的旅游类型视角上研究敬畏情绪的激发和影响因素。目前已有的研究对象为女性、中年人、受过高等教育的人以及视障游客等群体。可以注重旅游群体的划分，相比于研究敬畏情绪如何影响个体行为，不同人群特性的差异性导致敬畏情绪影响范畴的多样化是一个较为空白的研究方向。因此，学者可以从以上角度探讨不同旅游情境下游客的敬畏情绪体验，填充敬畏情绪在旅游学方向的应用。还应进一步关注敬畏情绪在旅游学研究中的独特性，也就是不同于其在积极心理学中的研究内容，因为旅游情境是非惯常环境，“游客凝视”以及其他感官能够让人们有机会看到和发现惯常之外的体验，从“具身体验”的视角出发，这有助于旅游学更深层次地开发出敬畏情绪研究的新方向。此外，旅游过程中产生的敬畏体验能够为个体认知生活和存在的意义提供全新视角，因此可以关注游客敬畏情绪的溢出效应，即反向促进心理学研究中敬畏对日常环境个体心理、行为的影响。

第三章　游客情感体验构建路径与影响因素

游客情感体验是旅游活动研究中的一个重要议题，对于旅游学科发展至关重要。人世间处处都充满了情感，这里的情感是名词词性，即为一种感情、情绪。[1]游客能在旅游活动过程中由于经历了一系列的旅游刺激而产生兴奋、开心、愤怒、沮丧等积极或消极的情绪，在旅游活动中产生的积极或者消极的情绪统称为旅游情感。[2]旅游情感在游客个体与外部世界联系的过程中不断地发生变化。游客的旅游体验就是游客个体与外部世界建立联系的过程，这种包含了游客情感的旅游体验是游客对旅游活动真实性追求的一种表现。[3]在旅游体验中游客可以通过各种方式达到在旅游中抚慰情感的目的，游客情感体验就是旅游体验的主体与核心，是游客在旅游过程中情感的重要表达。[4]因此游客情感体验对于旅游目的地的发展具有重要意义。

国内外许多学者对游客情感、旅游体验和游客情感体验等都进行过研究。国外学者采用量化研究方法，借鉴心理学知识研究基于个人认知评价对某种事物的特定情感或总体性情感，[5]运用社会情景角度发现社会情景能够塑造游客的积极情感，发现积极情感对游客的重游意愿具有重要作用，即可以产生积极的旅游情感体验。[6]采用质化研究方法，借鉴社会学科的知识来探究旅游过程的旅游情感动

---

❶ Kim L，Kin U A.Nature-Based Tourism：Motivation and Subjective Well-Being [J].Journal of Travel & Tourism Marketing，2015（1）.

❷ 阎友兵，郭亮宏 . 基于网络文本的红色旅游游客情感特征研究——以韶山风景名胜区为例 [J]. 湘潭大学学报（哲学社会科学版），2020（3）.

❸ 赵昭，张朝枝 . 历史背景认知对殖民遗产旅游情感体验的影响——以广州沙面岛为例 [J]. 热带地理，2018（5）.

❹ 张彩虹，段朋飞 . 情感体验：民族村寨旅游的后乡土消费 [J]. 现代商业，2020（7）.

❺ 方敏，潘澜，陈业玮 . 基于 EEM 的国内旅游者情感体验研究 [J]. 旅游论坛，2016（4）.

❻ Rocco Servidio，Ida Ruffolo.Exploring the relationship between emotions and memorabletourism experiences through narratives [J].Tourism Management Perspectives，2016（7）.

态变化，发现游客的旅游体验与好奇、外界的刺激、舒适等有关。[1] 国外学者还基于游客的心情和情绪对旅游地旅游体验的影响提出了旅游情感体验因素能够调节游客的满意度，[2] 探讨游客的情感包含模式、影响效应、影响因素、动态变化过程等，并将游客情感体验的研究成果应用到实际中。[3] 国内学者对旅游情感的研究表现在管理学、旅游体验和消费者行为等方面。国内学者认为游客的情感体验受时空的变化影响，随着时空的不断变化情感会出现多样化。[4] 通过游客对旅游地的满意度，发现游客在旅游目的地情感的维度。[5] 国内学者还基于管理学的角度，将情感研究集中在情感营销、情感劳动和情感管理等方面，[6] 发现感官体验能够刺激游客的情感体验，游客通过视觉、听觉、触觉、嗅觉等感官对旅游目的地产生认知并获得旅游情感是国内学者对游客情感体验的动态研究。[7] 游客情感体验研究是国内外旅游学界研究发展的重要趋势，然而在国际旅游学界中学者们对于游客情感体验的研究还不是很成熟。在国内，学者们对游客情感方面的动态研究相对较少，在情感体验研究方面有所不足。

本章研究基于国内外已有的研究理论对游客情感体验进行深入的探讨并构建游客情感体验模型，分析影响游客情感体验的因素，并将研究的成果作为国内已有游客情感体验研究的补充。由于旅游情感体验是通过“多样性的肉体和感觉实践”，所以对游客情感体验模型构建与影响因素研究需要运用扎根理论的质性研究方法。

---

[1] Zhe Ouyang，Dogan Gursoy，Bishnu Sharma.Role of trust，emotions and event attachment on residents’ attitudes toward tourism [J].Tourism Management，2017（6）.

[2] 刘宇飞，李亚娟，刘红．基于网络文本的井冈山游客情感体验特征研究 [J]. 旅游纵览（下半月），2019（1）.

[3] 符全胜，匡翠翠．青年人的认知、情感与旅游目的地形象感知——基于上海国际旅游度假区的实证研究 [J]. 上海商学报，2020（1）.

[4] 高杨，白凯，马耀峰．赴藏旅游者幸福感的时空结构与特征 [J]. 旅游科学，2019（5）.

[5] 李文勇，王婧，谭通慧．文化创意旅游地游憩体验、满意度与地方依恋的关系研究 [J]. 特区经济，2018（5）.

[6] 徐志梅．基于游客感知的中国传统民居型民俗情感体验分析 [J]. 旅游纵览（下半月），2019（1）.

[7] 覃海丽，范向丽．游客感官式的旅游体验记忆研究——以厦门市鼓浪屿为例 [J]. 黎明职业大学学报，2018（3）.

第一节　理论基础

一、旅游体验

旅游体验研究在社会学、心理学、人类学等多学科视角下研究得较为深入。[1]在历史学的视角下，旅游体验是一种消费方式，使游客在旅游中处于"虚假事件"的状态下。[2]在社会学的视角下，旅游体验是指游客与情景深度融合时所获得的一种身心一体的畅爽感受，[3]是游客追求真实性的一种体验。[4]基于心理学的视角，旅游体验是游客个体在旅游地旅游的过程中所产生的主观感知，[5]是游客个体的感知、所处的情境、感官感受等因素构成的复杂综合体。[6]在人类学的视角下，旅游体验是一个动态的过程，是游客离开惯常地到目的地环境中所获得的体验。[7]旅游体验的形成是游客对于目的地的期盼、在目的地对世界的重新理解与认识。[8]影响旅游体验的因素有很多，有游客心理因素所产生的好奇感、新鲜感，[9]对目的地的意识，[10]游客的职业、性别、年龄等。[11]旅游体验有利于游客的身体健康，有

[1] 高夏丽．老年旅游的发生机制及旅游体验的意义建构——基于活动理论的视角 [J]. 云南民族大学学报（哲学社会科学版），2020（3）.

[2] 王镜，原燕妮，蔡佳佳．文化线路遗产旅游体验影响因素研究——以丝绸之路为例 [J]. 科技与经济，2020（2）.

[3] 黄向．旅游体验心理结构研究——基于主观幸福感理论 [J]. 暨南学报，2014（1）.

[4] 樊友猛，谢彦君．"体验"的内涵与旅游体验属性新探 [J]. 旅游学刊，2017（11）.

[5] 陈翠，关江华，陈丽军．旅游体验视角下生态旅游满意度研究——以庐山风景区为例 [J]. 林业经济，2020（1）.

[6] 杜梦醒，刘萍．基于游客感知角度提升旅游景区服务质量的对策研究 [J]. 经营与管理，2020（3）.

[7] 汪晓奕，苏勤．基于大数据分析的小众海岛旅游体验感知研究——以嵊泗列岛为例 [J]. 皖西学院学报，2019（5）.

[8] 谢彦君．中国旅游发展笔谈——旅游体验研究的范式创新 [J]. 旅游学刊，2019（9）.

[9] 孙小龙，林璧属，郜捷．旅游体验质量评价述评：研究进展、要素解读与展望 [J]. 人文地理，2018（1）.

[10] 蔡寅春，谢辉基．栖居与游戏：对旅游体验问题的再认识 [J]. 四川师范大学学报（社会科学版），2018（5）.

[11] 纵纬．九鲤湖景区发展研究 [J]. 太原城市职业技术学院学报，2019（12）.

利于游客忠诚度和满意度的提高。[1]

二、情感体验

情感的词性为名词，是情绪、感受，是心理要素，游客在旅游过程中遇到不同的人和事会展现出不同的情感变化，在旅游体验中就能够体现出游客的情感。[2]现多从积极心理学角度、社会学角度、地理学思维出发，对游客情感体验进行研究。[3]旅游情感体验，其主体是游客，客体是旅游情感。[4]情感体验是游客对情感的认识与反应的过程，是游客个体在旅游活动中心理活动的过程。[5]情感体验是旅游体验中游客的多感官体验所产生的，即游客视觉、听觉、触觉、嗅觉、味觉的共同作用。[6]情感体验是旅游体验与经历的重要组成部分，情感的产生转变过程就是一种体验。[7]游客情感体验是游客在旅游活动中，情感由旅游目的地的事物引发，受客观事物的影响，情感体验具有能动性。[8]旅游情感体验是旅游社会情境参与游客情感所产生的，旅游社会关系与旅游个体对情感体验产生影响。[9]游客情感体验具有时间变化、空间变化以及路径变化的规律，随着时间、空间、路径的转变情感会产生变动。[10]游客心理因素、旅游目的地事物、时间空

---

[1] 孙兆俊．旅游体验与审美教育：研学旅行的美学内涵与美育特质 [J]. 美育学刊，2019（6）.

[2] 唐文跃，张腾飞，龚晶晶．国内外旅游体验研究进展与启示 [J]. 旅游开发与市场，2018（11）.

[3] 马天，谢彦君．旅游体验中的情感与情感研究：现状与进展 [J]. 旅游导刊，2019（2）.

[4] 丛丽，何继红．野生动物旅游景区游客情感特征研究——以长隆野生动物世界为例 [J]. 旅游学刊，2020（2）.

[5] 蔡溢，殷红梅，杨洋，等．遗产地旅游者 Flow 体验影响因素模型构建与机理——以斯里兰卡为例 [J]. 旅游学刊，2018（2）.

[6] Jensen M T，Scarles C，Cohen S A.A multisensory phenomenology of interrailmobilities [J]. Annals of Tourism Research，2015（53）.

[7] 戴有德，李安娜，吕文博．遗产观光旅客环境负责任行为前置变数之研究：以真实性、怀旧情感与场所依恋观点探讨之 [J]. 户外游憩研究，2014（4）.

[8] 蔡永龙，周翠芬，陈忠暖，等．扎根理论下旅游者满意度影响因素概念模型建构与分析——以广州四大生态型景区为例 [J]. 华中师范大学学报（自然科学版），2018（1）.

[9] 郭清霞，万金林，范芸芸．民宿旅游体验、民宿旅游意象对游客再宿意愿的影响研究——以莫干山民宿为例 [J]. 旅游纵览（下半月），2020（1）.

[10] 盘劲呈，李海．地方依恋与骑行旅游："动态依附"体验的生成 [J]. 体育与科学，2018（5）.

间的变化等都对游客情感体验的产生具有影响。[1]旅游情感体验研究对旅游经济发展具有重要意义，积极情感体验会促进旅游地经济的发展。[2]

通过以上的理论基础，本书将从社会学角度出发，通过游客个体与旅游环境因素对入藏游客情感体验构建路径和影响因素进行研究。

第二节 研究设计

一、研究目的地选择

西藏位于青藏高原西南部，是中国五大自治区之一。西藏风景优美，有巍峨的高山，清澈的溪流，碧蓝的湖水，皑皑的雪峰，苍鹰骏马，遍地牛羊。西藏拥有布达拉宫、扎什伦布寺等庞大宏伟的古代宫堡建筑群和鳞次栉比的寺院建筑，自然旅游资源与人文旅游资源十分丰富。西藏的文化底蕴深厚，有松赞干布与文成公主的美好爱情故事，有高亢嘹亮的藏歌，还有神秘厚重的佛教文化。西藏令人流连忘返的自然景观、人文景观和宗教文化对入藏游客来说具有较大的吸引力，对旅游体验具有神圣的意义。[3]

西藏是非常受游客欢迎的精神目的地。[4]因为美景与宗教氛围使大多数游客会在旅途中逃离世俗的干扰感受到心情的放松，所以游客会向往到西藏旅游来净化心灵。受西藏的地理位置、海拔等因素影响，入藏游客在旅途过程中会产生情感的变化，因此对游客情感体验具有唤醒作用，有利于本书对游客情感体验构建的分析。此外，到西藏旅游的游客人数众多，网络上关于西藏旅游的游记也较多，为研究提供了较多的实证依据。因此西藏非常适合作为游客情感体验构建路径与影响因素研究的目的地。

---

❶ 李君轶，纪星，李振亭．欧美旅游者在秦始皇帝陵博物院的情感体验时空变化 [J]. 人文地理，2018（3）.

❷ 宋鹤，刘可心，姜寅哲，等．自然视域情感体验下的骑行旅游——基于大学生群体的研究 [J]. 中国地名，2019（8）.

❸ 谢云虎，鄢志武，尼玛．基于网络游记的西藏旅游目的地形象感知研究 [J]. 西藏科技，2019（1）.

❹ 崔庆明，徐红罡，杨杨．世俗的朝圣：西藏旅游体验研究 [J]. 旅游学刊，2014（2）.

二、研究方法

本书运用扎根理论的质性研究方法。扎根理论是格拉斯和斯特劳斯在 1967 年提出的。扎根理论的数据资料可以来源于书籍、文件、报纸、网络文本等，[1]其以理论的构建为宗旨，在系统搜集资料的基础上通过三级编码寻找社会现象的概念范畴，进一步发展范畴之间的联系，从下往上建立实际理论。[2]扎根理论研究方法是一种科学的研究方法，国内学者在对旅游体验、旅游情感的研究中都采用扎根理论方法。[3]由于“游客情感体验”的构建研究需要从概念出发，扎根于具体情境和现象中，需要不断地概念化、抽象化提取核心范畴，因此扎根理论研究方法与本书的契合度较高，而且适用于面向较新领域的探索性研究，所以非常适合作为本书的研究方法。[4]

三、数据来源

因为本书采取扎根理论研究方法，所以需要对资料进行系统化的收集与分析。本书以入藏游客发表的网络游记为分析单位，通过大量的阅读游记，选取合适的网络文本。为使文章研究内容更具有科学性和严谨性，游记选择的标准为：①在游客所青睐、众所周知、查询率较高且相对成熟的网络平台进行选取，本书选取游记的网络平台主要为马蜂窝、携程、去哪儿三大网站；②在三大网络平台中点击率较高的；③文字叙述完整详尽；④回复率较高的；⑤游记的作者涵盖了不同

---

[1] 殷杰，郑向敏 . 高聚集游客群安全的影响因素与实现路径——基于扎根理论的探索 [J]. 旅游学刊，2018（7）.

[2] 刘丹，董超，忻展红 . 基于扎根理论的技术异化形成技术负面效应的机理研究 [J]. 华中农业大学学报（社会科学版），2015（3）.

[3] 杨洋，蔡溢，殷红梅 . 扎根理论下“90 后”旅游者行为 TGM 模型构建与分析 [J]. 旅游学刊，2015（2）；
Chronis A.Moving bodies and the staging of the tourist experiences [J].Annals of Tourism Research，2015（55）.

[4] 邹永广，林炜铃，郑向敏 .“驴友”旅游安全事故成因机理研究——基于扎根理论范式的质性分析 [J]. 旅游科学，2014（3）.

年龄、性别的群体，并且语言具有客观性；⑥选取 2015 年 1 月 1 日至 2020 年 1 月 1 日 5 年间的游记。经过筛选最终剩下 68 篇网络游记符合标准。在网络文本确定后，对其中的 56 篇文本进行了编码分析。因为扎根理论需要注意理论的饱和度，所以将剩下的 12 篇文本作为检验饱和度的资料以确保理论的完整。

围绕游客的旅游情感体验这一核心问题对文本中出现的相近的表现出游客情感的词语进行合并与提取，如将“放松心灵”“自由”“心境开阔”统一为“心旷神怡”，将“开心”“愉悦”“高兴”统一为“开心”等。通过整理得到入藏游客的旅游情感体验高频词汇。高频词汇排名前 22 的词汇如表 3-2-1 所示。

从表 3-2-1 可以发现，入藏游客积极的情感词汇排名靠前并且所占的比例比较高，这说明游客对西藏之行的满意度较高，能够使游客产生积极的情感。中性的和消极的情感词汇所占的比例较小。

表 3-2-1 入藏游客情感体验高频词汇

排序	高频词汇（词频）	排序	高频词汇（词频）
1	心旷神怡（108）	12	怀念（49）
2	震撼（103）	13	喜爱（49）
3	开心（100）	14	还会来（45）
4	激动（98）	15	遗憾（44）
5	非常好（98）	16	期待（40）
6	难忘（80）	17	烦躁（39）
7	幸福（76）	18	感动（39）
8	向往（64）	19	一般（30）
9	忘记烦恼（60）	20	没感觉（24）
10	轻松（55）	21	疲倦（18）
11	平静（51）	22	不满（14）

第三节　旅游情感体验的扎根理论分析

一、开放性编码

开放性编码是指将文本资料进行分解、概念化和范畴化的过程。[1]按照严格地贴近原始材料的原则，通过对 56 篇原始文本进行逐句阅读和初始拆分，将相近的资料进行归类并确定不同的类型，然后再把类型赋予概念化的定义，找出概念之间的联系后提取抽象范畴，为了能够充分挖掘游客的情感体验维度，经过多次编码和比较纠正，文本一共提取出了 114 个概念，并在编码中注意使用并进行归纳总结进而形成初始范畴，这 23 个范畴分别是：心理因素、身体状况、感官体验、自然旅游资源、人文旅游资源、游览时间、观景时机、游览时长、游览娱乐设施、食宿接待设施、交通运输设施、旅游购物设施、公共事业设施、饮食文化、居住文化、节日文化、游艺习俗、信仰习俗、同伴社会关系、主客关系、门票服务、景点设施、服务人员态度。开放性编码举例如表 3-3-1 所示。

表 3-3-1　开放性编码范畴化示例

范畴	概念	原始记录示例
心理因素	心理变动	刚下火车望着西藏蔚蓝的天空，呼吸着高海拔、无污染的新鲜空气，一切感到那么美好，生活、工作的烦恼抛到脑后，我的心情顿时感到了愉悦与轻松，我的美好之旅马上开始
身体状况	肉体反应	今天一天跨越了两个江，走过了艰险的三江并流区域，穿过了崇山峻岭的澜沧江，虽然身体疲倦，但波涛汹涌的江水依然令我震撼
感官体验	视听享受	来到林芝映入眼帘的是满山的桃花，粉嫩嫩的非常漂亮……到了八宿，壮阔的怒江、澜沧江、金沙江都在这平行而流，可以听到水流的声音，有的缓缓的，有的清脆悦耳

[1] 苑炳慧，辜应康．基于顾客的旅游目的地品牌资产结构维度——扎根理论的探索性研究 [J]. 旅游学刊，2015（11）.

续表

范畴	概念	原始记录示例
饮食文化	特色美食	铁板牦牛肉真是让人垂涎三尺，牦牛肉在铁板上烤得滋滋地响……冰激凌酸奶是酸奶的酸和冰激凌的甜互相融合，味道简直棒极了……还有酥油茶、奶片、甜茶，充满了藏式风情
游艺习俗	戏曲表演	傩面戏，一种祭祀开始的藏式舞蹈表演……献上谷物祈求好运，领取七彩手链，是人们最美好的期盼……
自然旅游资源	自然风光	可以看到南伊沟的树木千奇百怪，观赏价值十分高……雅鲁藏布江奔腾咆哮的水汹涌澎湃……洁白的云彩围绕着翠绿色的山脉，山与云融为一体是那么美丽，景色真的是美不胜收
人文旅游资源	寺庙建筑	扎什伦布寺是日喀则最大的寺庙，这里拥有悠久的历史，有很多游客来寺庙参观，看看壮观的殿宇群落，金顶建筑，洁白的墙壁，精美的唐卡使人心灵纯净

二、轴向式编码

轴向式编码是从开放式编码中选取出主要范畴和次要范畴，主要范畴与次要范畴之间彼此几乎是相互独立的，它们之间只存在逻辑关系，即将次要范畴连接到主要范畴中，发现和探索主次范畴之间的联系，[1]例如结构、语意等关系。将上一阶段的 114 个初始概念和 23 个初始范畴带回资料现场，并进行持续的分析和深度的比较，遵循逻辑关系，最终将 23 个范畴归纳总结出 7 大主范畴，分别为：个体因素、旅游社会关系、旅游资源、旅游设施、景点服务、旅游地文化习俗、时间维度。轴向式编码分析如表 3-3-2 所示。

表 3-3-2　轴向式编码分析

主要范畴	次要范畴
个体因素	心理因素，身体状况，感官体验
旅游社会关系	同伴社会关系，主客关系

[1] 张天问，吴明远．基于扎根理论的旅游幸福感构成——以互联网旅游博客文本为例 [J]. 旅游学刊，2014（10）.

续表

主要范畴	次要范畴
旅游资源	自然旅游资源，人文旅游资源
旅游设施	游览娱乐设施，食宿接待设施，交通运输设施，旅游购物设施，公共事业设施
景点服务	门票服务，景点设施，服务人员态度
旅游地文化习俗	饮食文化，居住文化，节日文化，游艺习俗，信仰习俗
时间维度	游览时间，观景时机，游览时长

三、选择性编码

（一）发展故事线

选择性编码是对轴向式编码进一步的提炼和整合，找出核心范畴，从而形成理论框架。主范畴之间也存在着许多关系结构，可将这些典型的关系结构串联起来发展成一条故事线。通过对七大主要范畴的分析，其故事线即游客在旅游中随时间的催化，情感因受到了目的地旅游资源、旅游设施、景点服务、旅游地文化习俗、旅游社会关系的影响而变化，这些情感变化主要受游客个体因素影响。

具体而言，随着游客出行的游览时间、时长、时机的选择，对西藏自然旅游资源和人文旅游资源做出情感反应；对西藏旅游设施、交通、住宿酒店、游览娱乐场所、购物场所的是否健全与完善产生情感的变化；对景区景点服务中门票服务、景点设施健全程度、景区内服务人员的态度等的满意度有所不同；对地域差别下的西藏文化习俗，如独特的饮食文化、居住文化、节日文化、游艺习俗和藏族佛教的信仰习俗产生不一样的旅游情感体验；对一同出游的旅游同伴对旅游项目的共鸣和与旅游同伴的社会关系，以及当地居民对外来游客的态度产生不同的情绪。这些对旅游目的地人、事、物，一切的情感生成与变化都来自游客个人因素：游客情绪、知觉、感觉的心理因素变化，身体素质、健康状况和感官体验影响。故事线中主范畴之间的典型关系结构如图 3-3-1 所示。

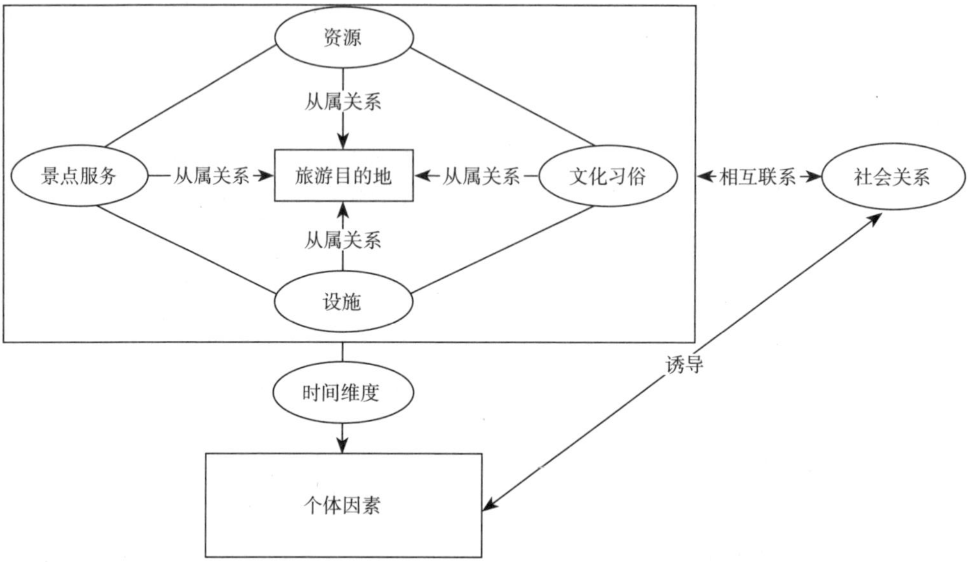

图 3-3-1　主范畴的典型关系结构

（二）发现核心范畴

根据以上故事线的描述和对范畴间的各种关系分析后提炼出文本的核心范畴为“以游客个体因素为核心的外部环境影响下的情感体验生成”。游客因个体因素产生的自身情感状态和旅游目的地的实际情况影响以及时间特性的催化作用下的游客情感体验，该核心概念能起到统领各主范畴的作用。

第四节　情感体验模型构建与讨论

一、模型构建

基于以上内容的研究分析，能够构建出游客情感体验模型。将先前预留的 12 篇网络游记文本按照上述同一编码进行理论的饱和度检验，检验发现没有新的范畴与关系，说明已经达到了理论饱和，表明构建的入藏游客情感体验模型具有一定的合理性。该模型展现了以游客个体因素包含心理因素、身体状况、感官体验为核心，外部环境包含旅游资源、旅游地文化习俗、旅游设施、景点服务、旅游社会关系在时间的催化作用下形成了游客的情感体验，如图 3-4-1 所示。

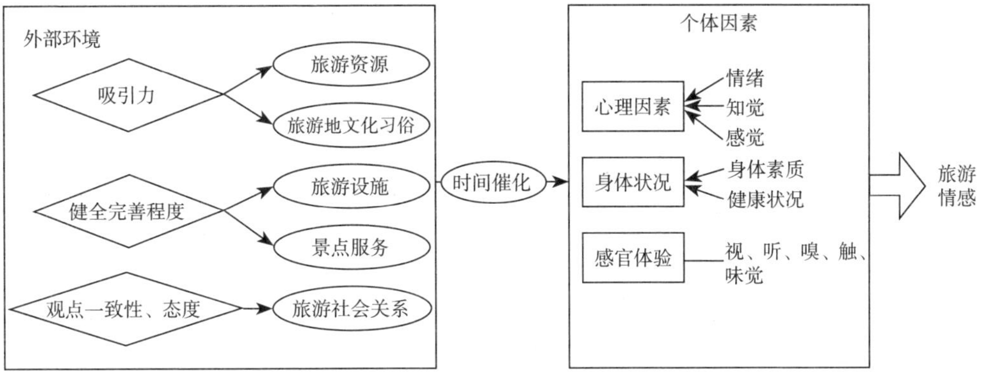

图 3-4-1　游客情感体验模型

二、情感体验生成过程

（一）个体因素为核心的情感体验生成

身体理论的发展为旅游体验本质的探究提供了新的可能。[1]狄尔泰认为，体验是个体的内感，是心境与过程的内在意识。[2]而游客情感体验的生成也来源于个体，从入藏游客情感体验模型可以看出，游客自身的心理因素、身体状况、感知体验，即游客的个人因素是入藏游客情感体验的核心。

（1）心理因素。心理因素的影响表现在游客的情绪、知觉、感觉作用于旅游目的地的景观。[3]情感体验是心理活动过程，[4]游客的情感体验与游客本身的认知有密不可分的关系。游客在西藏旅游地的知觉、感觉会产生如开心、激动、平静、感动、烦躁等积极心理与消极心理。如一位游客所写的那样“到珠穆拉朗玛

---

❶ 谢彦君，樊友猛．身体视角下的旅游体验——基于徒步游记与访谈的扎根理论分析 [J]. 人文地理，2017（4）.

❷ 刘静艳，靖金静．宗教旅游体验对游客行为意向的影响研究——游客心境的中介作用 [J]. 旅游科学，2015，29（3）：36–48.

❸ Cappellen P，SaroglouV．Awe activates religious and spiritual feelings and behavioral intentions [J]. Psychology of Religion and Spirituality，2012，4（3）：223–236.

❹ 邹本涛．旅游情感体验的内容分析 [J]. 北京第二外国语学院学报，2010（9）.

峰一直是我的梦想，到这以后我看到这么雄伟又壮丽的山峰，心里非常兴奋与激动”“今天布达拉宫的人特别多，拥挤使我感到心烦意乱”。游客在不同的情境中会体现出不同的心理特点，这种特点是生理现象的神经机制，因此在旅游中产生的积极情感与消极情感是神经系统的自我调控。

（2）身体状况又称肌肉动觉体验，即手臂、肌肉等个人身体运动感觉，可将其总结为游客自身的身体素质和健康状况，可促使游客在旅途中产生积极或者消极的情绪。[1]一般情况下，青年游客与老年游客对西藏旅游的情感体验是不同的，老年游客会更快地感受到身体的疲惫。旅游过程中发生身体受伤的情况，情感会受到影响。不同的个体对西藏高原反应也是不同的，因此情绪也会有所不同。

（3）感官体验。旅游体验中的认知体验、感官体验等多种体验对情感体验的生成起催化作用。视觉、触觉、听觉、嗅觉、味觉本应作为心理因素的认识过程，但本书将其视为单独要素并归纳为感官体验这一范畴来研究游客情感体验的生成过程。游客通过视觉发现旅游目的地的景观“色彩艳丽”、藏式建筑“高大”“结构复杂、雄浑”，通过听觉听见自然的“风声、鸟声、水声”及佛教活动“诵经念佛声”，通过触觉感触“花、草、树、木”，并伴随心理认识感触“冷暖、舒适或疼痛”，通过嗅觉感受“自然香气”，味觉感受西藏“美味饮食”。感官的冲击一方面体现在游客对旅游目的地事物属性的感觉，另一方面体现在游客身体各部分对内在现象的感觉。因此感官体验能够触发游客的情感。

（二）旅游地事物影响

具身认知理论强调了身体与情景的嵌入性依赖与互动关系。就本书而言“情景”为具体的境地，就是影响游客情感的“外部环境”。本书将游客情感体验的外部环境因素具体概括为旅游目的地事物，即旅游资源、旅游地文化习俗、旅游设施、景点服务、旅游社会关系，这些因素在时间的催化作用下促使游客个体产生了游客情感。

旅游资源与旅游目的地文化习俗。游客在旅游过程中对目的地吸引物的单项

---

[1] 刘卫梅，林德荣．旅游城市形象和情感联结对旅游意愿的影响 [J]. 城市问题，2018（8）.

本真感知能激发积极情绪构成游客情感体验。[1]西藏的自然和人文旅游资源丰富，美学价值高。游客对“平静的纳木错湖水，汹涌澎湃的雅鲁藏布江”等自然景观和“壮观、庞大宏伟的古代宫堡建筑群，鳞次栉比、连绵起伏的寺院建筑”等人文景观表现出喜爱之情，对游客具有较大的吸引力。这些旅游资源对游客身体的心理因素、感官产生作用，具体而言游客通过视觉、听觉、嗅觉、触觉等感官感受和心理对旅游资源的认知感知而产生的情感表现，这些情感多表现为心旷神怡、震撼、开心、激动、难忘等，因此游客情感被旅游资源大大地激发。西藏的饮食文化、居住文化、节日文化、游艺习俗、信仰习俗与游客所居住的惯常地文化习俗会有所差异，能够增加入藏游客的好奇心，产生较大的吸引力，促使个体产生情感变化，其变动多表现为积极情感。

旅游基础设施和景点服务。在产品经济和服务经济时代，产品能够满足消费者的功能性需求，旅游景区如果能提供优质、周到的服务消费者就会满意。[2]对入藏游客来说，健全与完善的旅游基础设施和优质周到的景点服务，能够给游客带来方便，满足游客的需求，就会使游客感到满意，进而产生积极的情绪。旅游基础设施不完善不健全，“交通工具稀少”“酒店房间紧缺”给游客带来了不便。景点“工作人员态度不好”，服务不优质无法使游客感到满意，就会使游客感到不满，产生消极情绪。

人与人之间情感的真实体验，能够强化游客对一个地方的认同与情感上的连接。[3]旅游社会关系和旅游个体紧密相连，游客选择什么样的旅游同伴及其与旅游同伴的社会关系具有主观能动性，正如游客所说“与孩子们一起旅游总会比较操心，时刻都要关注他们，这次和朋友们一起比较自由”，选择的同伴不同，所产生的情感会不同。此外西藏人民对游客热情的程度也会影响入藏游客的主观感受。

---

[1] 杜法成，李文勇，戚兴宇．旅游本真性、情感体验与地方依恋的关系研究[J]．资源开发与市场，2018（6）．

[2] 马天，李想，谢彦君．换汤不换药？游客满意度测量的迷思[J]．旅游学刊，2017（6）．

[3] 高璟，李梦蛟，吴必虎．知青怀旧旅游情感与行为的关系研究[J]．地域研究与开发，2017（2）．

（三）时间的催化

游客对旅游目的地情感随时间变化特征存在差异。[1]时间具有无形性。本书认为时间催化作用表现在游览的时间、时长与时机。“心中一直有‘西藏情结’，西藏是个美丽神圣的地方，在有生之年一定要到‘世界屋脊’看看”“三四月份的林芝桃花特别美”“九月的阿里秋色绚烂”，在合适的时间去才能体会西藏的美景。适中的游览时长“保持体力”“没产生审美疲劳”才能使入藏游客体会游览西藏的乐趣。

游客的旅游情感体验是游客真正地与旅游目的地互动的过程，也是追求旅游本真性的一种体验过程，游客的心理、行为、旅游的时间特性等都对游客情感具有影响。因此游客的情感体验是在个体因素、外部因素和时间因素共同作用下生成的。

三、讨论

影响游客情感体验的构建要素有很多，屈小爽的情感体验构建模型中认为游客情感体验由游前、游中、游后情感组成。人、事、物、时间、空间五大维度是情感体验生成的特定情境。[2]作者通过对网络游记游客所到达的西藏景点进行扎根理论三编码发现，游客情感产生、变化的主要影响因素为游客的个体因素，即心理、身体状况和感官的共同影响。相比较而言，屈小爽的游客情感体验构建的情感生成更倾向于游览过程中的情感产生，而本章对游客情感体验构建的研究更加倾向于游客自身所产生的情感和具体旅游目的地事物的影响，旅游情感具有具身性。这一结论与吴俊等学者的“具身视角下旅游研究中身体被解释为情境化的难以捉摸的以及善变的泛化主体存在”观点相同。[3]本章研究将外部环境因素具体化，具体概括为旅游资源、旅游设施、旅游社会关系、景点服务、旅游地文化习俗，通过文本资料具体分析其对游客情感产生变化的原因和在模型构建中的作用，这一点与学者的特定情境下旅游情感体验生成有异曲同工之处。

[1] 程翠琼，徐健．面向网络游记时间特性的情感分析模型[J]. 数据分析与知识发现，2017（2）.

[2] 屈小爽．基于网络文本的旅游者情感体验构建理路——以杭州西湖为例[J]. 河南师范大学学报（哲学社会科学版），2017（4）.

[3] 吴俊，唐代剑．具身认知理论在旅游研究中的应用：以跨学科为视角[J]. 商业经济与管理，2017（6）.

黄潇婷的游客情感体验构建是以时空路径为基础，引入了时间地理学的时空概念，更加关注旅游时间与空间的匹配关系对游客情感体验的构建。[1]而本章研究将时间要素作为一个单独的维度，具体分析其在游客情感生成过程中的作用，从而发现游览时间、观景时机、游览时长会影响游客情感。这与国外学者纳维恩（Nawijn）提出的“假日快乐曲线”模型，并以“U”形的“假日快乐曲线”阐述度假的游客随时间变化情感的平衡情况，以及纳维恩与外国学者合作经过进一步的研究发现“假日快乐曲线”与在旅游目的地停留时间长短有关不谋而合。[2]

情感的生成是一个复杂的过程，随着旅游刺激物的影响，游客的心理会不断地变化，产生正面或者负面的情绪。[3]因此，游客情感体验的维度也具有复杂性。学术界对于游客情感体验模型构建的研究不多，学者们更倾向于研究旅游体验模型的构建,[4]旅游体验对游客的影响,[5]旅游体验对游客忠诚度、满意度的影响以及游客情感,[6]对游客情感体验的模型构建也是在有条件限制下形成的。在本章研究中通过扎根理论编码提取的114个初始概念和23个初始范畴中，心理因素的感觉、感受、情绪以及游客身体状况和视听等感官体验出现得较多，因此游客情感体验是从人的本身出发，以个体为中心。在其他学者的研究中只将影响游客情感体验的维度归结为心理因素，而作为产生情感的个体却没有在维度中产生。本书主要是对游客在旅游目的地的旅游过程中游客情感体验产生进行研究，没有涉及游客从惯常地到旅游目的地，再从旅游目的地到惯常地的过程，其他学者对游客情感体验构建中的空间维度对情感体验具有影响这一课题进行了大量的研究，因此本书没有涉及这一维度。

---

[1] 黄潇婷．基于时空路径的旅游情感体验过程研究——以香港海洋公园为例[J]．旅游学刊，2015（6）．

[2] 赖斌．基于民生视角的民族地区旅游资源开发模式研究[J]．西南民族大学学报（人文社科版），2015（1）．

[3] 刘丹萍，金程．旅游中的情感研究综述[J]．旅游科学，2015（2）．

[4] 张朝枝，张鑫．流动性的旅游体验模型建构——基于骑行入藏旅游者的研究[J]．地理研究，2017（12）．

[5] 洪学婷，张宏梅，张业臣．旅游体验对旅游者环境态度与环境行为影响的纵向追踪研究[J]．自然资源学，2018（9）．

[6] 罗楚，沈蕾，高晗．旅游目的地品牌体验对游客忠诚度的作用机制研究[J]．东华大学学报（自科学版），2016（5）．

本章小结

本章主要运用质性研究的扎根理论的方法，基于入藏游客的网络文本进行分析，分析入藏游客的旅游情感体验并构建了旅游情感体验模型，并对影响游客的情感体验因素进行了分析，研究发现：

第一，通过对入藏游客的情感体验高频词汇研究发现，入藏游客对西藏的情感体验以积极情感为主，伴随有少量的消极情感。根据网络游记对游客情感的词汇进行整合后发现，积极情感主要表现为心旷神怡、震撼、非常好、激动、开心、难忘、幸福、向往等。游客产生的积极情感主要是被西藏的自然旅游资源、人文旅游资源和西藏的文化习俗状况等外部环境因素所吸引。游客的消极情感相对比较少，消极情感表现为烦躁、一般、没感觉、疲倦、难受、不满等，消极情感产生的主要原因为个体因素中身体状况影响，其次受外部环境中的旅游基础设施、景点服务和旅游社会关系影响。

第二，基于扎根理论分析方法的三级编码对概念词汇的分解、概念化，然后通过归纳整理建立起逻辑关系，最终得出“以游客个体因素为核心的外部环境影响下的情感体验生成”这一核心范畴。通过这一核心范畴还有主要范畴间的联系构建出入藏游客情感体验构建模型，该模型展示出入藏游客的情感体验以游客个体因素为中心。旅游资源和旅游地文化习俗的吸引力、旅游设施和景点服务的健全和完善程度、和谐融洽的旅游社会关系这些外部环境因素在时间因素的催化下影响着游客的个体因素，从而生成了游客的情感体验。

第三，时间维度在入藏游客的情感体验中扮演着重要的角色，在入藏游客情感变化中起着催化作用。本书研究中时间因素对游客情感变化的作用主要体现在目的地游览中，具体表现在游览的时间、观景时机和游览时长。

第四，影响游客情感体验的因素主要受个体因素、外部环境因素和时间因素这三大因素的影响。游客去旅游的根本目的在于追求心情的愉悦，更看重的是个体的感知，即去体验旅游本真性，感知即心理因素，心理因素使游客情感更偏向于积极。外部环境因素对游客情感变化的影响主要体现在旅游行程中，对旅游前和旅游后的情感变化影响较小。时间因素影响游客情感的波动，不同的时间游客的心理状态是不同的，因此增强了游客的情感体验。

第四章　游客敬畏情绪体验的结构与过程

在第三章的研究中，本书运用扎根理论研究方法，通过收集入藏游客的网络游记，基于开放性编码、轴向式编码、选择性编码分析入藏游客的情感变化，提炼出 23 个初始范畴、7 个主范畴和 1 个核心范畴，在此基础上建立了游客情感体验构建模型。结果表明，游客情感在旅游中随时间的催化，情感变化受到了目的地旅游资源、旅游设施、景点服务、旅游地文化习俗、旅游社会关系的影响，这些情感变化影响主要受游客个体因素影响获得。

为将游客情感体验研究推向深入，本书以积极情感之一的敬畏为对象，进一步展开研究。在心理学领域，敬畏作为一种积极情绪受到学者广泛关注。在旅游学领域，敬畏情绪与旅游体验紧密相关。在旅游情境下游客敬畏情绪的表达有别于积极心理学，是敬畏核心特征的旅游化。游客敬畏情绪的研究为游客情绪体验研究提供了新方向。但国内对游客敬畏情绪的研究通常借鉴积极心理学研究结论，极少探究中国语境下游客敬畏情绪的本质，忽视了中西方文化差异对敬畏适用效果的影响，以往对游客敬畏情绪的测量通常借鉴心理学理论研究成果，游客敬畏情绪相关概念资源有待挖掘。因此如何提炼中国游客的敬畏情绪要素，从理论层面上界定敬畏情绪结构的研究任务就更为迫切。基于此，本章试图弥补这一不足，以西藏为案例地，通过挖掘中国游客网络游记文本中有关情感体验的话语，运用扎根理论方法，探索分析游客敬畏情绪体验的构成，从而为实证研究的合理开展提供理论依据。

第一节　研究设计

一、案例地概况

西藏自治区位于青藏高原西南部，平均海拔在 4000 米以上，素有“世界屋脊”和“地球第三极”之称。西藏旅游资源类型丰富，巍峨宏大、气势磅礴的世界最高峰珠穆朗玛峰，神山冈仁波齐，三大“圣湖”：纳木措、玛旁雍措、羊卓雍措，古格王朝遗址，藏传佛教圣地布达拉宫、扎什伦布寺等。西藏的旅游以其神奇瑰丽的自然风光、神圣古老的历史遗迹和神秘厚重的佛教文化而闻名。

“人间天堂”“世界上的最后一片净土”是游客在旅游前对西藏的凝视和建构的表征意象，游客往往将西藏想象成一个神圣之地。西藏的旅游体验对游客而言也具有神圣的意义，[1] 总是力图在寻找真实的西藏的同时获得激活自身生命的体验质量。研究表明，敬畏情绪可以促进人们对精神世界的追求，[2] 诱发敬畏情绪的个体更愿意选择去西藏旅游，是很受欢迎的精神目的地。[3] 旅游人类学家特纳（Turner）说：一名旅游者有一半是朝圣者，或者说一名朝圣者有一半是旅游者，[4] 他们有的是带着朝圣心情去旅游，怀着对自然的敬畏，有的则是带着旅游情怀去朝圣，怀着对宗教文化的敬畏。[5] 因此，集自然、人文、宗教于一体的西藏，作为本书的案例极具代表性和研究价值。

二、研究方法

扎根理论是社会学者格拉泽（Glaser）和斯特劳斯（Strauss）于 1967 年提出的一种质性研究方法。扎根理论强调在不预设任何理论假设的前提下，通过系统

---

[1] 崔庆明，徐红罡，杨杨．世俗的朝圣：西藏旅游体验研究 [J]. 旅游学刊，2014（2）.

[2] 董蕊，彭凯平，喻丰．积极情绪之敬畏 [J]. 心理科学进展，2013（11）.

[3] Cappellen P，Saroglou V.Awe activates religious and spiritual feelings and behavioralintentions [J]. Psychology of Religion and Spirituality，2012（3）.

[4] Turner V，Turner E.mage and Pilgrimage on Christian Culture [M].Oxford：Basil Blackwell，1978：20.

[5] 田野，卢东，Samart P. 游客的敬畏与忠诚：基于情绪评价理论的解释 [J]. 旅游学刊，2015（10）.

分析质性资料，归纳提炼反映社会现象的概念范畴，进而发展这些范畴之间的关联，最终形成新的理论。[1]扎根理论的研究特点十分契合探索性研究，自霍托拉（Hottola）将扎根理论应用于旅游研究后，[2]国内学者开始在游客行为、旅游体验、旅游情感等领域运用该方法。[3]本书将借助质性软件 Nvivo 11.0，根据纳里什（Naresh）归纳的扎根理论流程，[4]通过开放性编码、主轴编码和选择性编码等 3 个主要步骤来探究游客敬畏情绪体验的构成。

三、资料来源

首先，扎根理论要求对资料进行系统化的收集与分析。在诸多的线上虚拟旅游社区选择中，遵循如下两个原则：①社区成员对社区有高黏性、高口碑、高使用率。②社区平台信息发布讲究原创真实。最终选择了平台市场较为成熟的携程、马蜂窝、途牛网三个平台，随机选择了 2016 年 1 月 1 日至 2019 年 1 月 1 日 3 年间的 604 篇游记。其次，进行资料筛选。例如有的文章内容是纯攻略式的，作者

---

[1] Glaser B G.The Future of Grounded Theorymage and Pilgrimage on Christian CultureQualitative Health Research，2016（6）；
陈向明．扎根理论的思路和方法 [J]. 教育研究与实验，1999，（4）.

[2] Hottola P.Culture confusion intercultural adaptation in tourism [J].Annals of Tourism Research，2004（2）.

[3] 姚丽芬，龙如银．基于扎根理论的游客环保行为影响因素研究 [J]. 重庆大学学报，2017（1）；
李志飞，夏磊，邓胜梁．旅游者社会行为变化及其影响因素研究——基于常居地－旅游地二元情境 [[J]. 旅游学刊，2018（1）；
陈薇，张宏梅，洪学婷．基于网络游记分析的游客环境责任行为 [J]. 安徽农业大学学报（社会科学版），2018（2）；
廖维俊，何有世．非惯常环境旅游者不文明行为是如何形成的？——基于相对剥夺理论视角的扎根研究 [J]. 干旱区资源与环境，2018（6）；
谢彦君，樊友猛．身体视角下的旅游体验——基于徒步游记与访谈的扎根理论分析 [J]. 人文地理，2017（4）；
蔡溢，殷红梅，杨洋，等．遗产地旅游者 Flow 体验影响因素模型构建与机理——以斯里兰卡为例 [J]. 旅游学刊，2018（2）；
屈小爽．基于网络文本的旅游者情感体验构建理路——以杭州西湖为例 [J]. 河南师范大学学报（哲学社会科学版），2017（4）；
张天问，吴明远．基于扎根理论的旅游幸福感构成——以互联网旅游博客文本为例 [J]. 旅游学刊，2014（10）.

[4] Naresh R P.The creation of theory：A recent application of the grounded theory method [J].The Qualitative Report，1996（4）.

所介绍的内容均为线路、交通、住宿等内容与本书的情感研究主题无关，因此被筛选出去。最终剩下 112 篇游记，剔除掉图片、空格，纯文本内容共有 5066 行。最后，对材料进行编码分析。值得注意的是，扎根理论在应用时要注意理论饱和度的问题。因此，留出 12 篇文章作为饱和度检验的资料，编码前 100 篇文章，以求最终理论的完整。

第二节　扎根理论编码

一、开放性编码：提取概念和范畴

开放性编码是对资料进行概念化、抽象化的过程，通过对相同或相似的资料归类整理，确定不同的类型代表，然后对类型进行概念化定义，并在此基础上反复比较找出概念之间的联系，从而进一步抽象提取范畴。本书为了实现深度的文本挖掘，尽可能充分挖掘游记中涉及的情感维度，最终通过对文本的逐字逐句分析，提取概念要素，形成初始范畴，最终获得 160 个初始概念，45 个初始范畴，分别为深刻感、反差感、唯一感、稀有感、感召力、微妙感、超越感、兼容感、极致感、异域感、神秘感、探索感、好奇心、梦幻感、诱惑力、久远感、宿命感、征服欲、难以置信、连接感、亲切感、存在感、痴迷感、持久感、凝固感、永恒感、麻痹感、消失感、重新认识、景观描写、肢体表达、感官状态、迷恋行为、敬畏表达、环保行为、德行升华、重拾、反思行为、感知力、顿悟、心境改变、心心念念、追随感、重游、归属感。开放性编码举例如表 4-2-1 所示。

表 4-2-1　开放性编码范畴化示例

原始语句	概念化	初始范畴
直到现在我也找不到太好的词汇来形容羊湖的蓝	不知如何表达	微妙感
山上许多矗立着的古碉楼群，它那轮廓分明的线条……	建筑景观	景观描写

续表

原始语句	概念化	初始范畴
经历了高反、缺氧，面对身体不适，更会佩服自己独自出发的勇气	佩服勇气	征服欲
回来后差不多两个月，又压抑不住当时在路上的感觉，只想说我又开始怀念了。怀念那充满惊艳又刻骨铭心的旅行	深刻怀念 刻骨记忆	深刻感
并不是每个人都能看到珠峰的全貌的，更别说日照金山还有晚上的星空，雪山跟月光交相呼应的壮观，自己却全遇到了	幸运奇遇	存在感
在雪山边上，静静伫立的珠峰，那种仰望雪山，叹为观止的心境，我想照片，大概真的难以表达	叹为观止	极致感
图片中的另一个人，在那里望着珠峰看了好久，好久	长久注视	迷恋行为
羊湖的蓝，是第一眼就会让你感到惊艳的蓝，它就像是唯一……	唯一的蓝	唯一感

二、主轴编码：选取主范畴

主轴编码是通过对初始范畴的分析，找寻彼此之间的关联，经进一步的范畴化后选取出主范畴，以实现对初始范畴的高度概括与凝练。将上阶段形成的 160 个初始概念和 45 个初始范畴带回资料现场，进行持续性比较和深度分析，遵循“因果条件—现象—脉络—中介条件—行动 / 互动决策—结果”的逻辑关系，[1] 探究范畴之间可能存在关联的线索，最终归纳总结出 6 大主范畴。主轴编码过程如表 4-2-2 所示。

---

[1] 杨妮，马耀峰，白凯 . 基于扎根理论的城市形象定位研究——以潼关为例 [J]. 城市形象，2010（11）.

表 4-2-2　主轴编码过程

主范畴	对应范畴
藏地反应	深刻感、反差感、唯一感、稀有感、感召力、微妙感、超越感、兼容感、极致感、异域感、神秘感、探索感、好奇心、梦幻感、诱惑力、久远感、宿命感、征服欲、难以置信
背景反应	景观描写、肢体表达、感官状态、迷恋行为、敬畏表达、环保行为
时间反应	持久感、凝固感、永恒感、麻痹感、消失感、重新认识
联结反应	连接感、亲切感、存在感、痴迷感
升华反应	德行升华、重拾、反思行为、感知力、顿悟、心境改变
归附反应	心心念念、追随感、重游、归属感

三、选择性编码：发现核心范畴

选择性编码的目的是将所有范畴囊括在一个理论体系内，通过核心范畴的确定，有机地联结其与其他各个主范畴之间的关系，形成一条故事线来说明所要说明的现象。[1]通过 6 个主范畴结构关系的识别，可以形成一条能够串联、描述整个游客敬畏情绪体验的故事线，即日常生活世界的世俗压力和藏地异域神秘诱惑力，使得游客由生活世界迈向西藏的旅游世界（藏地反应），西藏神奇瑰丽的自然风光、神圣古老的历史遗迹和神秘厚重的佛教文化（背景反应），使游客忘却了自己、忘却了时间，产生出持久永恒之感（时间反应），仿佛自己的前世、今生、来世在这里得到了仪式般的联结（联结反应），旧我离去，新我诞生（升华反应），从而产生“我属于这里的”强烈的归属感（归附反应）。这种发生在旅游世界里的归附反应，又进一步强化了回到生活世界的游客对西藏异域感召力的感知和顺从，从而推动游客再次踏入那个引起他（她）敬畏反应的旅游世界。游客敬畏情绪体验故事线的典型关系结构如表 4-2-3 所示。

根据以上故事线描述的旅游敬畏情绪体验故事，本书提炼出“游客敬畏情绪体验的结构与过程”作为该研究的核心范畴。

---

[1] 姚丽芬，龙如银．基于扎根理论的游客环保行为影响因素研究 [J]．重庆大学学报，2017（1）．

表 4-2-3　主范畴的典型关系结构

典型关系结构		关系结构的内涵
游客敬畏情绪体验	藏地反应	既是游客旅游前激发的期待情感，又是游客旅游后积淀的感悟情感。期待情感是游客敬畏情绪体验的起点，感悟情感是游客敬畏情绪体验的心灵积淀，形成下一次旅游体验的心理动因
	背景反应	游客被西藏旅游世界的神奇景观所震撼，产生了强烈的生理反应，知觉到了“浩大”，体验到了自我的渺小感、无力感和顺应感，敬畏情绪由此而被激发
	时间反应	沉浸在西藏这片人间天堂里，游客感受到的是“持久永恒”“感受不到时间的流逝”，忘却了自己、忘却了时间，那一刻，仿佛巅峰时刻的到来
	联结反应	“自我”与“藏地”之间的种种“仪式般的关联”，让游客重新审视自己的价值，不会妄自尊大，在生活中保持谦卑的态度
	升华反应	旧我离去，新我诞生。促进游客追求精神境界，感悟人生，热爱生活，认识灵性自我，提升人生境界
	归附反应	敬畏情绪的激发，促使游客迫切地想要从旅游世界回归到生活世界，去重新开始自己的积极生活；或者对旅游世界产生深深的依恋和强烈的归属感，视旅游世界为新的生活世界

第三节　模型构建与讨论

一、模型构建

将事先预留出的 12 篇游记，按同一流程重新编码并进行饱和度检验，未发现新的范畴和关系，说明已经达到理论饱和。以核心范畴和故事线为基础，构建游客敬畏情绪体验结构与过程模型，如图 4-3-1 所示。

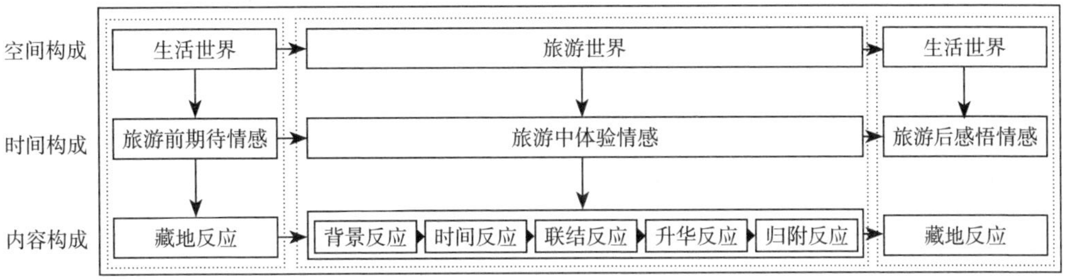

图 4-3-1　游客敬畏情绪体验结构与过程模型

二、游客敬畏情绪体验的结构和过程

（一）生活世界压迫下的敬畏情绪体验唤醒

游客日常所居的生活世界，是一个单调重复而又充满竞争压力的世界，心理情感的压抑和精神信仰的迷失等种种缺失促使人们去冲破日常生活的“铁笼”，寻求生命的解放和个性的自由；[1]而旅游世界则是对生活世界空间上的暂时隔离、回归和时间上的逸出或漏损。[2]正如一位游客所写：“当我们身处都市楼宇间做困兽之斗时，是否会有一瞬想到过离开？那种对于自由的渴望，是与生俱来，是自远古就遗留在我们基因里的原始野性。”“我热烈地渴望和外界发生联系，越是这样就越感觉自己孤独，有时候那种感觉貌似很无奈。”

藏地反应。游客挣脱生活世界压迫，追求情感体验的精神意识始于藏地反应。藏地反应具有双重维度特征：既是游客旅游前激发的期待情感，又是游客旅游后积淀的感悟情感。期待情感是旅游地符号在游客心理的投射结果，[3]唤醒了游客对西藏旅游地的敬畏感。当“西藏”这个名字被提起时，人们就会产生诸如“神秘的吸引力”“信仰的力量”“去西藏仿佛是一场宿命”“这里神秘的文化和神圣的山河，总让我有诸多向往，它是离天最近的地方”的情绪感受。感悟情感是经历了旅游世界的情感体验重新回到生活世界后，对旅游意义、精神状态、人生感

---

1. 龙江智，卢昌崇．从生活世界到旅游世界：心境的跨越 [J]. 旅游学刊，2010（6）.
2. 谢彦君，谢中田．现象世界的旅游体验：旅游世界与生活世界 [J]. 旅游学刊，2006（4）.
3. 屈小爽．基于网络文本的旅游者情感体验构建理路——以杭州西湖为例 [J]. 河南师范大学学报（哲学社会科学版），2017（4）.

悟等的反思和积淀。“仿佛来到另一种维度”“很有异域的感觉”“无法抑制的怀念、刻骨铭心的记忆”“从西藏回来差不多有两个月了，只想说我又怀念当时在路上的感觉，那充满惊艳又刻骨铭心的旅行”等感悟成为游客对西藏旅游情感体验的独特印象和记忆标签。可见，期待情感是游客敬畏情绪体验的起点，感悟情感是游客敬畏情绪体验的心灵积淀，形成下一次旅游体验的心理动因，二者共同构成藏地反应维度的基本内涵。

（二）旅游世界独特的敬畏情绪体验

被藏地反应唤醒的游客离开生活世界，进入西藏旅游世界，开始充分调动身体感官，浸入西藏旅游世界独特的敬畏情绪体验之中。

背景反应。凯尔特纳（Keltner）和海特（Haidt）的原型敬畏理论将敬畏的诱发源归纳为：宗教、神灵等与社交心理相关的社会性诱发源，景观、音乐等能被直接观察或感受到的有形性诱发源和导致个体认知加工的认知性诱发源三种。[1]该理论提出“感知到的浩大”和“顺应的需要”是原型敬畏两个缺一不可的核心特征，其中浩大是指一切使个体感知到比自身、自己的寻常经历水平、惯常的参照标准大得多的客观对象，它可能是物理上的大号、装修的奢华、社会地位的崇高，或者突然发出的巨响；[2]而适应包括同化和顺应，前者是把外界因素整合到个体已经形成或正在形成的结构中，后者则是同化的结构受到外界因素的刺激而发生的改变。[3]具体地说，顺应表示当个体经历新事物时，现有的知识体系或精神结构无法吸收同化新事物，即出现了之前从未感受过的体验时，产生的心理重建以及调整精神架构的过程。感知到的浩大，使个体产生卑微感和服从意愿；而顺应的需要则使个体发现外界因素与自身理解上的差异，从而感到惊奇甚至困惑。[4]敬畏的两个核心特征缺一不可，只有事件本身同时具有这两个方面的特征，个体的敬畏情绪才会产生。当游客站在西藏那片土地上的时候，敬畏情绪被深深地激

---

[1] Keltner D，Haidt J.Approaching awe，a moral，spiritual，and aesthetic emotion [J].Cognition And Emotion，2003（2）.

[2] Keltner D，Haidt J.Approaching awe，a moral，spiritual，and aesthetic emotion [J].Cognition And Emotion，2003（2）.

[3] 陈琦，刘儒德 . 教育心理学 [D]. 第二版 . 北京：高等教育出版社，2011：35-36.

[4] 董蕊，彭凯平，喻丰 . 积极情绪之敬畏 [J]. 心理科学进展，2013（11）.

发了出来。游客在那里感受到了"壮美""壮观""恢宏""伟大""神圣""脱俗"，惊得我"大声呼喊""眼眶湿润""匍匐长泣""从身体到精神都为之一振"。"渺小"与"伟大"、"卑微"与"崇高"，相互对立的形容词在同一刻出现，"我只觉得要敬畏"。游客被西藏旅游世界的神奇景观所震撼，产生了强烈的生理反应，知觉到了"浩大"，体验到了自我的渺小感、无力感和顺应感，敬畏情绪由此而被激发。

时间反应。研究表明，敬畏可以延长人们的时间知觉。[1] 相比于其他情绪下的个体，敬畏情绪的个体更能关注当前时刻，从而知觉到更具充裕性的时间。对时间感的延伸，是游客对敬畏情绪体验的反应。受宗教的神性洗礼的感染、随处可见的天险神迹的冲击，沉浸在西藏这片人间天堂里，游客感受到的是"持久永恒""感受不到时间的流逝"，忘却了自己、忘却了时间，那一刻，仿佛巅峰时刻的到来，而在生活世界中则是"对时间麻痹的焦虑"。这种强烈时间感知的反差对比，是藏地旅游中敬畏情绪带来的最特别的体验："仿佛有那么一瞬间，自己好像体会到，时间对我们来说意味着什么。"

联结反应。"自我"与"藏地"之间的联结。敬畏是一种自我超越的情绪，它会使我们与更宏大更永久的东西相连，使我们感到渺小和谦卑。[2] 在西藏的旅游世界，体验到敬畏情绪的游客感觉自己"向前走，就这么走，冥冥中这就是我要走的路啊""自己的前世一定生活在藏地，这一切都源于我对雪域高原的适应力"，一个人的前世、今生、来世在这里得到了连接。当我们用这样的眼光来看待人生，"抛开一切既有期待，放空自己，用心感受时"，更觉得自己是一个幸运儿，仿佛"神垂青于我"，让我"幸运地看到所有难得的景观"，在生活世界里自己只是沧海一粟，可在西藏，种种"仪式般的关联"，让自己重新审视自己的价值，不会妄自尊大，在生活中保持谦卑的态度。

升华反应。旧我离去，新我诞生。敬畏情绪可以促进人们对精神世界的追求，激发个体对生活的热爱和投入。[3] 正如一位游客所言："西藏，当你踏入这片土地，

[1] Rudd M，Vohs K D，Aaker J.Awe expands people's perception of time，alters decisionmaking，and enhances well- being [J].Psychological Scienc，2012 (10).

[2] 董蕊，彭凯平，喻丰.积极情绪之敬畏 [J]. 心理科学进展，2013 (11).

[3] 董蕊，彭凯平，喻丰.积极情绪之敬畏 [J]. 心理科学进展，2013 (11).

她的万顷壮丽山河可以让你忘记时空去沉醉，洗净你无尽的凡尘铅华，无论多沉重的愁苦和杂念，在西藏的苍穹下都会被看不见的神灵普度跟点化”。游客的迷惘、浑浊都被这纯净的雪山净化、洗礼，“洗涤人的眼睛和心灵”，“圣湖带给我新的思考”让我“看清自我”，“学会空性，修行自我”，“更珍惜当下的生活”并且“对幸福的感知力增强”，我要“好好地活着”，怀着喜悦的心情去欣赏生活中所遇到的一切事物。

（三）连接两世界的纽带

归附反应。主要表现为由旅游世界向生活世界的回归和视旅游世界为新的生活世界的归属两种状态。敬畏的唤醒，带给游客一种自我超越的情绪体验，重新激发了游客对生活的热爱和投入，他们相信自己可以将对生活的恐惧转化为对生活的激情，从而迫切地想要从旅游世界回归到生活世界，去重新开始自己的积极生活。正如一位游客所言：“身为凡人，出世只能是刹那所为，更多的是带着出世所悟的信念重新入世。是时候作别了。”敬畏情绪能够促进个体与周围世界更强有力的联系，增强记忆或重温体验的愿望，因此可能导致行为和态度上的忠诚以及地域偏好和地方感的产生。[1]一些激发敬畏情绪的游客对西藏产生了深深的依恋和强烈的归属感，有的游客西藏之行还没有结束就想着“要再一次回来”。有位游客写道：“都说我们是这个都市的浮萍，叶落好像也无根可扎，可第一次来西藏就仿佛来过很多次，似乎我属于这里，这样的一个地方怎能不让人为之心心念念。不知从何时起，藏地就好像成为我的第二个故乡。”

三、讨论

敬畏情绪的诱发源多种多样，凯尔特纳和海特的原型敬畏理论将敬畏情绪的诱发情境分为社会性、物理性和认知性三种。[2]原始材料游记中频繁出现了关于高山河湖、布达拉宫、仓央嘉措等的传说的记录，对其扎根编码发现，诱发游客

---

[1] Coghlan A，Buckley R，Weaver D.A framework for analyzing awe in tourismexperiences [J]. Annals of Tourism Research，2012（3）.

[2] Keltner D，Haidt J.pproaching awe，a moral，spiritual，and aesthetic emotion [J].Cognition And Emotion，2003（2）.

敬畏情绪的主要因素是自然景观、建筑景观等有形物体，其次为宗教、历史等文化因素，即游客敬畏情绪体验的诱发情境主要为物理诱发源和社会诱发源，这在某种程度上印证了敬畏的原型理论。相比较而言，有形物体的物理对游客敬畏情绪的诱发强度要高于文化的社会诱发源，这与田野等学者的研究结论："诱发游客敬畏情绪的环境因素中，有形因素相对于社会文化因素具有较强的刺激效应"不谋而合。[1]

科格伦（Coghlan）的游客敬畏模型认为，游客的敬畏体验在时间维度上包括三个方面：即时的生理反应，与过去经历比较后形成的新体验和面向未来要调整的心理模式。[2]审视此研究框架，可以发现，游客敬畏情绪体验的5个主范畴中，背景反应可归为即时的生理反应方面，时间反应、联结反应可归为与过去经历比较后形成的新体验方面，升华反应、归附反应可归为面向未来要调整的心理模式方面。本书扎根编码的主范畴结果印证了科格伦游客敬畏模型的正确性。对游客敬畏情绪体验结构和过程的阐释表明，游客敬畏情绪体验主范畴的发生次序是按照首先生理反应、然后新的体验、最后模式调整的先后顺序展开的。但各个主范畴产生效应的时间是渐进式的还是基于阈值的，尚不明确。

由于敬畏情绪是一种混合了困惑、钦佩、惊奇、服从等很多感觉的复杂情绪，[3]因此，敬畏情绪体验的维度也很复杂，迄今尚无定论。目前，学术界比较认同的"敬畏的相关情绪家族"有恐惧、审美愉悦、钦佩、道德提升感、神秘感等维度[4]。然而，在对原始材料进行扎根编码提取的160个初始概念，以及由此凝练的45个初始范畴中，审美愉悦、钦佩、道德提升感、神秘感4个维度均有高度呈现，但恐惧这一维度却并未出现。导致这一现象出现的原因可能在于：其一，敬畏是不是包含恐惧，取决于引发敬畏的原因或情境在多大程度上会对感知主体

---

[1] 田野，卢东，Samart Powpaka. 游客的敬畏与忠诚：基于情绪评价理论的解释 [J]. 旅游学刊，2015（10）.

[2] Coghlan A，Buckley R，Weaver D.A framework for analyzing awe in tourismexperiences [J]. Annals of Tourism Research，2012（3）.

[3] 董蕊，彭凯平，喻丰 . 积极情绪之敬畏 [J]. 心理科学进展，2013（11）.

[4] 叶巍岭，周欣悦，黄蓉 . 敬畏感的复杂性及其在消费行为领域的研究展望 [J]. 外国经济与管理，2018，40（5）：69-83.

产生威胁。[1] 威胁是凯尔特纳和海特的原型敬畏理论的五个边缘特征（威胁、美、特殊能力、美德和超自然因果）之一，[2] 而不同的诱发情境唤醒的敬畏情绪，某个边缘特征可能存在或缺失。[3] 西藏旅游情境下诱发游客敬畏情绪的主景观物体和文化因素，并未让游客产生威胁感知，因此恐惧维度也未出现；其二，敬畏正在呈现去恐惧化倾向，作为敬畏核心特征之一的顺应需要，[4] 除可以弱化人们对恐惧的感知外，还能够将恐惧转变成更加积极的情绪要素，如钦佩、道德提升感等。[5]

---

[1] 叶巍岭，周欣悦，黄蓉.敬畏感的复杂性及其在消费行为领域的研究展望 [J]. 外国经济与管理，2018，40（5）：69–83.

[2] Keltner D，Haidt J.Approaching awe，a moral，spiritual，and aesthetic emotion [J].Cognition And Emotion，2003（2）.

[3] Agate J R.Inspiring awe in the outdoors：A mechanistic and functional analysis [D].Clemson：Clemson University，2010.

[4] Bonner E T，Friedman H L.A Conceptual Clarification of the Experience of Awe：An Interpretative Phenomenological Analysis [J].Humanistic Psychologist，2011（3）.

[5] Churtz D R，Blincoe S，Smith R H，et al.Exploring the social aspects of goose bumps and their role in awe and envy [J].Motivation and Emotion，2012（2）.

本章小结

以西藏为案例地，基于网络文本，借助扎根理论，对游客敬畏情绪体验的结构和过程进行了探索性分析，研究发现：

第一，游客敬畏情绪体验生成过程由藏地反应、背景反应、时间反应、联结反应、升华反应和归附反应六部分组成。藏地反应既是游客敬畏情绪体验的起点，又是游客敬畏情绪体验后的心灵积淀；背景反应中游客知觉到了“浩大”、体验到了“顺应”，敬畏情绪由此而被激发；时间反应中游客忘却了自己、忘却了时间，感受到的是持久的永恒；联结反应中游客通过“自我”与“藏地”仪式般的关联，让游客重新审视自己的价值，在生活中保持谦卑的态度；升华反应促进游客追求精神境界，学会空性，修行自我，提升人生境界；归附反应能够激发游客从旅游世界回归到生活世界去重新开始自己的积极生活，或者对旅游世界产生深深的依恋和强烈的归属感，视旅游世界为新的生活世界。

第二，游客敬畏情绪体验的 5 个主范畴中，背景反应归属于即时的生理反应，时间反应、联结反应归属于与过去经历比较后形成的新体验，升华反应、归附反应归属于面向未来要调整的心理模式。三个方面内容的发生次序是按照首先生理反应，其次新的体验，最后模式调整的先后顺序展开的。

第三，游客敬畏情绪体验的诱发情境主要为物理诱发源和社会诱发源。诱发的主要因素是自然景观、建筑景观等有形物体，其次为宗教、历史等文化因素。

第四，游客敬畏情绪体验的维度中审美愉悦、钦佩、道德提升感、神秘感 4 个维度均有高度呈现，但恐惧这一维度却并未出现。

本书的局限之处在于，一是主范畴中的藏地反应，是因选取西藏为研究的案例地而出现的独特范畴，抑或可上升为地方反应这种更具理论概括性的范畴，还有待于更多其他案例地的研究；二是对游客敬畏情绪体验结构和过程模型中 5 个范畴之间的逻辑关系还需要进一步深入分析，并且有待后续的定量实证研究对其进行验证。

第五章　游客敬畏情绪体验诱发情境与维度构成

本章在第四章研究的基础上，继续聚焦于旅游情境下中国游客敬畏情绪的独特性，以网络游记和访谈作为数据来源，运用扎根理论的方法，探索分析中国游客敬畏情绪的诱发情境与维度构成。

第一节　数据来源及研究方法

一、研究方法

通过网络游记与半结构化访谈搜集资料。网络游记是游客游后表达自己情感的主要方式之一；而通过面对面访谈游客，可以获得一手数据，并进行深入的、有针对性的问题探讨。谢彦君就基于徒步游记与访谈资料探究了具身视角下旅游体验本质，并取得了一定成果。[1]

运用扎根理论，进行自下而上理论构建的探索性研究。扎根理论强调系统地归纳、整理、分析数据，衍生出理论框架，经过验证形成系统的理论。本书以 Nvivo11.0 软件辅助资料编码，通过开放式编码、主轴编码和选择性编码三个步骤，遵循扎根理论的原则探索敬畏情绪的诱发情境及维度构成，并进行理论饱和度检验，当不再出现新的概念时，认为理论达到饱和状态。

---

[1] 谢彦君，樊友猛. 身体视角下的旅游体验——基于徒步游记与访谈的扎根理论分析 [J]. 人文地理，2017（4）.

二、数据搜集与整理

以“敬畏”为主题词搜索携程网、马蜂窝、同程旅游网上2017至2020年的网络游记，要求字数在1000字以上，排除攻略型游记，最终选取96篇游记。根据选取的网站不同，以网站拼音首字母将游记分别命名为X1、X2、M1、M2、T1、T2等，随机抽取出10篇网络游记用于理论饱和度检验，命名为L1、L2。

在2020年12月至2021年1月进行游客访谈，根据已有文献，围绕“（a）请回忆最近一次您体验到敬畏情绪的某个特定事件，请在下面描述这段经历；（b）当时引发敬畏情绪的情境是什么样的？您当时体验到什么样的情绪？您都想些什么？”设计访谈提纲，❶每人访谈时间约30分钟，命名为P1、P2等。当访谈到第11人时发现没有新的概念出现，即停止访谈。网络文本和访谈文本总计107篇，40.44万字。

第二节　数据编码分析

一、开放式编码

开放式编码是对原始材料抽象化、概念化。❷借助Nvivo11.0软件逐句分析哪些情境诱发游客敬畏情绪以及游客情绪的变化，尽量采用网络游记和访谈中的原始语句提炼初始概念，寻找初始概念间的逻辑关系，形成初始范畴。最终提取出489个初始概念和56个初始范畴，开放式编码结果节选如表5-2-1所示。

---

❶ Coghlan A，Buckley R，Weaver D.A framework for analyzing awe in tourism experiences [J]. Annals of Tourism Research，2012（3）；
Shiota M N，Keltner D，Mossman A..The nature of awe：elicitors，appraisals，and effects on self-concept [J].Cognition & emotion，2007（5）.

❷ 吴毅，吴刚，马颂歌.扎根理论的起源、流派与应用方法述评——基于工作场所学习的案例分析 [J].远程教育杂志，2016（3）.

表 5-2-1　开放式编码节选

原始语句	概念化	范畴化
T7：这种庄严而又肃穆的场面让每一个来到这里的游客和信徒们都有一种震撼及敬畏的感受，包括一个不信仰任何教派的我在内	庄严肃穆的宗教场面使人敬畏	宗教场景诱发敬畏
X35：丹霞地貌群在阳光的照射下，像披上了一层红色的轻纱，熠熠泛光，色彩异常艳丽，让人惊叹不已	惊叹于丹霞地貌的美	地文景观的壮美使人震撼
P5：我觉得张掖的丹霞地貌还是挺震撼的	丹霞地貌使人震撼	
P9：行为更加地受到自我约束，希望自己在旅游过程中表现更得体	更加约束自己的行为 ...... （计 489 个初始概念）	行为更加道德 ...... （计 56 个初始范畴）

二、主轴编码

主轴编码是通过比较分析初始范畴，进而凝练出主范畴的过程。[1] 根据不同的旅游情境，深层次分析初始范畴之间的内涵与联系，再由主轴编码形成更有理论性的主范畴。本书最终形成社会诱发、生命诱发、历史文化诱发、自然诱发、宗教神灵诱发、震撼感、渺小感、愉悦感、虔敬感、行为变化、心理变化 11 个主范畴，结果见表 5-2-2。

表 5-2-2　主轴编码结果

主范畴	对应范畴
社会诱发	人类的智慧与精神；珍贵的纪念物品
生命诱发	生命；生存能力；生物
历史文化诱发	文化；文明；历史；历史文化遗址
自然诱发	地文景观；水域风光；自然力量；敬畏之旅；气候生物景观
宗教神灵诱发	宗教场景；神灵；大佛

[1] 吴毅，吴刚，马颂歌．扎根理论的起源、流派与应用方法述评——基于工作场所学习的案例分析 [J]. 远程教育杂志，2016（3）.

续表

主范畴	对应范畴
震撼感	地文景观的壮美使人震撼；恢宏大气的宗教场景使人惊叹；文物、遗址使人震撼；顽强生命使人震撼；惊叹于人类智慧、技艺与精神；壮观活动场面震撼人心；水域景观的壮美使人震颤惊叹；壮美、辽阔的气候生物景观使人震撼
渺小感	身处自然界，使人认知渺小；宗教场面使人感知渺小；岁月生命使人感知渺小；自然景观的壮阔使人感知渺小
愉悦感	美丽景色使人愉悦；新奇体验使人愉悦；壮观、神秘场景使人激动；愿望实现而激动、喜悦
虔敬感	保持谦卑；致敬无私奉献的人；对自然虔诚敬仰；宗教氛围使人肃穆；敬重历史文化特色；钦佩能人巧匠；宗教旅游地使人内心恭敬、虔诚；心存感恩
行为变化	行为更加真诚；行为更加道德；给人前进的动力；重游行为；行程安排变化
心理变化	引发思考；重游意愿改变；心灵净化；知觉变化；使人内心宁静；懂得珍惜；引发感叹；清空烦恼、感知到美好；态度改变；感到幸运

三、选择性编码

选择性编码是扎根理论的最后一步，通过一定的逻辑关系串联主范畴，确定核心范畴，形成故事线。[1]在本书中，识别出游客敬畏情绪可以通过社会、生命、历史文化、自然、宗教神灵诱发，震撼感、愉悦感、渺小感和虔敬感则是游客敬畏体验时产生的情绪感知，影响游客的认知和心理图式的调整。通过不断对比分析发现，游客敬畏情绪作用机理包括游客敬畏情绪激发、游客敬畏情绪构成维度、游客敬畏情绪的效应三部分的互动作用。游客敬畏情绪是一种复杂情绪，并且由多种因素诱发，由此提炼出“游客敬畏情绪的诱发情境与维度结构——敬畏体验，多维构成”这一核心范畴。多维构成表明游客敬畏情绪是一种复杂情绪，敬畏体验是游客在特定的旅游情境中被多种因素激发出敬畏情绪，形成敬畏旅游体验，同时游客产生多种情绪构成游客敬畏情绪的情绪成分，并影响游客的心理与行为。结构关系如图 5-2-1 所示。

---

[1] 吴毅，吴刚，马颂歌．扎根理论的起源、流派与应用方法述评——基于工作场所学习的案例分析 [J]. 远程教育杂志，2016（3）.

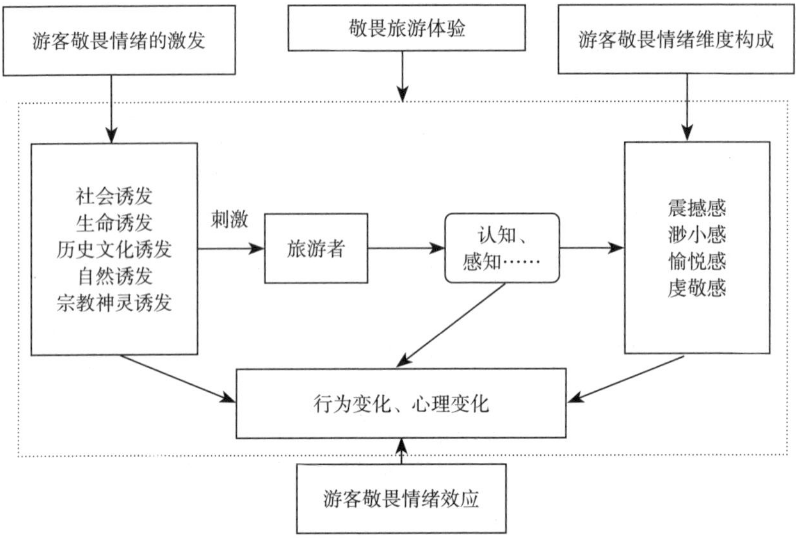

图 5-2-1　游客敬畏情绪诱发及维度构成关系模型

第三节　游客敬畏情绪的诱发及维度分析

一、游客敬畏情绪的诱发

通过自下而上的编码总结，发现游客敬畏情绪的诱发情境可以分为社会、生命、历史文化、自然和宗教神灵。

（一）社会诱发

游客敬畏情绪的社会诱发因素主要包括人类的智慧与精神以及珍贵的纪念物品。人类的智慧主要指古人的伟大创造以及自然界中的造物者，人类的精神包括革命精神、奉献精神、愚公精神等，如游客在红色旅游地深有感触，“心中也渐渐泛起涟漪，这种决绝而起的革命精神令人心生敬畏”。（T28）而珍贵的纪念物品是指旅途中欣赏到的具有收藏价值的物品以及难以创造的物品。

（二）生命诱发

游客敬畏情绪的生命诱发因素主要包括生命、生物以及生存能力。触目惊心的人骨库，使游客感知到时间的沉淀以及对生命延续的渴望。生命只有一次，是自然的组成成分之一。[1]蔚蓝星球上的每一种生物，都引发游客对生命的感叹，在艰苦环境中生存的生物，和自然做抗争的顽强生命力，“不得不敬畏它们适应酷寒自然的能力，孤独而勇敢”。（X105）游客通过旅游体会到生命的内涵，在特定情境中被唤起敬畏情绪。

（三）历史文化诱发

游客敬畏情绪的历史文化诱发因素主要包括文化、文明、历史以及历史文化遗址。我国是一个具有悠久历史文化的国家，经过历史沉淀的文化景区呈现在游客眼前，带给游客沉浸式旅游体验。在旅行中感受古老的藏地文明、西安千年古都蕴含的文化底蕴，感受兵马俑带来的壮阔场面，仿佛穿越回历史，“仅仅作为陪葬的兵马俑坑就已然让全世界敬畏”。（T6）

（四）自然诱发

游客敬畏情绪的自然诱发因素包括地文景观、水域景观、气候生物景观、敬畏之旅以及自然力量。高山、沙丘等地文景观的壮阔引发游客浩大感知，瀑布、圣湖等水域景观的壮美引发游客感慨，辽阔、绝美的气候生物景观使游客折服于自然魅力，旅途中游客直接与自然接触，“无不感慨自然的神奇和伟岸，敬畏之心油然而生”。（X95）大自然的鬼斧神工展现出自然力量以及自然造物的神奇，是人力无法完成的事情。而南极、西藏等具有一定意义的旅游目的地，使游客每走近一步，敬畏之心就加重一分。

（五）宗教神灵诱发

游客敬畏情绪的宗教神灵诱发因素主要包括大佛、神灵和宗教场面。崇高神圣的神佛、严肃威武的守护神、庄严肃穆的宗教场景，通过固有的浩大激发游客敬畏体验。[2]如“这种庄严而又肃穆的场面让每一个来到这里的游客和信徒们都有

[1] 安希孟．敬畏生命是智慧的开端 [J]．现代哲学，2007（2）．

[2] Joye Y，Verpooten J.An exploration of the functions of religious monumental architecturefrom a Darwinian perspective [J].Review of General Psychology，2013（1）．

一种震撼及敬畏的感受，包括一个不信仰任何宗教的我在内”。（T18）当缺乏自然解释时，人类倾向于依靠超自然的力量来解释未知事物，[1]旅游世界有别于个体存在的生活世界，本就不具有绝对的客观存在性，[2]宗教神灵为游客提供了精神寄托，游客敬畏情绪油然而生。

二、游客敬畏情绪维度构成

从扎根理论的结果来看，证实了游客敬畏情绪是一种复杂情绪，由震撼感、渺小感、愉悦感和虔敬感组成。

（一）震撼感

震撼感是游客对旅途中的地文景观、宗教场面、文物、遗址等内容的惊叹而产生的一种情绪。游客身处旅游世界的非惯常环境中，壮阔的地文景观、水域景观与气候生物景观带给游客视觉冲击，使游客产生震撼、惊叹之情。如“这是我平生第一次这么近距离地站在雪山的脚下，雪山强大的气场确实震撼到了我”。（L1）而壮观的活动场面、古人智慧的象征，给游客的视觉体验带来认知上的改变，震撼心灵。庄严的寺庙、教堂感召游客的心灵，震惊于肃穆的氛围。“当一座千年佛寺真正出现在面前，还是被眼前的景象惊呆了，庄严肃穆，宏伟壮观。”（X53）文物古迹与顽强生命，是对抗与适应自然的体现，震撼心灵。如“它们漫步或觅食的身影都令人感到一股难以描述的震撼，这种震撼无关大山大江大河，是生命对自然的顽强抵抗和适应”。（X2）

（二）渺小感

渺小感是指游客在旅途中感知到更广阔的事物时产生的自身渺小的感觉。旅游过程中，自然界的广阔，高山、河流的强大气场，一望无际的草原等景色以及自然变迁，这些自然的产物人力无法完成，游客在自然界中认知到自身渺小的存

[1] Valdesolo P, Graham J.Awe, uncertainty, and agency detection [J].Psychological Science, 2014（1）.

[2] 龙江智，段浩然，何洋．古镇情境下旅游涉入、地方依恋对游客满意度的影响研究——以体验质量为中介 [J]. 旅游导刊，2020（4）；
卢昌崇．从生活世界到旅游世界：心境的跨越 [J]. 旅游学刊，2010（6）.

在。如“当走近它，才发现是一座不可逾越的大山，感叹自己在大自然面前是多么渺小”。（X37）游客感知到壮阔的自然产物无法依靠人力完成，人类是自然界中的沧海一粟。宗教旅游地高大的佛像、游客膜拜等顺应行为的产生激发出游客渺小感知，“站在这些大佛面前，就有一种渺小之感”。（T15）人骨教堂引发对生命的认知，岁月的流淌引发对时间的感知，人类有限的生命是无限的时间中一段渺小的存在。如“我们也仅仅只是一时的来过这个世界，浩瀚的历史长河中，每个人真是白驹过隙，太短暂与渺小了”。（T15）特定的旅游场景更容易使游客认知到自身渺小的事实。

（三）愉悦感

愉悦感是游客欣赏到美丽景色、壮观场景，愿望实现，经历新奇体验而产生的一种内心激动、喜悦的感受，是游客需求或目标实现后的一种情绪体验或状态。这是一种主观的、短暂的积极情绪。旅游目的地壮阔的高山、河流等异于常住环境的景物以及壮观、神秘的旅游场景带给游客视觉享受，游客欣赏美的意识是审美的体现以及愉悦感产生的缘由。如“绿光翩然而至，瞬息万变，如音符跳跃，溪水流淌，大伙都为这自然的特效欣喜若狂”。（X3）旅途中的独特体验带动游客互动参与，感知“仿若创造新生一般的快乐”（T47）。旅游目的地的选择往往经过游客的深思熟虑，易于激发游客敬畏情绪，激发游客激动喜悦之情。如“梦里曾经来过的地方，今天就将身临其境了，那份激动的心情难以表达”。（L1）

（四）虔敬感

虔敬感是指游客面对自然、宗教、先烈等产生的敬重、佩服之情。旅途中，当游客遇到巨大的、有挑战性的事物时，会产生敬畏情绪，更容易在态度或情感方面保持谦卑，“觉得自己经历过这样的情境，更加谦卑，”（P8）并且提高自身的宜人性与包容度。革命先烈的无私奉献精神使人敬佩，古代能工巧匠的精湛技艺使人惊叹不已，现代人的胆量引发游客叹服，“一些东西在以前没有高科技的年代就能被人们想到，研发出来，就会很敬佩那个年代的人们”。（P5）。历史文化是国家的沉淀，游客在旅游体验过程中以虔敬的心态寻找历史文化的源头。区别于日常世界的旅游世界的环境使游客保持敬畏与虔敬之心，游客带着信仰与虔诚而来，寻找心中的依托。[1] 寺庙的神秘氛围、对菩萨的感恩之情以及游客感知到的自然造物的神奇促进个体虔敬感的激发。

三、扎根理论结果讨论

通过编码结果可以发现，游客敬畏情绪的诱发情境与维度构成和心理学研究结论存在一定的差异性。

积极心理学下敬畏的社会诱发源主要是指权威领导者，与本书归纳的游客敬畏情绪社会诱发源有所区别。旅游情境常常复杂多变，人文旅游情境的遗址遗迹、红色旅游地的红色精神等带给游客心灵上的震颤，激发游客敬重之情，从而促使游客敬畏情绪的产生。某些物品存在的本身就是为了歌颂一个时代的伟大，[2] 游客在旅游过程中接触到带有历史含义的事物，体验时代的伟大精神，产生敬畏之心。

生命诱发敬畏的理由是生命体自身结构与功能的完美与和谐。[3] 积极心理学研究常采用生命降生的视频来诱发敬畏情绪，却无法真正接触生命场景去感知生命的内涵。旅游情境下，即使是同一旅游目的地，不同时间展示的生命现象也有所不同，生命经历从无到有、从简单到复杂的过程，生命的消亡与延续以及生命意志诱发游客敬畏情绪。展现生命意义的场馆、艰苦环境中的生命是游客在生活世界中极少接触的场景，而在旅游世界却带给游客特殊意义的体验，唤起游客的生命意识，敬畏生命便是敬畏人类自身。[4]

西方文化起源于基督教思想理论，主张生物体和谐相处，离恶从善。[5] 从侧面反映人类应该尊重自然规律，敬畏自然，所以文化并没有成为西方敬畏情绪诱发源之一。我国历史文化底蕴雄厚，是一种精神产品与社会发展的见证。历史文化旅游目的地带给游客更多的是一种精神体验，敬畏情绪与历史文化习俗有一定

[1] 崔广彬，宿伟玲．旅游体验中的返璞归真与精神享受 [J]. 学术交流，2018（9）.
[2] 孙晶，江皓晨．多姿多彩的釉上彩瓷工艺所表现的信仰与敬畏 [J]. 陶瓷研究，2019（1）.
[3] 曾小五．对“敬畏生命”新的哲学解读 [J]. 中国医学伦理学，2019（4）.
[4] 马静静．对“道法自然”与“敬畏生命”伦理思想的解读 [J]. 经济研究导刊，2013（34）.
[5] 马健芳，曾鹰．野生动物的“保护”与敬畏——反思舌尖文化的异化 [J]. 广西社会科学，2014（4）.

的关联，[1]历史是严肃的、不容亵渎的，[2]游客带着崇敬感去体验有别于日常生活世界的历史文化旅游世界，改变自身的认知，游客感受具有历史文化气息的旅游产品时心生敬畏之情。

旅游情境下游客敬畏情绪的自然诱发与积极心理学下敬畏物理诱发源基本一致。积极心理学研究证实自然全景是大多数个体敬畏情绪的诱发刺激物，[3]带给个体认知情感的变化。旅游世界中，游客接受自然馈赠，壮美、神秘的自然界带给游客浩大的旅游感知，自然事物带来的嵌入式感官体验唤起游客敬畏情绪。[4]自然界的变化使游客感知到人类不可逆转的自然力量，促使游客顺应自然。

心理学认为宗教建筑激发的个体复杂情绪中，最常见的是敬畏情绪，[5]敬畏情绪是宗教领域的核心情绪。[6]个体对神灵权威的敬畏源于神灵崇高的地位以及超人的力量。[7]游客在特定的旅游情境中相信宗教、神灵拥有超自然的力量，如同西方信仰的上帝，游客接触到的宗教、神灵便成为游客敬畏情绪产生的源头。旅游是一种开放性行为，但旅游世界却是相对封闭的世界，既是生活世界的延伸，又与生活世界存在巨大差异，[8]相比于惯常环境，游客在旅游世界中的认知、价值观等发生微妙改变，个体随时调整自己的情绪感知，甚至产生膜拜等顺应的需要，为敬畏情绪的产生创造条件。

积极心理学下认知诱发源主要指宏大理论，如进化论、相对论、顿悟体验等，

---

❶ 叶巍岭，周欣悦，黄蓉．敬畏感的复杂性及其在消费行为领域的研究展望 [J]. 外国经济与管理，2018（5）.

❷ 郑保卫．敬畏历史尊重事实，真实客观记录事件解读历史 [J]. 新闻与写作，2015（10）.

❸ Shiota M N，Keltner D，Mossman A.The nature of awe：elicitors，appraisals，and effects on self-concept [J].Cognition & emotion，2007（5）.

❹ 王羽，王艳平，周永振．敬畏伦理视角下的温泉旅游产品开发 [J]. 大连民族学院学报，2013（6）.

❺ Joye Y，Verpooten J.An exploration of the functions of religious monumental architecture from a Darwinian perspective [J].Review of General Psychology，2013（1）.

❻ Piff P K，Dietze P.Awe，the small self，and prosocial behavior [J].Journal of Personality and Social Psychology，2015（6）.

❼ 刘帅．论宗教情感——对神灵权威的敬畏感 [J]. 现代交际，2010（6）；
韩汪慧．不同学科视角下的敬畏感 [J]. 赤峰学院学报（自然科学版），2016（16）.

❽ 谢彦君，谢中田．现象世界的旅游体验：旅游世界与生活世界 [J]. 旅游学刊，2006（4）.

宏大理论使个体认知发生根本性的变化。[1] 而在旅游情境中并没有出现认知诱发源，可能原因包含游客进行的旅游活动是一种异地性、暂时性的活动，[2] 游客在旅游目的地停留时间有限，并且多数游客在旅游目的地依靠导游介绍来浅层次地了解景区历史文化等内容，对旅游目的地理论认知不足，很难接触并深刻认识某种宏大理论，所以游客敬畏情绪的诱发并不涉及认知诱发源。

敬畏核心特征之一感知的浩大诱发个体面对比自身强大事物时产生震撼人心的评价。[3] 旅游世界的自然景象带给游客强烈的视觉感受，神秘肃穆的宗教文化带给游客独特体验，引发游客震撼感知。身处旅游世界的游客接触到独特的旅游体验，[4] 不仅诱发游客敬畏情绪，还刺激游客认知上的改变，从而产生震撼的感知。游客敬畏情绪维度之一的震撼感包含内容广阔。

顺应的需要是敬畏的又一核心特征，是个体改变原有图式以适应特定刺激的过程，[5] 游客面对宗教的顿悟，面对自然界与文化的冲击，唤起个体自我渺小与不重要的感觉。[6] 小我是顺应需要的反应。旅游世界的特殊性使游客认知发生一些改变，旅游情境的不断变化使游客更容易产生宏大感知以及顺应的反应，从而产生自我渺小感。找回真我、拥有美好体验的游客，会感知到人类的渺小以及伟大无处不在。[7]

积极心理学研究指出基于美好的敬畏体验诱发个体内心愉悦感的产生，[8] 电

---

[1] Keltner D，Haidt J.Approaching awe，a moral，spiritual，and aesthetic emotion [J].Cognition AndEmotion，2003（2）；
叶巍岭，周欣悦，黄蓉．敬畏感的复杂性及其在消费行为领域的研究展望 [J]. 外国经济与管理，2018（5）.

[2] 谢彦君．基础旅游学 [D]. 第三版．北京：中国旅游出版社，2011：242.

[3] Fredrickson B L.The role of positive emotions in positive psychology：The broaden-and-build theory of positive emotions [J].American Psychologist，2001（3）.

[4] 张凌云．旅游学研究的新框架：对非惯常环境下消费者行为和现象的研究 [J]. 旅游学刊，2008（10）.

[5] Shiota M N，Keltner D，Mossman A.The nature of awe：elicitors，appraisals，and effects on self-concept [J].Cognition & emotion，2007（5）.

[6] 田野，卢东，Samart Powpaka. 游客的敬畏与忠诚：基于情绪评价理论的解释 [J]. 旅游学刊，2015（10）.

[7] 崔广彬，宿伟玲．旅游体验中的返璞归真与精神享受 [J]. 学术交流，2018（9）.

[8] Shiota M N，Keltner D，Mossman A.The nature of awe：elicitors，appraisals，and effects on self-concept [J].Cognition & emotion，2007（5）.

影、音乐等可以使人激动，[1]而敬畏的审美愉悦则与语言美引力有关。[2]异地性、暂时性的旅游活动能够带给游客愉悦的旅游体验，是游客进行旅游活动的目的之一。[3]旅游世界中的游客更容易接触到美好事物，更容易处于激动欣喜的新奇体验中，对自身愉悦感的产生具有促进作用。

游客在某个旅游情境中产生的朝拜等行为是顺应需要的表现，以及个体内心虔敬感的表达。旅游目的地的宗教、自然等超过个体经验理解范围的事物驱动个体内心保持一种尊敬与虔诚。[4]游客在敬畏情绪体验下感知不同的旅游环境氛围，自身认知发生改变，产生虔敬情绪反应或者做出顺应的需要，是游客自身认识变化的体现以及游客对敬畏旅游体验活动的认同。

---

❶ 谢韵梓，阳泽．不同情绪诱发方法有效性的比较研究 [J]. 心理与行为研究，2016（5）.

❷ 叶巍岭，周欣悦，黄蓉．敬畏感的复杂性及其在消费行为领域的研究展望 [J]. 外国经济与管理，2018（5）.

❸ Goossens C.Tourism information and pleasure motivation [J].Annals of Tourism Research，2000（2）.

❹ 陈世民，吴宝沛，方杰，等．钦佩感：一种见贤思齐的积极情绪 [J]. 心理科学进展，2011（11）.

本章小结

本章通过扎根理论的方法对游客敬畏情绪的诱发情境与维度构成进行了探索性研究，发现游客敬畏情绪可以由社会、生命、历史文化、自然和宗教神灵诱发，与积极心理学下敬畏情绪研究相比，仅自然诱发与敬畏原型模型理论内容相近，并且不涉及认知诱发源，但游客敬畏情绪的诱发情境更加丰富。

游客敬畏情绪的 4 个维度中，震撼感、愉悦感、渺小感是游客感官作用和心理变化的反映，而虔敬感是游客对意义体验做出的情绪与行为上的反映。异地性的旅游活动有别于日常生活，感官作用、浸入式体验是游客情绪变化的刺激因素。旅游体验实现游客情感上的自然回归，旅游世界给予游客难以获得的敬畏情绪体验，使游客敬畏情绪更加复杂多变。

敬畏情绪是多维、复杂的离散情绪，本章根据网络游记和访谈资料，得出游客敬畏情绪诱发情境及维度构成，样本数量有限并且没有根据所得结论进行大样本定量检验，这是需要完善的方面。另外，本章概括性地选择了旅游情境，由于旅游目的地类型众多，未来可以按照旅游目的地的类型搜集数据，进行更详细的质性研究。

本章将旅游情境下游客敬畏情绪维度与西方心理学下敬畏情绪相关研究理论进行了对比，敬畏情绪维度受中西方文化、语境影响而不同，旅游情境下游客敬畏情绪维度更复杂。中国人的敬畏研究发现敬畏涉及谨慎、尊重等维度，[1] 同样在中国语境中，旅游学与心理学敬畏情绪构成维度有所区别，区别的具体表现以及产生原因需要我们今后进行更深入的研究。

---

[1] 叶巍岭，周欣悦，黄蓉．敬畏感的复杂性及其在消费行为领域的研究展望 [J]. 外国经济与管理，2018（5）；
赵欢欢，许燕，张和云．中国人敬畏特质的心理结构研究 [J]. 心理学探新，2019（4）.

第六章　旅游情境下视障游客的敬畏情绪体验

目前国内外已有游客情感体验研究都是以整体游客为对象而展开的，针对特定游客群体的研究成果尚未出现，而针对特定游客开展深入研究，可以进一步丰富和拓展游客敬畏情绪体验内容，从而使游客敬畏情绪研究更为系统。基于此，本章以视障游客为研究对象，运用扎根理论的方法分析探究旅游情境对于激发视障游客的敬畏情感体验与要素、视障游客的敬畏体验构成，以及敬畏体验为视障游客带来的影响等问题。

第一节　研究方法与数据来源

一、研究方法

扎根理论的研究特点十分契合探索性研究，自霍托拉（Hottola）将扎根理论应用于旅游研究中后，国内学者开始在游客行为、旅游体验、旅游情感等领域运用该方法。

本书以扎根理论为基础，以悬置理论假设为前提，并借助质性软件 Nvivo 11.0，按照扎根理论架设系统分析程序，通过系统收集资料，对质性资料系统进行编码分析，归纳提炼反映社会现象的概念范畴，进而发展这些范畴之间的关联，从下而上建立实质理论，并开展研究。[1]

[1] 陈向明 . 扎根理论的思路和方法 [J]. 教育研究与实验，1999（4）.

二、数据来源

视觉障碍人士（简称视障人士）是指视觉功能受到某种程度损害，视觉敏锐度降低或视野受损，以致无法达到正常视力，进而影响到日常生活的群体。与其他群体一样，视障群体也有着强烈的出行意愿，但因为“看不见”，他们无法像普通游客那样通过视觉的图像化就可以完成旅游体验，而只能依靠其他器官代偿感受旅途中的景色。志苏融合旅行社是国内唯一一家以市场化的方式运营视障旅游的公司，本书的游记文本资料和访谈资料均来自该公司的旅游微信公众平台和旅游客户。

按照扎根理论收集网络文本。从志苏融合旅游微信公众平台共搜集 200 余篇游记，采用理论抽样的方式对全部文本进行整理、编号和分析，以便指导后续研究结果的呈现，以及发展概念和理论。[1] 这一抽样过程在理论达到饱和的时候会终止抽样。

本书第二阶段采用半结构化访谈的方式，进一步有针对性地收集相关资料，深入分析和挖掘视障游客的敬畏感知。访谈大纲在已有文献研究基础上拟订，主要请视障者回忆他们的旅游经历，阐述行程中的主要敬畏情绪体验感受，并且通过对话，发现其在意的问题并进行深究，形成问题的追加。半结构化访谈同样采用理论抽样的方法进行样本数据的收集。本次调查共采访了 23 位视障人士，第一位受访者编号为 P01，以此类推，完成对所有受访者的编号。受访者基本信息及编号如表 6–1–1 所示。考虑到研究的便利性，此次访谈采用线上社交媒体，所有访谈均通过社交微信平台进行，每位受访者的访谈时间为 15～40 分钟，最终收集、整理访谈文本 1 万 7 千余字。其中，第 21～23 位受访者的访谈文本均没有出现新的概念和范畴，表明理论达到饱和。因此，样本资料的全面性及有效性得以保证。

表 6–1–1　受访者基本信息

编号	性别	年龄	教育背景	职业	常住地	视力状况
P01 罗 **	男	26	本科毕业	推拿医师	杭州	全盲
P02 文 *	男	27	本科毕业	推拿医师	嘉兴	低视力
P03 杨 *	男	28	初中毕业	按摩店主	深圳	全盲

[1] Coyne I T.Sampling in qualitative research. Purposeful and theoretical sampling： Merging or clear boundaries？ [J].Journal of Advanced Nursing，1997（3）.

续表

编号	性别	年龄	教育背景	职业	常住地	视力状况
P04 吴 **	男	35	无学历	按摩师	杭州	低视力
P05 吴 **	男	28	大专毕业	程序员	深圳	全盲
P06 周 **	男	49	初中毕业	按摩店主	上海	低视力
P07 大 *	男	37	大专毕业	配音员 / 按摩店主	厦门	全盲
P08 周 *	女	56	中专毕业	退休	北京	低视力
P09 於 *	男	35	盲校毕业	按摩师	南京	全盲
P10 朱 **	男	28	初中毕业	按摩师	上海	低视力
P11 江 **	男	32	初中毕业	按摩师	杭州	低视力
P12 徐 *	男	29	初中肄业	按摩师	南京	全盲
P13 王 **	男	30	中专毕业	盲校体育老师	福州	低视力
P14 黎 *	男	30	无学历	按摩师	东莞	全盲
P15 韩 **	女	31	中专毕业	小儿推拿	济南	全盲
P16 萧 *	男	60	中专毕业	退休	上海	全盲
P17 辉 *	男	27	中专毕业	按摩师	崇左	全盲
P18 黄 *	女	23	中专毕业	按摩师	株洲	全盲
P19 胡 **	男	31	中专毕业	按摩师	连云港	全盲
P20 郭 **	女	45	无学历	按摩师	杭州	低视力
P21 黄 *	女	49	高中毕业	按摩师	杭州	全盲
P22 赵 **	男	38	中专毕业	按摩师	常州	全盲
P23 王 **	女	47	高中毕业	按摩店主	温州	全盲

第二节　扎根理论分析

一、网络文本的扎根分析

（一）开放式编码

开放式编码是对原始材料抽象化、概念化。对网络文本内容进行逐句编码，尽量以原文语句作为初始概念，再将性质与内容相近的要素进一步整合，从而使最终概念彼此独立。最终归纳得出以下 13 个初始范畴，分别为：亲身的体验、宗教性体验、服务人员对视障群体的态度、宽松的视障群体政策、当地人对视障游客的态度、节日仪式体验、视障伙伴之间的相处、脑海想象与实际触摸结合、现代化科技辅助视障出行、公益服务团队的精神、了却心愿、旅途中的挑战与困难、团体归属，如表 6-2-1 所示。

表 6-2-1　游记开放式编码

原始语句示例	概念化	初始范畴
之前都是听别人说某个地方怎样，但自己真正去了发现又是不一样的感觉	置身其境的感知	亲身的体验
当我听着喇嘛在那里念经的时候，我不自觉地趴在地上，有一种说不上来的感觉，心口很疼	宗教仪式带来的影响	宗教性体验
在泰国时服务人员让我印象深刻，他们细致周到又不会让我觉得自己是特殊的存在	服务人员的人文素质提升旅游体验	服务人员对视障群体的态度
泰国的娱乐设施很少限制我们这群人，所以很多娱乐项目我们都玩得很爽	较少的政策限制提升旅游体验	宽松的视障群体政策
我到哈尔滨就感觉这里的人很热情友好，他们会走很远带我到我要去的地方	与当地人的交集让旅行更有温度	当地人对视障游客的态度
当时我们正好赶上云南的泼水节，本来就看不到更是一顿乱泼，很快乐	本土化的节目让游客更有体验感	节日仪式体验
行程中的同伴都能帮助我，这是我第一次和一群陌生人出来玩，让我更期待第二次的同行	行程中同伴的友好度影响着旅游体验	视障伙伴之间的相处
我之前想象中的蒙古包是一个样的，可当我实际摸到它的时候那种感觉更立体了	已有的想象与实际接触结合加深了旅游体验	脑海想象与实际触摸结合

续表

原始语句示例	概念化	初始范畴
以前我是不敢远走的，但现在有了手机的辅助我甚至可以自由行	现代科技在视障旅行中发挥的作用	现代化科技辅助视障出行
做一次义工容易，做很多次义工很难，我要对那些坚持的义工说声谢谢，他们让我们的旅程更安全	志愿者的加入提升旅游体验	公益服务团队的精神
西藏对我来说有着独特的意义，我一直觉得对我这种盲人来说我要是能到西藏，我的一生也就圆满了	目的地承载的意义	了却心愿
视力的原因也让很多普通的行程充满了挑战，但我觉得创造了很多乐趣	挑战与困难让旅游印象深刻	旅途中的挑战与困难
在都是盲人的这个旅行团体中我感觉很有归属感，让我在旅行的时候更踏实	团体营造的归属感	团体归属

（二）轴心式编码

开放式编码阶段所得的范畴彼此独立且分散，范畴之间的关系缺少逻辑联系，因此，需要进一步进行轴心式编码操作。与开放式编码相比，轴心式编码具有概念性、选择性与指向性的特点。通过分析 13 个初始范畴之间的逻辑关系和顺序，剥离出 4 个主范畴，分别为主体触发、客体触发、人际触发、体验触发。具体来说，主体触发包括亲身的体验、了却心愿；客体触发包括脑海想象与实际触摸结合、宽松的视障群体政策、旅途中的挑战与困难、现代化科技辅助视障出行；体验触发包括节日仪式体验、宗教性体验；人际触发包括当地人对视障游客的态度、服务人员对视障群体的态度、视障伙伴之间的相处、团体归属感、公益服务团队的精神。

二、访谈文本的扎根分析

（一）开放式编码

对访谈文本的分析同样遵循扎根理论的编码步骤，且由于访谈得到的文本更加具有针对性，因而全部的文本内容都要进行逐字逐句的分析及编码。最终，按照访谈问题对初始概念进行整合，将性质与内容相近的要素进一步整合成范畴。最终归纳得出以下 32 个初始范畴：身心状态变化、生活态度变化、人际交往更自信、自我认可度提高、丰富感知系统、重燃生活斗志、与家人建立亲密关系、不再苛刻对待同事、对糟糕事物的消化能力增强、融入社会、了却心愿的幸福、身心愉悦、重拾信仰、人际圈扩大、视野拓展、渺小感、灵魂净化、震撼、希望、深刻感、当下的平静、谦卑、无法用语言形容、浩大感、自然之美、顽强生命力、灵性、信仰、团队力量、人性的善、义工精神、旅途挑战。通过对比可以发现，访谈文本的开放式编码结果与网络文本分析得到的范畴有重合的部分，尤其涉及个体改变的部分，如表 6-2-2 所示。

表 6-2-2　访谈开放式编码

原始语句示例	概念化	初始范畴
旅行让我重拾积极心态，我开始正视自身的缺陷，对待工作生活我的心态更加平和，过去我很极端，但随着与更多的人交往我释然了很多，我现在心态很好	积极心态，不再自卑，身心轻松愉悦，释然，学会舍得，放下，心态平衡，变得平和，不再极端，精神充足，心情开朗，心态豁达	身心状态变化
过去我很迷茫，但西藏那一次旅行后我对生活充满了希望，我的人生目标更加清晰，每做一件事我都全力以赴，我开始有了竞争意识，并对生活有了热爱	目标清晰，停止抱怨，重拾希望，生活动力，直面挑战，勇气，热爱生活，好胜心，竞争意识，全力以赴，敢于尝试	生活态度变化
每次旅行都认识新的人，我与他们的交往越来越融洽，对陌生人的排斥在减少，这次我和爸爸一起出来十几天的相处我开始学着体谅他	关系融洽，学会体谅，换位思考，减少排斥，包容度提升	人际交往更自信

续表

原始语句示例	概念化	初始范畴
之前的我很少出门，一是对自己的不信任，二是对环境的不信任，可随着一次次成功的出行经历，我对自己有了新的定位	自我重新定位，认识平等，增长阅历，信任自己	自我认可度提高
在过去封闭的生活里我的世界只有听觉、味觉、嗅觉，可是外出旅行让我多了很多前所未有的触觉，大脑里关于事物的形象更加生动	感知系统变得丰富	丰富感知系统
走的地方多了我渐渐感觉到普通人能做的我也能做，我对生活又充满了希望，重新找回目标、方向，对生活有了把控感，少了很多迷茫和焦虑	前进的方向，奋斗的目标，心理踏实，不再迷茫和焦虑	重燃生活斗志
我和父亲的关系一直很僵，但这次西藏行二十多天他照顾我的饮食起居，我们之间多了很多话题，我开始理解他的不容易。	和家里的关系亲密了	与家人建立亲密关系
我是一名程序员，团队中我一直扮演着管理者的角色，过去的我比较严苛，同事间关系较为紧张，自己也不愉快，但这次草原之行后我变得淡然很多，变得更加包容，我也不知道为什么	对待同事更加包容	不再苛刻对待同事
在封闭的按摩店里，坏情绪有迟迟不散的感觉，但在外面玩即使有些不好的经历情绪也会消散得很快	在外面坏心情会忘得很快	对糟糕事物的消化能力增强
封闭的生活和工作圈子让我觉得自己与这个社会脱节了，但旅行让我有机会重新融入生活中，更了解社会对我们这群特殊群体来说是很重要的	更加融入社会	融入社会
旅行对我来说一直是个梦想，能够随意出游对我来说是梦想的实现，是最大的幸福	梦想的实现是最大的幸福	了却心愿的幸福
之前对待工作说不上抱怨但至少不愉快，每天都觉得很沉重，可旅行后感觉做什么都很轻松，心情变得很好	状态得以被调整	身心愉悦

续表

原始语句示例	概念化	初始范畴
过去身体障碍让我一度放纵、堕落，可到西藏后，当我听到导游说有很多双腿残缺的人三拜九叩来到西藏我很受震撼，这也重新唤醒我对这个世界的敬畏，重拾信仰	重拾信仰让我重新感知到幸福	重拾信仰
出来旅行最开心的就是可以交到很多朋友，这对于我这种生活较为闭塞的人来说是很有益的	接触到很多人交到很多朋友	人际圈扩大
出来玩我可以见识到很多之前没有接触过的东西	旅游拓展了视野	视野拓展
沉浸在自然里我就觉得自己很渺小，虽然我看不到，但是当我听到耳边呼啸而过的狂风时，走在辽阔的沙漠里时，我都觉得自己像个蚂蚁	自然让我觉得渺小	渺小感
在西藏我就感觉自己的灵魂像被洗刷了一样，听着经文和佛教音乐我感觉灵魂也被净化了	灵魂的洗刷和净化	灵魂净化
几次旅游下来我就感觉生活又充满了希望，过去我的生活很封闭，每天都是得过且过，可旅游后我又拥有了对生活的盼头	重燃希望	希望
可能是我没怎么出来旅游过的原因，一路所感都让我觉得震撼，是跟我过去的生活完全不同的经历	风景带来的震撼	震撼
一趟行程下来很多都会忘记，但某些场景总是让我印象深刻，那种深刻的感觉足以影响我以后的生活	行程中的深刻印象	深刻
平时我的按摩店生意比较忙，我甚至出现了焦虑失眠的症状，可来到西藏以后我的内心竟能平静下来，尤其是当我听到那些佛教音乐闻到那些香火时	内心再次恢复到平静状态	当下的平静

续表

原始语句示例	概念化	初始范畴
内蒙古那边人烟太稀少了，作为南方人的我很少有机会感受到那种毫无边界的感觉，自然的浩大让我感觉束手无策	边界浩大带来的敬畏感	浩大
大自然的美征服了我，那种美是摄人心魄的，我虽然看不到但我可以想象得到	自然的美感带来的敬畏	自然之美
在这么恶劣的环境中有这么多的生物让我觉得很震撼，它们的生命力很顽强让我也觉得备受鼓舞	恶劣环境下生物的生命力带来的思考	顽强生命力
来到西藏后我就觉得这里是一个很有灵性的地方，不知道是自然还是宗教带来的这种感受	旅游地的灵性感受	灵性
西藏应该是最有信仰的地方，我来这里就是想弥补某种空虚，给精神一些营养	信仰的精神力量	信仰
只有当人对周围的事物抱有敬畏的心态才能发现很多东西，在我傲慢的时候我是感受不到的	谦卑的心态	谦卑
在沙漠里我们差点走不出来，我们眼神又不好，团队成员间加油打气，一帮一那种感受我一直记得	团队相处的感受	团队力量
来草原我就感觉人都很善良，我一直认为直爽是最原始最淳朴的人性，有幸被美好对待过的人都很幸福	对人性善的感知	人性的善
有挑战的地方都让我觉得敬畏，比如唐古拉山的高反、库布齐沙漠徒步	挑战带来的敬畏	旅途挑战
我对义工是有敬畏之心的，是一种崇拜，他们的那种精神我想想都觉得感动	义工精神的影响	义工的精神
敬畏对我来说是一种无法用语言形容的，当我费尽全身力气登上山峰的时候那种感觉很复杂，对于我这样一个视障而言……	难以形容的感受	无法用语言形容

（二）轴心式编码

在轴心式编码阶段，本书对独立范畴的内容进行揣摩以建立它们之间的联系及逻辑关系。最终抽取的3个主范畴，分别为模式延展、敬畏感知、幸福延展，如表6-2-3所示。

表6-2-3　访谈文本主范畴与初始范畴关系

主范畴	初始范畴
模式延展	身心状态变化、生活态度变化、人际交往更自信、自我认可度提升、丰富感知系统
敬畏感知	渺小感、灵魂净化、震撼、希望、深刻感、当下的平静、谦卑、无法用语言形容、浩大感、自然之美、顽强生命力、灵性、信仰、团队力量、人性的善、义工精神、旅途挑战
幸福延展	重燃生活斗志、与家人建立亲密关系、不再苛刻对待同事、对糟糕事物的消化能力增强、融入社会、了却心愿的幸福、身心愉悦、重拾信仰、视野拓展、人际圈扩大

三、视障游客敬畏情绪体验模型

将游记扎根的4个主范畴与访谈扎根的3个主范畴进行整理，从敬畏触发至敬畏感知再到敬畏延伸，从而展现出一个完整的视障游客敬畏情绪体验的全过程模型，如图6-2-1所示。

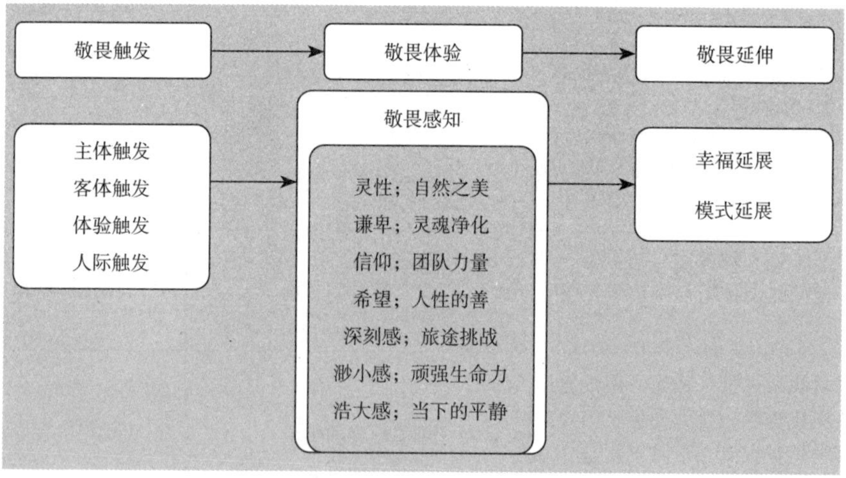

图6-2-1　视障游客敬畏情绪体验模型

第三节　视障游客敬畏情绪体验模型分析

一、专属于视障游客的敬畏体验范畴

通过扎根可以发现，作为原型敬畏的两大核心特征“感知到的浩大”与“顺应的需要”，[1]“感知到的浩大”在视障游客的敬畏情绪体验中有着鲜明的体现，可是“顺应的需要”并没有在视障游客的描述中得到印证，这可能与研究情境有关。外出旅游本是一件愉悦的事情，它可能不需要“无可奈何”“无能为力”，自然感受不到“顺应的需要”，但直观的浩大是视障游客可以摸到和可以感受到的。

与已有敬畏旅游体验研究成果为基准，[2]本书进行了敬畏情绪体验描述的对标分析，发现已有成果中敬畏情绪体验范畴均可以在本书访谈中找到对应的描述，但此次访谈也发现了一些未出现的新范畴，这可能是专属于视障游客的敬畏体验范畴，即希望、团队力量、人性的善、义工精神、无法用语言形容 5 个范畴。这 5 个新范畴的出现，与视障游客自身特点有关。团队、义工、人性、希望，这些都是很具有视障群体特色的感知特点，视障游客出行的同伴在行程中都会对彼此提供力所能及的帮助，靠着彼此的鼓励完成整个旅程，不像普通旅游团，整个行程下来大家也还是很陌生；对于视障群体来说，义工的精神追求是他们最为敬畏的，这个初始范畴的出现与视障群体出行的特殊模式有关，义工是视障游客所特有的服务，视障游客因而感激义工的付出，敬佩义工的精神；视障游客长期生活

[1] Keltner D，Haidt J.Approaching awe，a moral，spiritual，and aesthetic emotion [J].Cognition And Emotion，2003（2）.

[2] Coghlan A，Buckley R，Weaver D.A framework for analyzing awe in tourismexperiences [J].Annals of Tourism Research，2012（3）；
Powell R B，Brownlee M T，Kellert S R，et al.From awe to satisfaction：Immediate affective responses to the Antarctic tourism experience [J].Polar Record，2012（2）；
Pearce J，Strickland-Munro J，Moore S A.What fosters awe-inspiring experiences in nature-based tourism destinations？ [J].Journal of Sustainable Tourism，2017（3）；
Farber M E，Hall TE.Emotion and environment：Visitors'extraordinaryexperiences along the Dalton highway in Alaska [J].Journal of Leisure Research，2007（2）；
Heike A S，Alison J M.An insight into the personal and emotive context of wildlife viewing at thePenguin Place，Otago Peninsula，New Zealand [J].Journal of Sustainable Tourism，2000（1）.

在封闭的环境里，一方面是自身的身体不便，另一方面是对陌生人的恐惧，害怕外面的人心险恶。可是当他们走出来的时候，发现这个社会对他们的包容度很高，在旅途中得到了很多陌生人的帮助，这让他们对人性有了新的认识，给了他们继续探索的勇气。希望是视障群体很需要的精神力量，有希望才有继续生活的动力，当他们从自然万物中感受到顽强的生命力的那一刻，他们仿佛又摸到了希望，他们对生命又充满了敬畏。在提到敬畏感受的时候，很多人都用了“无法用语言形容”这样的形容词，本书认为这应该是敬畏范畴之一，因为那一刻的感受过于复杂，敬畏情绪是当我们面对那些广阔的、浩大的，以及超越我们当前理解范围的事物时产生的复杂情绪，[1]“有一种顶峰状态”，这应是对敬畏最精准的描述。

二、模式延展是敬畏体验带给视障游客的最大改变

在感知到敬畏后，视障游客在回到生活中有了不一样的改变。视障群体典型的心理特点是自卑、怕生、没有安全感，随之而来的是对待生活的低期许、低目标。不知是敬畏让他们的心理承受能力变强还是敬畏让他们变得有所畏有所无畏，在重新回到生活后，他们多了一份勇气，重新审视自我，接受和容纳自我。面对与人交往，他们变得更加自信；对待生活，他们重燃斗志，重拾信仰，对待生活有了更加清晰的目标；面对家人，他们重新建立亲密的家庭关系，与家人更加融洽；对待工作更加认真，对待同事他们不再苛刻，吹毛求疵，与同事的关系有所缓和。自身的视力还是没有丝毫的改变，可是他们已经可以更加坦然地面对自己。旅途中那些善良的人，都让视障群体有了想要融入社会的期待。

敬畏情绪可以促使人们增强与外界集体的联系，[2]看待生活更加满意和积极。[3]旅游丰富了视障群体的感官系统，解放了日常生活中被遗忘和禁锢的其他感官。[4]

---

[1] 董蕊，彭凯平，喻丰．积极情绪之敬畏 [J]. 心理科学进展，2013（11）.

[2] Rachel D. Maunder, Fiona A.White, Stefano Verrelli. Modern avenues for intergroupcontact: Using E-contact and intergroup emotions to reduce stereotyping and social distancing against people with schizophrenia [J].Group Processes &amp, Intergroup Relations, 2019 (7).

[3] 田野，卢东，张博坚，等．组织成员敬畏感对组织公民行为的促进作用研究 [J]. 软科学，2016（3）.

[4] 李拉扬．旅游凝视：反思与重构 [J]. 旅游学刊，2015（2）.

旅游之前视障游客主要依赖“听”感知事物，在脑海中形成事物影像，这是一个单一的感知途径。而在旅游时他们可以通过吃到美味食物、摸到真实物体、嗅到鲜花森林气息、听到海浪声音，从味觉、触觉、嗅觉、听觉不同方面进行具身体验，让头脑中的印象更为立体，让黑暗的生活多一点色彩。当前，通过对旅游凝视理论的反思，旅游体验研究已从单纯的视觉凝视转向多感官及身体本身的研究，[1]应通过“多样性的肉体和感觉实践”，而不是视觉和话语去理解旅游体验。[2]所以此结论也就回答了很多人对于视障群体旅游的疑惑：“他们去旅游能看到什么啊？”真正的旅游不是过足视觉的瘾而是要身心融入的感受。

三、增强视障游客的幸福感

特殊群体容易产生自卑心理，旅游改变了视障游客的心态，旅游体验的顺利完成让他们感受到来自其他群体的平等对待，帮助他们更好地融入社会，让他们不再觉得自己是这个社会的边缘群体。[3]旅游消除了特殊群体与其他人的互动障碍，[4]视障群体的人际圈变大，他们不再将自己封闭于狭小的世界，而是敞开心门走进社会中心。他们与家人的关系也得到了缓和。受访者 P03 说：“我之前觉得和爸爸在一起会很别扭，可是在西藏玩的那两天，爸爸开车很辛苦还要照顾我，我突然感觉到老爸的不容易，开始学着站在他的角度思考。”父子俩的沟通畅快了不少，在旅途中很容易敞开心扉去了解和接纳对方。旅游消除了视障群体的内在障碍，[5]路途中独立任务的完成增强了他们的自信心，每次旅游都是一个增长阅历的过程，回来后和周围的同事、朋友甚至是客人都可以聊很多的相关话题，慢慢变成一个活跃的话题输出者，从听客到说客的角色转化，他们开始重新审视自我，重新评估自我价值。

---

❶ 谢彦君，樊友猛．身体视角下的旅游体验——基于徒步游记与访谈的扎根理论分析 [J]. 人文地理，2017（4）.

❷ Pons P O.Being- on- holiday: Tourist dwelling，bodies and place [J].Tourist Studies，2003（1）.

❸ 傅晶．残疾人无障碍旅游发展对策研究 [J]. 学习与探索，2008（3）.

❹ David T.The Education and Practice of Physiotherapy by Visually Impaired Persons in the UK [J]. Physical Therapy Japan，1999（7）.

❺ Shigeno S.The use of short-term memory in the discrimination of visually-influenced CVsyllables [J].The Japanese Journal of Psychonomic Science，1999（1）.

本章小结

本章以西藏为案例地，对收集的游记进行扎根理论分析，提炼出45个初始范畴、6个主范畴和1个核心范畴，据此建立游客敬畏情绪体验结构和过程模型。研究发现：

第一，视障游客敬畏情绪体验是由敬畏触发至敬畏感知再到敬畏延伸的体验过程。敬畏触发包括主体触发、客体触发、体验触发和人际触发4个诱发源，基本可以归属于敬畏原型理论提出的三类诱发源，但在社会诱发源和认知诱发源的具体表现却不同于普通群体。视障游客的社会诱发源来自义工的精神，而认知诱发源则主要来自对人性的善和社会的包容度。敬畏的原型理论中敬畏核心特征之一的“感知到的浩大”在视障群体这里有着很鲜明的表现，但是顺应这一特征视障游客并没有认同。

第二，敬畏感知由17个维度构成，其中希望、团队力量、人性的善、义工的精神、无法用语言形容等5个维度为以前的研究成果所未见，应为专属于视障游客的敬畏体验范畴，其原因可能与视障游客自身特点有关。

第三，敬畏延伸包括模式延展和幸福感知2个维度。模式延展敬畏体验带给视障游客的最大改变体现在旅游中的敬畏让他们改变了自己对待生活的态度，对待世界的看法，人际交往更加自信，使他们能专注地生活在当下，视障游客有了敬畏感知，作为敬畏情绪的延伸，视障游客产生了幸福感，从访谈中可以看出对于视障游客来说幸福是重新燃起对生活的斗志，是让他们有勇气再次融入社会，是重拾生活的信仰，身心再次感受到愉悦，脑海中的视野因为旅行而拓展，这也让他们感受到幸福。

第七章　游客敬畏情绪体验量表开发与检验

关于敬畏情绪的测量，旅游研究者通常借鉴积极心理学下的特质性敬畏情绪量表与状态性敬畏情绪量表，通过修改量表内容使其适合中国语境下的旅游研究。董蕊在研究中国大学生敬畏情绪对主观幸福感的影响时使用了特质性敬畏情绪量表，发现特质性敬畏情绪量表并不完全适用于中国语境下的研究。[1] 状态性敬畏情绪量表常用于旅游学研究中，探究游客敬畏情绪与满意度、忠诚度等变量的关系。[2] 情境敬畏量表和敬畏体验量表分别包含“解放、联系”“压迫、孤立”“发冷”和“小自我、大世界”四个因子以及时间感知、自我缩减、连通性、感知浩瀚、生理感觉和适应需求六因子，[3] 在研究中使用较少。

仔细审视这些已有研究成果，目前对敬畏情绪结构维度仍未达成共识，尤其是文化差异导致了国外敬畏情绪量表在中国语境下存在适用性问题。[4] 中国本土化游客带有显化的中国文化特性。旅游过程中，游客情绪与惯常环境下的情绪存在一定差异，积极情绪更为突出，[5] 随着对中国游客情绪研究的深入，需要对中国游客敬畏情绪的本质进行挖掘，鉴于对中国游客敬畏情绪维度内涵的研究及测量量表的开发研究相对缺失，如何有效测量中国游客的敬畏情绪、减少文化差异对

---

[1] 董蕊．大学生敬畏情绪与主观幸福感研究 [J]. 教育教学研究，2016（5）.

[2] 田野，卢东，吴亭．敬畏情绪与感知价值对游客满意度和忠诚的影响——以西藏旅游为例 [J]. 华东经济管理，2015（10）.

[3] Krenzer W L.Assessing the Experience of Awe：Validating the Situational Awe Scale [D]. Chicago：DePaul University，2018. Yaden D B，Barry K S，Elizabeth H，et al.The developmentof the Awe Experience Scale （AWE-S）：A multifactorial measure for a complex emotion[J].The Journal of Positive Psychology，2018（4）.

[4] 董蕊．大学生敬畏情绪与主观幸福感研究 [J]. 教育教学研究，2016（5）.

[5] 孙晓涵，李君轶．中国本土游客情感体验量表开发与检验 [J]. 干旱区资源与环境，2021（1）.

研究结论的影响仍是有待解决的研究问题。本章在前述定性研究中识别出中国游客敬畏情绪维度结构的基础上，开发符合中国游客的敬畏情绪体验测量量表，并采用多元统计分析等定量研究方法进行检验，以期为后续中国游客敬畏情绪实证研究中量表的应用提供参考借鉴。

第一节　材料搜集与分析

本书以前期关于中国游客敬畏情绪内涵研究成果为基础，通过归纳原始文本资料形成初始测量项目，通过问卷调查法收集量化研究所需的数据，并通过信度检验、因子分析、效度检验等形成正式量表。

一、中国游客敬畏情绪的维度内涵

在本书第 5 章的研究中，通过对 107 篇文本资料进行三级编码，对中国游客敬畏情绪相关内容进行分析，归纳中国游客敬畏情绪的维度内涵，最终形成 4 个主范畴，分别为震撼感、渺小感、愉悦感、虔敬感。

从扎根理论的结果来看，证实了中国游客敬畏情绪是一种复杂情绪，由震撼感、渺小感、愉悦感和虔敬感组成。其中震撼感是游客对旅途中的地文景观、宗教场面、文物、遗址等内容的惊叹而产生的一种情绪。渺小感是游客在旅途中感知到更广阔的事物时产生的自身渺小的感觉。愉悦感是游客欣赏到美丽景色、壮观场景，愿望实现，经历新奇体验而产生的一种内心激动、喜悦的感受。虔敬感是游客面对自然、宗教、先烈等产生的敬重、佩服之情。

中国游客敬畏情绪的 4 个维度中，震撼感、渺小感、愉悦感是游客感官作用和心理变化的反映，而虔敬感是游客对意义体验做出的情绪与行为上的反映。旅游活动的异地性使其有别于日常生活，旅游目的地可以给予游客感官作用与沉浸式的旅游体验，这些皆是游客情绪变化的刺激因素。游客在旅游体验过程中实现情感上的自然回归，旅游世界给予游客难以获得的敬畏情绪体验，使游客敬畏情绪更加复杂多变。

二、原始题项的生成及预测试

在上述定性研究的基础上，根据扎根得出的各类属的内涵，结合网络文本与访谈资料生成原始题项，主要是将反应各主范畴的对应范畴的内容转换为测量题项，共形成 41 个测量题项。邀请旅游管理专业老师与相关专家探讨、修改原始题项，尽量避免出现题项冗余的问题，最终形成包含 32 个原始题项的测量量表，以此为基础编制调查问卷。问卷包括游客敬畏情绪体验测量量表及被调查者的性别、年龄、学历、月收入、职业、常住地六项基本信息，其中游客敬畏情绪体验测量量表共 32 项，采用 Likert5 点量表的形式，其中“1”代表“非常不同意”、“3”代表“一般”、“5”代表“非常同意”。

按照丘吉尔（Churchill）的量表开发程序，[1]首先收集数据对初始量表进行预测试。预测试主要在线上与线下同时发放并回收问卷，于 2021 年 4 月 3 日至 2021 年 4 月 10 日利用清明小长假进行，通过线上滚雪球的方式以及线下在附近景区，如辽宁鞍山千山风景区发放问卷，共收集问卷 200 份，剔除无效问卷后，共 176 份，有效率达 88%，其中男性占 42.1%，女性占 57.9%。

通过 SPSS22.0 软件，对收集的数据进行内部一致性检验，删除测量题项的 CITC 系数小于 0.4 的测项，[2]将其删除后，量表整体的 Cronbach's α 系数值需有所增大，同时删除 Cronbach's α 系数小于 0.6 的题项。[3]项目总计统计结果，如表 7-1-1 所示。根据建议删除了三个 CITC 系数小于 0.4 的题项，删除这些题项后，量表的 Cronbach's α 系数由 0.920 提升至 0.925，因此将 1、2、32 共 3 个题项删除。

---

[1] Churchlll G.　A J.A Paradigm for Developing Better Measures of Marketing Constructs [J].Journal of Marketing Research，1979（1）.

[2] Nunnally J C.Psychometric methods [M].New York：McGraw，1978：69.

[3] Nunnally J C.　Psychometric theory [J].American Educational Research Journal，1967（3）.

表 7-1-1　项目总计统计结果

项目总计统计				
原始题项	删除项目后的标度平均值	删除项目后的标度方差	校正后项目与总分相关性	项目删除后的克隆巴赫系数
1. 人类的智慧、技艺与精神（浩大的工程、精美绝伦的艺术品、革命者的奉献精神等）令我惊叹	118.70	301.398	0.236	0.922
2. 壮观精彩的仪式活动、表演使我震撼	118.61	304.958	0.174	0.922
3. 恢宏大气的宗教场景使我惊叹	118.78	292.551	0.515	0.918
4. 高大庄严的宗教建筑、浓厚的宗教信仰给我带来心灵的震撼	119.19	292.568	0.503	0.918
5. 珍奇、壮观的文物、遗址引发历史共鸣，使我感到震撼	118.63	291.161	0.594	0.917
6. 展现顽强生命力的旅游景观令我惊叹	118.80	291.577	0.542	0.917
7. 生命对自然的抵抗与适应使我震撼	118.81	292.900	0.483	0.918
8. 壮美的地文景观使我感受到大自然的力量，产生震撼之情	118.63	291.183	0.563	0.917
9. 壮美的水域景观使我发现自然的神奇，感到震颤惊叹	118.72	290.273	0.592	0.917
10. 绝美、辽阔的气候生物景观使我产生震撼之情	119.09	289.576	0.589	0.917
11. 旅途中体会到岁月生命的流逝，使我认识到自己的渺小	119.01	293.034	0.449	0.919
12. 宗教旅游地的巨大神像，使我感知到自身的渺小	119.65	293.372	0.529	0.918
13. 壮阔的自然景观使我认识到自己的渺小	118.89	293.838	0.453	0.919
14. 自然的力量使我认识到，和自然界相比我是渺小的	118.93	292.206	0.539	0.918
15. 我意识到自己是更大整体的一部分	118.99	291.354	0.478	0.918
16. 旅游时我认为自己在一个伟大的事物面前	119.15	288.321	0.556	0.917
17. 在旅途中看到美丽的景色，我会更加愉悦	118.48	294.080	0.545	0.918
18. 在旅途中看到壮阔、神秘的场景，我会更加激动	118.63	293.754	0.505	0.918
19. 在旅途中实现旅游愿望时，我会更加激动喜悦	118.59	294.747	0.463	0.919

续表

项目总计统计				
原始题项	删除项目后的标度平均值	删除项目后的标度方差	校正后项目与总分相关性	项目删除后的克隆巴赫系数
20. 旅游过程中的新奇体验令我感到惊喜	118.77	292.488	0.503	0.918
21. 在游玩时我更容易发现周围的美好事物	118.80	290.949	0.490	0.918
22. 我发现旅游过程中周围常常很美好，欣喜油然而生	118.91	288.638	0.586	0.917
23. 在惊险、绝美的旅游地，我保持更谦卑的态度	118.94	293.099	0.470	0.918
24. 我折服于自然景色，对自然充满虔敬之情	119.09	292.689	0.401	0.920
25. 不慕世俗的宗教氛围使我感到肃穆	118.65	290.502	0.595	0.917
26. 神圣的宗教旅游地使我内心更加崇敬、虔诚	118.95	289.809	0.514	0.918
27. 慈悲肃穆、正气凛然的神像使我内心虔敬	118.95	292.575	0.450	0.919
28. 站在神佛面前，我会感恩他们的庇佑	118.81	287.345	0.701	0.915
29. 面对美丽景色，我会感恩自然的给予	118.80	289.066	0.612	0.917
30. 我更加尊重旅游地展现的历史文化特色	119.02	290.234	0.549	0.917
31. 面对伟大工程、发明作品等，我会更加钦佩前人的工匠精神	118.89	293.457	0.521	0.918
32. 我会更加致敬旅游地展现的艰苦环境下的英雄人物	118.83	301.365	0.220	0.922

剩余 29 个测量题项的 KMO 值为 0.899>0.7，并且 Bartlett 球形检验显著性为 0.000，因此继续进行探索性因子分析。主要采用主成分分析法与方差最大正交旋转法，要求题项在某一因子上的载荷系数大于 0.5，交叉负荷小于 0.4。按照保留题项标准，依次删除 7、12、15、18、21、25、29、10、28、13、23、31、4 共 13 个不符合上述标准的题项，共保留 16 个题项。剩余的 16 个题项分布在 4 个因子上，因子载荷介于 0.590～0.834，解释了 62.255% 的总方差，符合标准。[1] 相关结果如表 7-1-2 和表 7-1-3 所示。

[1] Churchlll G. A J.A Paradigm for Developing Better Measures of Marketing Constructs [J]. Journal of Marketing Research，1979，16（1）：64-73.

表 7-1-2 主成分分析因子提取

总方差解释									
组件	初始特征值			提取载荷平方和			旋转载荷平方和		
	总计	方差百分比	累积 /%	总计	方差百分比	累积 /%	总计	方差百分比	累积 /%
1	5.558	34.739	34.739	5.558	34.739	34.739	3.015	18.842	18.842
2	1.916	11.978	46.716	1.916	11.978	46.716	2.745	17.156	35.999
3	1.341	8.383	55.100	1.341	8.383	55.100	2.306	14.410	50.409
4	1.145	7.156	62.255	1.145	7.156	62.255	1.895	11.847	62.255
提取方法：主成分分析。									

表 7-1-3 旋转后的成分矩阵

旋转后的成分矩阵 *a*				
题项	组件			
	1	2	3	4
A3 恢宏大气的宗教场景使我惊叹	0.664			
A5 珍奇、壮观的文物、遗址引发历史共鸣，使我感到震撼	0.619			
A6 展现顽强生命力的旅游景观令我惊叹	0.715			
A8 壮美的地文景观使我感受到大自然的力量，产生震撼之情	0.788			
A9 壮美的水域景观使我发现自然的神奇，感到震颤惊叹	0.761			
B11 旅途中体会到岁月生命的流逝，使我认识到自己的渺小				0.791
B14 自然的力量使我认识到，和自然界相比我是渺小的				0.740
B16 旅游时我认为自己在一个伟大的事物面前				0.590
C17 在旅途中看到美丽的景色，我会更加愉悦			0.688	
C19 在旅途中实现旅游愿望时，我会更加激动喜悦			0.782	
C20 旅游过程中的新奇体验令我感到惊喜			0.732	
C22 我发现旅游过程中周围常常很美好，欣喜油然而生			0.630	
D24 我折服于自然景色，对自然充满虔敬之情		0.769		
D26 神圣的宗教旅游地使我内心更加崇敬、虔诚		0.834		
D27 慈悲肃穆、正气凛然的神像使我内心虔敬		0.807		
D30 我更加尊重旅游地展现的历史文化特色		0.659		

续表

旋转后的成分矩阵 *a*				
题项	组件			
	1	2	3	4
D24 我折服于自然景色，对自然充满虔敬之情		0.769		
总方差解释 /%	34.739	46.716	55.100	62.255
提取方法：主成分分析。 旋转方法：Kaiser 标准化最大方差法。				
a. 旋转在 5 次迭代后已收敛。				

删除题项后，通过 Cronbach's α 系数再次对内部一致性进行检验，同时检验震撼感、渺小感、愉悦感、虔敬感四个维度及量表整体的 Cronbach's α 系数，量表整体的 Cronbach's α 系数为 0.872，四个维度的 Cronbach's α 系数分别为 0.812、0.704、0.759 和 0.816，均大于 0.7 标准，表明量表删除题项后信度良好。

第二节　量表大样本测试及结果分析

正式调研于 2021 年 4 月 26 日至 2021 年 5 月 9 日进行，借助“五一”黄金周通过线上与线下实地发放调查问卷，以保证样本数量的质量。线上通过社交媒体，采用滚雪球的方式共发放了 170 份问卷，其中有效问卷 147 份，线下主要在辽宁鞍山千山风景区、玉佛寺景区、鞍钢博物馆等游客数量较多的景点发放 260 份问卷，其中有效问卷 191 份。总共回收有效问卷 338 份，其中线上与线下占比分别为 43.5% 和 56.5%。其中男性占比 47.63%，女性占比 52.37%；在年龄分布上，19～30 岁的人群最多，占比 43.49%，其次是 31～45 岁，占比 31.95%，40～60 岁的人群占比 13.61%，其余年龄段的人群较少；在学历方面，38.76% 的人拥有本科学历，占比最多；在收入方面，被调查者中有 45.56% 的人收入在 3000 元及以下，其次是 3001～6000 元的人群，占 36.39%，收入在 6000 元以上的人群较少；在职业方面，学生占 29.88%，位居第一，其次是企业员工（13.02%）及自由职业者（12.43%），其余职业的人群分布较均匀；被调查人群中 65.68% 来自辽宁省，34.32% 来自辽宁省外。

一、信度检验

综合 CITC 系数与 Cronbach's α 系数来检验中国游客敬畏情绪体验量表的信度，分析结果显示，16 个测量题项的校正后项目与总分相关性系数均高于 0.5，且 Cronbach's α 系数均高于 0.6，各因子的 Cronbach's α 系数分别为 0.835、0.769、0.834、0.861，16 个测量题项的 Cronbach's α 系数为 0.889>0.7，符合量表开发中信度检验的要求。项目总计统计结果如表 7–2–1 所示。

表 7–2–1 项目总计统计结果

项目总计统计				
题项	删除项目后的标度平均值	删除项目后的标度方差	校正后项目与总分相关性	项目删除后的克隆巴赫系数
A1 恢宏大气的宗教场景使我惊叹	57.33	75.753	0.596	0.880
A2 珍奇、壮观的文物、遗址引发历史共鸣，使我感到震撼	57.30	76.158	0.570	0.881
A3 展现顽强生命力的旅游景观令我惊叹	57.41	76.949	0.547	0.882
A4 壮美的地文景观使我感受到大自然的力量，产生震撼之情	57.36	76.326	0.540	0.882
A5 壮美的水域景观使我发现自然的神奇，感到震颤惊叹	57.36	76.903	0.524	0.883
B6 旅途中体会到岁月生命的流逝，使我认识到自己的渺小	57.41	76.801	0.511	0.883
B7 自然的力量使我认识到，和自然界相比我是渺小的	57.59	76.742	0.526	0.883
B8 旅游时我认为自己在一个伟大的事物面前	57.59	75.999	0.527	0.883
C9 在旅途中看到美丽的景色，我会更加愉悦	57.19	77.828	0.544	0.882
C10 在旅途中实现旅游愿望时，我会更加激动喜悦	57.19	77.798	0.513	0.883
C11 旅游过程中的新奇体验令我感到惊喜	57.32	77.624	0.521	0.883

续表

项目总计统计				
题项	删除项目后的标度平均值	删除项目后的标度方差	校正后项目与总分相关性	项目删除后的克隆巴赫系数
C12 我发现旅游过程中周围常常很美好，欣喜油然而生	57.43	75.730	0.551	0.882
D13 我折服于自然景色，对自然充满虔敬之情	57.53	75.633	0.513	0.884
D14 神圣的宗教旅游地使我内心更加崇敬、虔诚	57.62	74.230	0.626	0.879
D15 慈悲肃穆、正气凛然的神像使我内心虔敬	57.58	74.701	0.564	0.881
D16 我更加尊重旅游地展现的历史文化特色	57.60	75.445	0.526	0.883

二、验证性因子分析

基于探索性因子分析所得的 4 因子模型，继续使用 AMOS 24.0 软件，采用极大似然法对游客敬畏情绪量表的 4 个维度共 16 个测量项目进行验证性因子分析。

一阶验证性因子分析结果表明，一阶模型可以识别，绝对适配指数卡方自由度比为 1.606，介于 2～5，说明模型拟合良好。一阶验证性因子分析的绝对适配度指数 RMR=0.037<0.05，RMSEA=0.042<0.08，GFI 值 =0.946>0.9；增值适配度指数 NFI=0.936>0.9，TLI=0.969>0.9，CFI=0.974>0.9；简约适配度指数 PGFI=0.682>0.5，PNFI=0.764>0.5，均达到理想标准（图 7–2–1）。一阶验证性因子分析结果还表明，游客敬畏情绪 4 个维度之间的相关系数在 0.374～0.610 范围内，可能存在更高阶构念，因此继续尝试二阶验证性因子分析。

二阶验证性因子分析结果显示，绝对适配指数卡方自由度比为 1.724，介于 2～5，说明模型拟合良好。二阶验证性因子分析的绝对适配度指数 RMR=0.047<0.05，RMSEA=0.046<0.08，GFI 值 =0.941>0.9；增值适配度指数 NFI=0.930>0.9，TLI=0.963>0.9，CFI=0.969>0.9；简约适配度指数 PGFI=0.692>0.5，PNFI=0.775>0.5，均达到理想标准（图 7–2–2）。

通过一阶与二阶验证性因子分析结果可以发现，两个模型的拟合结果较为相近，说明二阶模型的设定并没有对一阶模型产生过大的影响，并且二阶模型更为简洁，表明质性研究所提炼的震撼感、渺小感、愉悦感和虔敬感可以附着在“游客敬畏情绪”这一高阶构念下。

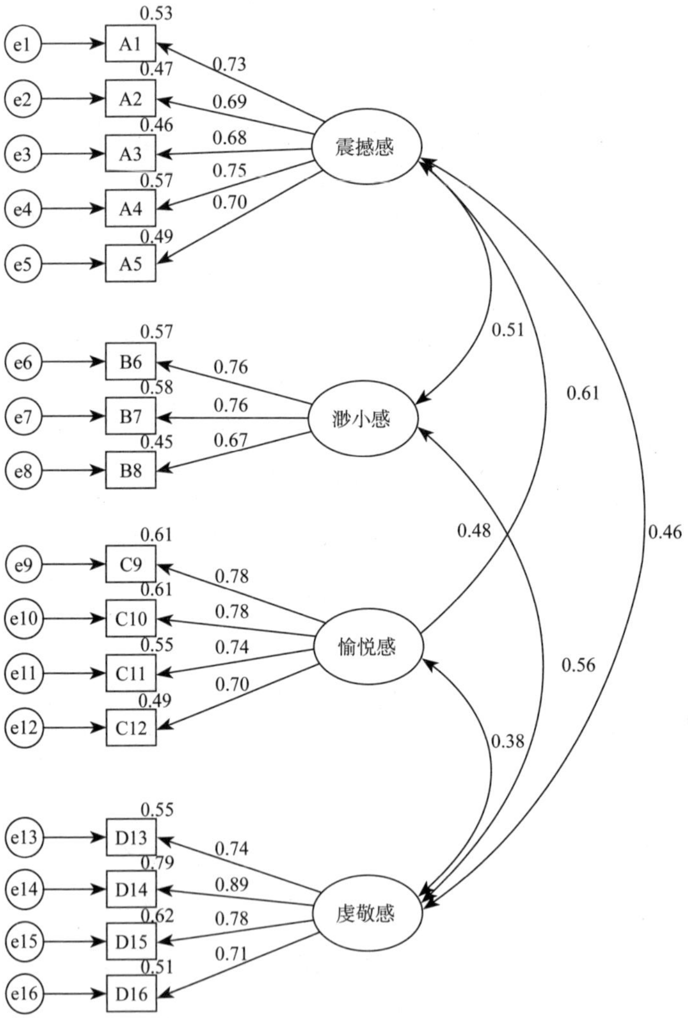

图 7-2-1　一阶验证性因子分析

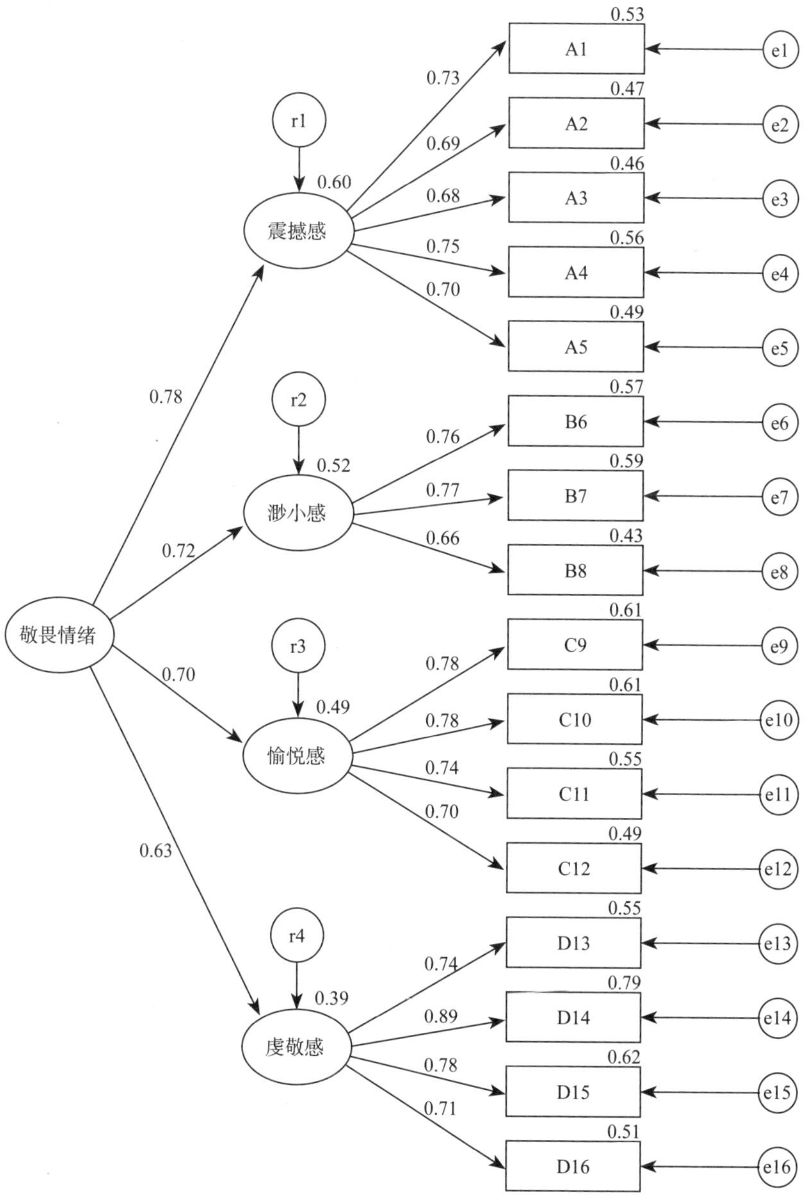

图 7-2-2　二阶验证性因子分析

三、效度检验

本书所开发量表的准确、有效程度通过效度（内容效度与结构效度）检验来判断，即评判量表的实际测量情况。

本书开发的游客敬畏情绪量表遵守量表开发的程序，并且通过文献阅读梳理了敬畏情绪的内涵，通过扎根分析提炼了游客敬畏情绪维度结构，基于原始文本资料设计的初始量表，经过了旅游老师、专家间的探讨，并通过预调研对测量题项进行了初步筛选，形成了正式量表，因此具有一定的内容效度。

结构效度通过收敛效度和区分效度来衡量。通过平均方差萃取量（AVE）检验同一维度下不同题项之间的相关性，本书通过测量题项的标准化因子载荷计算AVE，AVE>0.50说明该潜变量具有良好的收敛效度。如表7-2-2所示，一阶验证性因子分析中，量表各测项的标准化因子载荷均大于0.5，通过计算，震撼感的AVE值为0.5049，渺小感的AVE值为0.5353，愉悦感的AVE值为0.5670，虔敬感的AVE值为0.6171，均大于0.5，表明量表达到收敛效度的要求。

表7-2-2　验证性因子分析收敛效度

载荷路径			S.E.	C.R.	*P*	标准化路径系数	平均方差抽取两（AVE）
Q5	←	震撼感				0.703	0.5049
Q4	←	震撼感	0.091	12.150	***	0.753	
Q3	←	震撼感	0.083	11.053	***	0.676	
Q2	←	震撼感	0.087	11.234	***	0.688	
Q1	←	震撼感	0.088	11.831	***	0.730	
Q8	←	渺小感				0.662	0.5353
Q7	←	渺小感	0.102	10.746	***	0.772	
Q6	←	渺小感	0.101	10.656	***	0.756	
Q12	←	愉悦感				0.702	0.5670
Q11	←	愉悦感	0.076	12.006	***	0.742	
Q10	←	愉悦感	0.076	12.516	***	0.781	
Q9	←	愉悦感	0.072	12.543	***	0.784	
Q16	←	虔敬感				0.714	0.6171
Q15	←	虔敬感	0.082	13.419	***	0.785	
Q14	←	虔敬感	0.081	14.743	***	0.889	
Q13	←	虔敬感	0.082	12.740	***	0.743	

接着计算各潜变量 AVE 值的平方根，当任意两个潜变量间的相关系数小于 AVE 值的平方根时才具有较好的区分效度。经检验，各潜变量 AVE 值的平方根均大于 0.7，相关潜变量之间的相关系数均小于 AVE 值的平方根，表明量表具有良好的区分效度，相关结果如表 7–2–3 所示。

表 7–2–3　验证性因子分析区分效度

变量	震撼感	渺小感	愉悦感	虔敬感
震撼感	0.7106			
渺小感	0.516	0.7316		
愉悦感	0.610	0.484	0.7530	
虔敬感	0.463	0.563	0.376	0.7856

第三节　游客敬畏情绪正式测量量表的生成

游客敬畏情绪测量量表的开发，首先进行初始量表的编制，然后进行预调研，在 176 份有效问卷的基础上，利用定量分析净化量表题项，提高量表信效度；再通过大样本调研，在 338 份有效问卷的基础上，检验问卷的测量信度与效度，结果表明游客敬畏情绪测量量表具有一定的可行性。通过上述分析与研究实证得出，游客敬畏情绪测量量表具有一定的信效度，正式量表包括震撼感、渺小感、愉悦感和虔敬感 4 个维度，共计 16 个题项，具体内容如表 7–3–1 所示。

表 7–3–1　游客敬畏情绪测量量表

维度	序号	测量题项
震撼感	1	A1 恢宏大气的宗教场景使我惊叹
	2	A2 珍奇、壮观的文物、遗址引发历史共鸣，使我感到震撼
	3	A3 展现顽强生命力的旅游景观令我惊叹
	4	A4 壮美的地文景观使我感受到大自然的力量，产生震撼之情
	5	A5 壮美的水域景观使我发现自然的神奇，感到震颤惊叹
渺小感	1	B6 旅途中体会到岁月生命的流逝，使我认识到自己的渺小
	2	B7 自然的力量使我认识到，和自然界相比我是渺小的
	3	B8 旅游时我认为自己在一个伟大的事物面前

续表

维度	序号	测量题项
愉悦感	1	C9 在旅途中看到美丽的景色，我会更加愉悦
	2	C10 在旅途中实现旅游愿望时，我会更加激动喜悦
	3	C11 旅游过程中的新奇体验令我感到惊喜
	4	C12 我发现旅游过程中周围常常很美好，欣喜油然而生
虔敬感	1	D13 我折服于自然景色，对自然充满虔敬之情
	2	D14 神圣的宗教旅游地使我内心更加崇敬、虔诚
	3	D15 慈悲肃穆、正气凛然的神像使我内心虔敬
	4	D16 我更加尊重旅游地展现的历史文化特色

本章小结

本章研究旨在开发并检验中国本土化游客敬畏情绪量表，遵循了严格的量表开发程序，[1]首先通过定性研究确定构念范围，根据原始资料发展初始测项并纯化初始测项，再通过定量研究，经过预调研、正式调研、探索性及验证性因子分析以及信效度检验形成正式量表。首先基于网络游记和访谈资料，明确中国游客敬畏情绪内涵，建立测量项目池，随后通过头脑风暴纯化初始测量题项，再运用 SPSS 22.0 和 AMOS 24.0 软件对预调研和正式调研收集的数据进行探索性、验证性因子分析以及信度、效度检验，最后形成游客敬畏情绪测量量表。

本书在质性研究与量化分析的基础上，得到中国本土游客敬畏情绪量表，共包含 16 个测量题项，分别为震撼感 5 个测项、渺小感 3 个测项、愉悦感 4 个测项和虔敬感 4 个测项。经过验证，量表的信度与效度均符合标准，并适合中国游客敬畏情绪的测量，具有一定的适用性。本书开发的游客敬畏情绪体验量表是专门针对中国本土化游客，并且是在网络游记与游客访谈资料分析基础上，通过扎根理论构建游客敬畏情绪内涵，以此开发的量表，回答了中国本土游客敬畏情绪包含的情绪成分及如何测量的问题。

本书聚焦于游客敬畏情绪维度内涵的探究与量表开发，在通过扎根理论提取维度阶段难以避免主观性偏差。在定量研究中，相比于众多的游客，本书数据收集数量有限，并且为横截面数据，在一定程度上对研究结论的普适性存在些许影响。因此在未来研究中，应选取更大范围的游客来扩大样本数量，进一步验证本书挖掘的游客敬畏情绪内涵及开发的量表的科学性及适用性；同时可以考虑不同类型的旅游目的地，如康养旅游、黑色旅游等情境下游客敬畏情绪的维度内涵，深入分析游客敬畏情绪的诱发、影响因素以及带来的效应，构建完善的游客敬畏情绪内涵体系。

---

[1] 陈钢华，赵丽君．旅游领域量表开发研究进展——基于国内外六本旅游学术刊物的分析 [J]. 旅游导刊，2017（6）.

第八章　敬畏情绪对游客旅游体验质量的影响

旅游体验由触感、观感和情感三维结构构成，[1]其中情感维度是旅游体验的核心与主体，贯穿于旅游活动的始终，游客精神上的满足与意志力的实现通过情感体验来获得。情感体验影响游客的旅游动机与行为，[2]是影响旅游体验质量的重要因素。然而，目前关于旅游体验质量的研究多是从旅游六要素等客观角度出发，通过构建结构方程模型探究旅游体验质量的影响变量，一定程度上忽视了从游客主体的心理情感层面对旅游体验质量影响的剖析。[3]近年来，随着游客旅游体验由强调体验的客观真实性向存在真实性转变，[4]游客更加注重对旅游过程中的“情感化、个性化”的体验追求，旅游体验研究也随之提出了情感与情感转向，强调旅游过程的情感体验研究。[5]因此，关注游客情绪情感对旅游体验质量的影响关系，基于游客情绪情感视角研究旅游体验质量问题，无疑具有重要的理论和实践意义。

敬畏情绪是当我们面对那些广阔的、浩大的，以及超越我们当前理解范围的事物时，产生的混合了钦佩、惊奇、困惑、服从等诸多感觉的复杂情绪。[6]2012年科格伦（Coghlan）将其引入旅游研究领域，认为让游客感受到敬畏是旅游体验

---

❶ 张朝枝，张鑫．流动性的旅游体验模型建构——基于骑行入藏旅游者的研究 [J]. 地理研究，2017（12）．

❷ Aho S K.Towards a general theory of a touristic experiences：Modelling experience processin tourism [J].Tourism Review，2001（3/4）．

❸ 马天，谢彦君．旅游体验中的情感与情感研究：现状与进展 [J]. 旅游导刊，2019（2）．

❹ Uriely N.The tourist experience：Conceptual developments [J].Annals of Tourism Research，2005（1）．

❺ Buda D M，d’ Hauteserre A M，Johnston L，et al.Feeling and tourism studies [J].Annals of Tourism Research，2014（8）．

❻ 董蕊，彭凯平，喻丰．积极情绪之敬畏 [J]. 心理科学进展，2013（11）．

中必不可少的环节，提出了旅游体验中的敬畏研究框架，并在理论层面给出实证研究的发展方向，[1] 随后国内外相关研究开始出现。目前已有研究显示，敬畏作为一种与旅游体验高度相关的积极情绪，对游客的满意度、忠诚度等态度能够产生积极影响。[2] 但作为游客满意度前因变量的游客体验质量，[3] 敬畏情绪是否会对其产生影响还有待探索。

旅游涉入是旅游目的地、产品激发个体产生的兴奋的心理状态，[4] 是研究旅游体验质量的重要前置变量。[5] 已有研究显示，游客情绪与旅游涉入之间存在一定的联系，[6] 而敬畏情绪是游客体验中经常出现的积极情绪之一，据此推测敬畏情绪可能会影响旅游涉入，但现有研究尚未对两者之间的关系展开探讨。

综合现有研究成果的不足与研究空白，本章基于情绪评价理论与涉入理论，结合敬畏的两大核心特征，推测游客敬畏情绪会正向影响旅游体验质量，同时将旅游涉入作为中介变量，构建研究模型，并以辽宁省鞍山市千山风景区为研究案例地开展实证检验，以期丰富游客敬畏情绪和旅游体验质量相关影响因素的学术研究成果。

---

❶ Coghlan A，Buckley R，Weaver D.A framework for analyzing awe in tourism experiences [J]. Annals of Tourism Research，2012（3）.

❷ 田野，卢东，Samart Powpaka. 游客的敬畏与忠诚：基于情绪评价理论的解释 [J]. 旅游学刊，2015（10）；
田野，卢东，吴亭 . 敬畏情绪与感知价值对游客满意度和忠诚的影响——以西藏旅游为例 [J]. 华东经济管理，2015（10）；
范玉强，陈志钢，刘涛慧，等 . 红色旅游情境下敬畏情绪对游客满意度的影响研究 [J]. 北大学学报（自然科学版），2021（2）.

❸ Uriely N.The tourist experience：Conceptual developments [J].Annals of Tourism Research，2005（1）.

❹ Havitz M E，Dimanche F.Propositions for testing the involvement construct in recreational and tourism contexts [J].Leisure Sciences，1990（12）.

❺ 龙江智，段浩然，何洋 . 古镇情境下旅游涉入、地方依恋对游客满意度的影响研究——以体验质量为中介 [J]. 旅游导刊，2020（4）.

❻ 朱湘平 . 旅游地文化氛围、游客情绪与行为涉入的关系研究 [D]. 长沙：湖南师范大学，2016；
Troilo G，Cito M C，Soscia I.Repurchase Behavior in the Performing Arts：Do Emotions Matter without Involvement？ [J].Psychology & Marketing，2014（8）.

第一节 文献回顾

一、旅游体验质量

旅游体验质量是游客经历旅游活动后对其自身身心收获的感知和满足程度。[1]已有研究显示，游客自身因素、旅游动机等变量均会影响旅游体验质量，[2]并且旅游体验质量深受游客旅游过程中的感知情感成分的影响，[3]良好的物理情境与氛围情境也可以提升游客的旅游体验质量。[4]

旅游体验质量的衡量维度较为复杂，奥托（Otto）和里特（Ritchie）通过从景区景点、航空等地收集数据，发现游客旅游体验质量包括享乐、内心宁静、涉入和认可4个维度；[5]金（Jin）和李（Lee）等认为旅游体验质量包括沉浸、惊喜、参与和有趣4个维度；[6]陈（Chen）基于遗产旅游地情境将旅游体验质量划分为涉入、内心宁静和教育体验3个维度；[7]马天通过扎根分析得出旅游体验质量的维度包括吸引性、趣味性和享受性。[8]

---

[1] 钟洁．基于游憩体验质量的民族村寨旅游产品优化研究——以云南西双版纳傣族园、四川甲居藏寨为例 [J]. 旅游学刊，2012（8）.

[2] 陈星，张捷，张宏磊．观光型旅游地游客动机、交往意愿和体验质量之关系——以世界自然遗产地三清山为例 [J]. 地理科学进展，2017（11）.

[3] 林轶，曾慧珠，田茂露．基于文化旅游空间的游客体验感知研究——以广西柳州市雨卜苗寨为例 [J]. 山东行政学院学报，2019（8）.

[4] 张琳，张佳琪．传统村落景观情境感知与游客体验质量的关系研究——以宏村、篁岭村、诸葛八卦村为例 [J]. 建筑与文化，2017（7）.

[5] Otto J E，Ritchie J R B.The service experience in tourism [J].Tourism Management，1996（3）.

[6] Jin N P，Lee S，Lee H.The effect of experience quality on perceived value，satisfaction，image and behavioral intention of water park patrons：new versus repeat visitors [J].InternationalJournal of Tourism Research，2015（1）.

[7] Chen C F，Chen F S.Experience quality，perceived value，satisfaction and behavioralintentions for heritage tourists [J].Tourism Management，2010（1）.

[8] 马天．基于扎根理论的旅游体验作用路径研究：以迪士尼主题公园为例 [J]. 旅游导刊，2020（4）.

二、旅游涉入

扎科夫斯基（Zaichkowsky）首先设计了单维度的 PII 量表，[1] 劳伦特（Laurent）和卡普费雷尔（Kapferer）则在此基础上开发了包含重要性、愉悦性、象征性、风险重要性、风险可能性等 5 个维度的 CIP 量表，[2] 后经过麦金泰尔（Mcintyre）对量表维度的调整，形成了包含吸引力、生活中心性与自我表现 3 个维度的涉入测量量表，[3] 得到了较多学者的认同。

已有研究发现旅游涉入与地方依恋、环境责任行为、情绪等变量存在一定联系。在红色旅游地，旅游涉入各维度对地方依恋的影响受到游客类型差异的影响，满意度完全中介旅游涉入对地方依恋的影响；[4] 而旅游涉入对满意度存在正向影响关系，并且性别、职业在其中起调节作用；[5] 在古村落旅游地，情境涉入正向影响游客的怀旧情绪；[6] 除此之外，游客旅游涉入也直接影响重游、推荐等变量。[7]

三、情绪评价理论

情绪评价理论由学者阿诺德（Arnold）首先提出，认为个体对信息进行认知加工的过程促使情绪差异的产生，加之外部环境的刺激，个体主观心理状态极易受到影响。[8] 拉扎勒斯（Lazarus）扩展了情绪评价理论，认为情绪评价理论是个体选择、评价信息，同时深入体验，产生身体反馈及情感行为的过程，个体的经

---

❶ Zaichkowsky J L.Measuring the Involvement Construct [J].Journal of Consumer Research，1985（3）.

❷ Laurent G，Kapferer J N.Measuring consumer involvement profiles [J].Journal of Marketing Research，1985（22）.

❸ Mcintyre.The personal meaning of participation：Enduring involvement [J].Journal of Leisure Research，1989（2）.

❹ 陆相林，孙中伟．旅游涉入、满意度、地方依恋作用机制研究——以西柏坡红色游客为例 [J]. 干旱区资源与环境，2017（7）.

❺ 张曼婕，张兴奇．游客涉入与满意度对湿地公园形象影响的研究——基于性别与职业类型的调节效应 [J]. 林业经济，2019（10）.

❻ 徐洪，李春莹，李泓沄．原真性对古村落旅游地形象的影响：怀旧情绪和情境涉入的作用 [J]. 海南师范大学学报（自然科学版），2020（2）.

❼ Stylos N，Vassiliadis C A，Bellou V，et al.Destination images，holistic images and personal normative beliefs：Predictors of intention to revisit a destination [J].Tourism Management，2016（11）.

❽ 孟昭兰．当代情绪理论的发展 [J]. 心理学报，1985（2）.

历在不断重复这个过程，[1] 并且对周围环境的认知评价，对个体情绪的产生同样具有影响。[2] 由于情绪评价理论可以解释个体认知评价与情绪之间的关系，因此成为研究游客敬畏情绪的重要理论。

第二节 研究假设与概念模型

一、敬畏情绪对旅游涉入的影响

已有研究表明，游客情绪情感与旅游涉入存在一定关系，[3] 张圆刚发现在古村落旅游地，游客的怀旧情感对休闲涉入有显著正向影响；[4] 游客敬畏情绪体验能够加强游客融入周围世界，影响游客的国家认同感、游客旅游体验的满意度以及旅游忠诚度等。[5] 旅游涉入作为一种更深层次的心理状态，游客可能受情绪的影响产生更深层次的旅游涉入，虽然还未有学者进行过有关游客敬畏情绪与旅游涉入的关系研究，但结合相关研究和相关研究成果，[6] 可以提出以下假设：

---

❶ Lazarus R S.Emotion and Adaptation [M].New York：Oxford University Press，1991：87-214.

❷ Bagozzi R P，Gopinath M，Nyer P U.The role of emotions in marketing [J].Journal of the Academy of Marketing Science，1999（2）.

❸ 朱湘平．旅游地文化氛围、游客情绪与行为涉入的关系研究 [D]. 长沙：湖南师范大学，2016；Troilo G，Cito M C，Soscia I.Repurchase Behavior in the Performing Arts：Do Emotions Matter without Involvement？ [J].Psychology & Marketing，2014（8）.

❹ 张圆刚，程静静，朱国兴，等．古村落旅游者怀旧情感对环境负责任行为的影响机理研究 [J]. 干旱区资源与环境，2019（5）.

❺ 田野，卢东，Samart Powpaka. 游客的敬畏与忠诚：基于情绪评价理论的解释 [J]. 旅游学刊，2015（10）；
田野，卢东，吴亭．敬畏情绪与感知价值对游客满意度和忠诚的影响——以西藏旅游为例 [J]. 华东经济管理，2015（10）；
范玉强，陈志钢，刘涛慧，等．红色旅游情境下敬畏情绪对游客满意度的影响研究 [J]. 西北大学学报（自然科学版），2021（2）；
郭俊伶，卢东，金鹏．红色旅游中敬畏情绪对游客国家认同的影响研究 [J]. 资源开发与市场，2018（7）.

❻ 洪晶晶．游客感知视角下旅游地游客敬畏情绪的影响因素研究 [D]. 保定：河北大学，2020；李卓，赵亮．游客敬畏情绪诱发情境与维度构成 [J]. 中国冶金教育，2021（6）.

H1a：游客敬畏情绪的震撼感正向影响旅游涉入的吸引力。

H1b：游客敬畏情绪的渺小感正向影响旅游涉入的吸引力。

H1c：游客敬畏情绪的愉悦感正向影响旅游涉入的吸引力。

H1d：游客敬畏情绪的虔敬感正向影响旅游涉入的吸引力。

H2a：游客敬畏情绪的震撼感正向影响旅游涉入的生活中心性。

H2b：游客敬畏情绪的渺小感正向影响旅游涉入的生活中心性。

H2c：游客敬畏情绪的愉悦感正向影响旅游涉入的生活中心性。

H2d：游客敬畏情绪的虔敬感正向影响旅游涉入的生活中心性。

H3a：游客敬畏情绪的震撼感正向影响旅游涉入的自我表现。

H3b：游客敬畏情绪的渺小感正向影响旅游涉入的自我表现。

H3c：游客敬畏情绪的愉悦感正向影响旅游涉入的自我表现。

H3d：游客敬畏情绪的虔敬感正向影响旅游涉入的自我表现。

二、敬畏情绪对旅游体验质量的影响

情感核算是游客对旅游体验质量评价的重要内容之一，[1] 马天在辨析旅游体验质量与满意度的关系时指出要从心理角度测量旅游体验质量的影响因素。[2]Lee 发现旅游体验质量包含功能体验质量与情感体验质量，[3] 游客的情感体验路径会在一定程度上影响自身的旅游体验质量。[4] 据此提出以下假设：

H4a：游客敬畏情绪的震撼感正向影响游客旅游体验质量。

H4b：游客敬畏情绪的渺小感正向影响游客旅游体验质量。

---

[1] 黄潇婷 . 基于时空路径的旅游情感体验过程研究——以香港海洋公园为例 [J]. 旅游学刊，2015（6）.

[2] 马天 . 旅游体验质量与满意度：内涵、关系与测量 [J]. 旅游学刊，2019（11）.

[3] Lee S H.The influence of experience quality on perceived value，satisfaction，and futurebehavioral intention of tourist [J].International Journal of Tourism & Hospitality Research，2018（3）.

[4] 林轶，曾慧珠，田茂露 . 基于文化旅游空间的游客体验感知研究——以广西柳州市雨卜苗寨为例 [J]. 山东行政学院学报，2019（8）；
梁嘉祺，姜珊，陶犁 . 基于网络游记语义分析和 GIS 可视化的游客时空行为与情绪关系实证研究——以北京市为例 [J]. 人文地理，2020（2）；
孙小龙，林璧属，郜捷 . 旅游体验质量评价述评：研究进展、要素解读与展望 [J]. 人文地理，2018（1）.

H4c：游客敬畏情绪的愉悦感正向影响游客旅游体验质量。

H4d：游客敬畏情绪的虔敬感正向影响游客旅游体验质量。

三、旅游涉入对旅游体验质量的影响

已有研究指出，游客的个人涉入越强，体验质量就越高，[1] 旅游涉入对旅游体验质量存在正向影响，[2] 通过增强游客的旅游涉入可以提高旅游体验质量。[3] 据此，提出如下假设：

H5a：旅游涉入的吸引力正向影响旅游体验质量。

H5b：旅游涉入的生活中心性正向影响旅游体验质量。

H5c：旅游涉入的自我表现正向影响旅游体验质量。

根据以上内容，构建概念模型如图 8-2-1 所示。

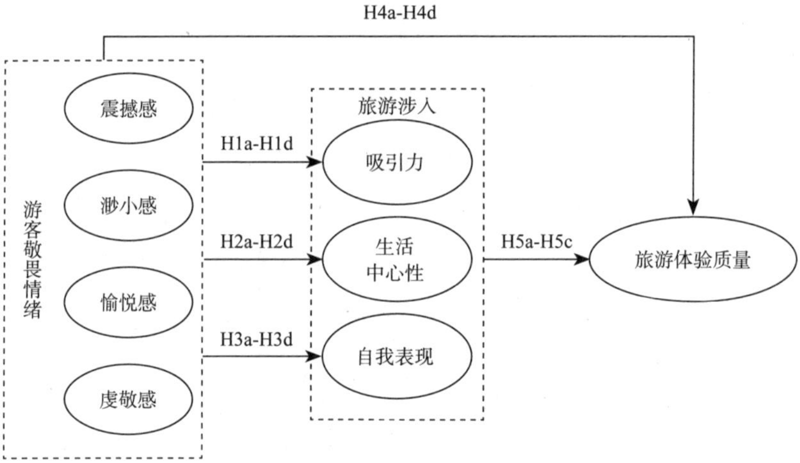

图 8-2-1 概念模型图

---

[1] Havitz M E，Dimanche F.Propositions for testing the involvement construct in recreational and tourism contexts [J].Leisure Sciences，1990（12）.

[2] Altunel M C A，Erkurt B.Cultural tourism in Istanbul：The mediation effect oftourist experience and satisfaction on the relationship between involvement and recommendationintention [J].Journal of Destination Marketing & Management，2015（4）.

[3] Zatori A，Smith M K，Puczko L.Experience-involvement，memorability andauthenticity：The service provider's effect on tourist experience [J].Tourism Management，2016（67）.

第三节　研究设计与数据收集

一、量表选取

本书对敬畏情绪的测量，采用本书第七章研究中自行开发的针对中国游客的敬畏情绪量表。旅游涉入与旅游体验质量使用已有测量量表，其中旅游涉入的测量参考麦金泰尔和皮格拉姆（Pigram）、余及斌等研究中使用的旅游涉入量表；[1] 游客旅游体验质量测量参考沃克（Walker）、黄娜等研究使用的游客旅游体验质量测量量表。[2] 上述量表均根据研究情境对量表语句进行了适当的调整，并在此基础上形成初始测量量表。

二、数据收集

辽宁省鞍山市千山风景区具有浓厚的历史与宗教底蕴，是集休闲观光、宗教体验于一体的 5A 级宗教山岳型景区，选取千山风景区作为数据收集地符合本书构建概念的情境需求。本书通过问卷调查收集数据，数据来源于 2021 年 6 月 4 日至 2021 年 6 月 10 日，通过向结束游览的游客发放问卷，总计发放 370 份问卷，其中有效问卷 327 份，有效回收率 88.4%。在 327 份有效样本中，男性占比 48%，女性占比 52%，19～30 岁年龄段的游客最多，占比 31.2%，69.1% 的游客具有大专及以上学历，56.9% 的游客来自辽宁省内，样本较客观地反映了千山旅游风景区游客人口统计特征的实际情况。

---

❶ Mcintyre N，Pigram J J.Recreation specialization reexamined：The case of vehicle—basedcampers [J].Leisure Sciences，1992（1）；
余及斌 . 生态旅游涉入、地方依恋与环境负责任行为关系研究——以西溪湿地为例 [D]. 杭州：浙江大学，2015.

❷ Walker G J，Hull R B，Roggenbuck J W.On–site optimal experiences and their relationship to off–site benefits [J].Journal of Leisure Research，1998（4）；
黄娜 . 旅游情境因素对丽江古城旅游体验质量影响研究 [D]. 昆明：云南大学，2019.

三、数据分析与结果

（一）信度与效度检验

首先借助 AMOS 24.0 软件进行验证性因子分析，各项拟合指标显示测量模型效果较好，其中 χ^2/df=0.986，RMR=0.018，RMSEA=0.000，NFI=0.924，RFI=0.914，GFI=0.925，PGFI=0.764。本书在设计问卷时严格遵循量表开发的原则与程序，因此内容效度可以得到保证。建构效度主要通过收敛效度和区分效度体现，验证性因子分析结果如表 8-3-1 所示，每个题项的因素负荷量均大于 0.6，t 值显著，组合信度 CR 均大于 0.6，AVE 大于 0.5，如表 8-3-2 所示，任意两个变量间的相关系数均小于各变量自身的 AVE 平方根，表明各变量的测量题项间存在足够的区分效度。

表 8-3-1　验证性因子分析收敛效度

载荷路径			S.E.	C.R.	*P*	因素负荷量	平均方差抽取量（AVE）	组合信度（CR）
Q1	←	震撼感	0.085	11.671	***	0.727	0.543	0.856
Q2	←	震撼感	0.091	11.582	***	0.721		
Q3	←	震撼感	0.089	12.038	***	0.748		
Q4	←	震撼感	0.083	12.714	***	0.798		
Q5	←	震撼感				0.687		
Q6	←	渺小感	0.096	10.194	***	0.713	0.508	0.756
Q7	←	渺小感	0.091	10.114	***	0.682		
Q8	←	渺小感				0.742		
Q9	←	愉悦感	0.092	11.475	***	0.709	0.548	0.829
Q10	←	愉悦感	0.099	12.309	***	0.791		
Q11	←	愉悦感	0.092	12.000	***	0.765		
Q12	←	愉悦感				0.691		
Q13	←	虔敬感	0.069	12.517	***	0.689	0.557	0.834
Q14	←	虔敬感	0.077	13.276	***	0.746		
Q15	←	虔敬感	0.073	13.768	***	0.762		
Q16	←	虔敬感				0.786		

续表

载荷路径			S.E.	C.R.	*P*	因素负荷量	平均方差抽取量（AVE）	组合信度（CR）
Q17	←	吸引力	0.064	14.040	***	0.734	0.616	0.865
Q18	←	吸引力	0.058	15.171	***	0.782		
Q19	←	吸引力	0.060	15.988	***	0.816		
Q20	←	吸引力				0.804		
Q21	←	生活中心性	0.082	12.064	***	0.738	0.554	0.788
Q22	←	生活中心性	0.081	12.411	***	0.754		
Q23	←	生活中心性				0.740		
Q24	←	自我表现	0.074	12.544	***	0.741	0.566	0.839
Q25	←	自我表现	0.078	12.934	***	0.779		
Q26	←	自我表现	0.075	12.824	***	0.756		
Q27	←	自我表现				0.732		
Q28	←	旅游体验质量	0.056	14.875	***	0.744	0.568	0.868
Q29	←	旅游体验质量	0.061	13.177	***	0.684		
Q30	←	旅游体验质量	0.056	14.350	***	0.729		
Q31	←	旅游体验质量	0.055	15.654	***	0.777		
Q32	←	旅游体验质量				0.828		

表 8-3-2　区分效度检验

变量	震撼感	渺小感	愉悦感	虔敬感	吸引力	生活中心性	自我表现	旅游体验质量
震撼感	0.7228							
渺小感	0.590	0.7288						
愉悦感	0.687	0.518	0.7377					
虔敬感	0.683	0.621	0.691	0.7441				
吸引力	0.703	0.526	0.735	0.705	0.7749			
生活中心性	0.714	0.513	0.668	0.722	0.726	0.7517		
自我表现	0.691	0.481	0.691	0.634	0.701	0.677	0.7428	
旅游体验质量	0.722	0.479	0.720	0.664	0.729	0.726	0.712	0.7440

（二）结构方程模型检验

通过 AMOS 24.0 软件、采用极大似然法对结构模型进行假设检验，相关结果如表 8-3-3 所示。游客敬畏情绪的震撼感、愉悦感显著正向影响旅游涉入的吸引力、生活中心性和自我表现（$\beta1=0.317$，$p<0.05$；$\beta3=0.398$，$p<0.05$；$\beta5=0.385$，$p<0.05$；$\beta7=0.221$，$p<0.05$；$\beta9=0.342$，$p<0.05$；$\beta11=0.430$，$p<0.05$），假设 H1a、H1c、H2a、H2c、H3a、H3c 成立，虔敬感只显著正向影响吸引力和生活中心性（$\beta4=0.242$，$p<0.05$；$\beta8=0.343$，$p<0.05$），假设 H1d、H2d 成立；对自我表现和旅游体验质量的影响均不显著（$\beta12=0.138$，$p>0.05$；$\beta16=0.031$，$p>0.05$），假设 H3d、H4d 不成立；游客敬畏情绪的震撼感、愉悦感，以及旅游涉入的吸引力、生活中心性与自我表现均显著正向影响旅游体验质量（$\beta13=0.187$，$p<0.05$；$\beta15=0.201$，$p<0.05$；$\beta17=0.203$，$p<0.05$；$\beta18=0.184$，$p<0.05$；$\beta19=0.212$，$p<0.05$），假设 H4a、H4c、H5a、H5b、H5c 成立；但游客敬畏情绪的渺小感对吸引力、生活中心性、自我表现以及旅游体验质量的影响均不显著（$\beta2=-0.035$，$p>0.05$；$\beta6=-0.060$，$p>0.05$；$\beta10=-0.076$，$p>0.05$；$\beta14=-0.064$，$p>0.05$），假设 H1b、H2b、H3b、H4b 不成立。

表 8-3-3　假设检验结果

假设	标准化路径系数 β	标准误 S.E.	T 值	结果
H1a：吸引力←震撼感	0.317***	0.080	4.164	成立
H1b：吸引力←渺小感	−0.035	0.071	−0.511	不成立
H1c：吸引力←愉悦感	0.398***	0.102	4.714	成立
H1d：吸引力←虔敬感	0.242**	0.078	2.996	成立
H2a：生活中心性←震撼感	0.385***	0.089	4.466	成立
H2b：生活中心性←渺小感	−0.060	0.078	−0.788	不成立
H2c：生活中心性←愉悦感	0.221**	0.107	2.427	成立
H2d：生活中心性←虔敬感	0.343***	0.087	3.730	成立
H3a：自我表现←震撼感	0.342***	0.088	4.022	成立
H3b：自我表现←渺小感	−0.076	0.077	−0.996	不成立
H3c：自我表现←愉悦感	0.430***	0.110	4.608	成立
H3d：自我表现←虔敬感	0.138	0.084	1.547	不成立

续表

假设	标准化路径系数 β	标准误 S.E.	T 值	结果
H4a：旅游体验质量←震撼感	0.187**	0.085	2.160	成立
H4b：旅游体验质量←渺小感	-0.064	0.062	-0.993	不成立
H4c：旅游体验质量←愉悦感	0.201**	0.103	2.184	成立
H4d：旅游体验质量←虔敬感	0.031	0.075	0.379	不成立
H5a：旅游体验质量←吸引力	0.203**	0.081	2.330	成立
H5b：旅游体验质量←生活中心性	0.184**	0.086	2.049	成立
H5c：旅游体验质量←自我表现	0.212**	0.073	2.753	成立

（三）中介效应检验

运用 MOAS 软件中的 Bias-corrected Percentile Bootstrap 方法进行中介效应检验，如表 8-3-4 所示，发现吸引力、生活中心性和自我表现在震撼感与愉悦感影响旅游体验质量的路径中起中介作用，6 条路径 95% 置信区间分别为（0.008，0.160）、（0.011，0.158）、（0.016，0.175）、（0.009，0.177）、（0.003，0.116）、（0.027，0.189），吸引力和生活中心性在虔敬感对旅游体验质量的作用路径中起中介作用，2 条路径 95% 置信区间分别为（0.005，0.133）、（0.012，0.154），即 A1：震撼感→吸引力→旅游体验质量、A2：震撼感→生活中心性→旅游体验质量、A3：震撼感→自我表现→旅游体验质量、C1：愉悦感→吸引力→旅游体验质量、C2：愉悦感→生活中心性→旅游体验质量、C3：愉悦感→自我表现→旅游体验质量、D1：虔敬感→吸引力→旅游体验质量、D2：虔敬感→生活中心性→旅游体验质量。这 8 条路径的 95% 置信区间均不包含 0，中介效应显著。

表 8-3-4　中介效应检验

路径	效应值	标准误	Bias-corrected 95%*CI*
A1：震撼感→吸引力→旅游体验质量	0.064	0.037	0.008
A2：震撼感→生活中心性→旅游体验质量	0.071	0.037	0.011
A3：震撼感→自我表现→旅游体验质量	0.072	0.039	0.016
B1：渺小感→吸引力→旅游体验质量	-0.007	0.018	-0.053
B2：渺小感→生活中心性→旅游体验质量	-0.011	0.019	-0.065

续表

路径	效应值	标准误	Bias-corrected 95%*CI*
B3：渺小感→自我表现→旅游体验质量	−0.016	0.020	−0.071
C1：愉悦感→吸引力→旅游体验质量	0.081	0.042	0.009
C2：愉悦感→生活中心性→旅游体验质量	0.041	0.027	0.003
C3：愉悦感→自我表现→旅游体验质量	0.091	0.040	0.027
D1：虔敬感→吸引力→旅游体验质量	0.049	0.031	0.005
D2：虔敬感→生活中心性→旅游体验质量	0.063	0.035	0.012

本章小结

本章通过构建结构方程模型，以情绪认知理论为基础，以旅游涉入为中介变量，考察游客敬畏情绪对旅游体验质量的影响效应，并以千山风景区为例进行实证研究。结果表明：

首先，敬畏情绪是进一步推动游客旅游涉入的重要情绪成分。游客敬畏情绪的震撼感对旅游涉入的吸引力、生活中心性和自我表现具有显著正向影响，其中震撼感对生活中心性的影响作用最大，次之是对自我表现的影响，对吸引力的影响最小；而在游客敬畏情绪的愉悦感对旅游涉入的吸引力、生活中心性和自我表现的影响中，愉悦感对自我表现的影响最大，次之是对吸引力的影响，对生活中习性的影响最小；在游客敬畏情绪的虔敬感对旅游涉入的吸引力和生活中心性的影响中，对生活中心性的影响最大，次之是对吸引力的影响。可见，增强游客的震撼感、愉悦感和虔敬感感知可以吸引更多的游客，是进一步推动游客旅游涉入的重要情绪成分。从整体上来看，震撼感和愉悦感对旅游涉入的影响较大，因此重视游客旅游过程中震撼感和愉悦感的激发，是从游客敬畏情绪的角度增强游客旅游涉入的重要途径之一。

其次，敬畏情绪对旅游体验质量具有直接影响效应，但内部各维度影响作用不同。具体地说，敬畏情绪中震撼感和愉悦感两个维度对旅游体验质量具有显著正向影响，这从理论层面验证了游客的主观积极情绪对旅游体验质量确实存在一定的影响，关注游客的敬畏情绪是提升游客旅游体验质量的重要内容之一。但渺小感、虔敬感两个维度对旅游体验质量的影响却并不显著，究其原因，可能是渺小感与虔敬感对游客的内心与行为存在一定的约束作用。研究表明，敬畏情绪可以使个体减少自我关注，[1] 处于敬畏情绪体验下的个体产生的渺小感或虔敬感更容

[1] Shiota M N，Keltner D，Mossman A.The nature of awe：elicitors，appraisals，and effects on self-concept [J].Cognition & emotion，2007（5）.

易影响游客的旅游体验。这些游客可能会减少旅游中表现自己的动机，更偏向于关注其他个体的行为，甚至会减少生活中满足自身需求的动机，从而影响自身的旅游体验质量。

最后，旅游涉入在敬畏情绪与旅游体验质量之间起到部分中介作用。龙江智、阿尔图内尔（Altunel）和厄克特（Erkut）等人探究过旅游涉入与旅游体验质量之间的关系，[1] 本书进一步证实了旅游涉入对旅游体验质量的显著正向影响关系，并验证了旅游涉入的细分维度，即吸引力、生活中心性和自我表现三个维度对旅游体验质量的具体影响效应，其中自我表现对旅游体验质量的影响最大，β=0.212，其次是吸引力对旅游体验质量的影响，生活中心性对旅游体验质量的影响最小。可见，从吸引力、生活中心性和自我表现三个方面增强游客的旅游涉入对提高游客的旅游体验质量具有重要作用，并且应该着重重视游客在旅游景区的自我表现的实现，以此提高游客的旅游涉入，提高旅游体验质量。

本章的管理启示在于，借助多样化的体验模式，激发游客震撼感、愉悦感以及虔敬感的生成，提高游客内心的吸引力、生活中心性和自我表现，使游客走进旅游景区浏览、参与休闲活动，这是旅游景区需要把握的重要机会。因此，合理规划旅游景区，满足游客对个性化旅游产品的需求、激发游客感知上的浩大体验、创造愉悦的旅游环境是游客产生积极情绪的重要渠道；同时要丰富旅游目的地的消费内容、丰富旅游系列产品、增加体验互动旅游项目，延长游客停留时间，提高游客的旅游体验质量。

本章的局限在于，在量化研究阶段，针对整个游客群体开发的游客敬畏情绪测量量表虽然经过了数据检验，但是相比于众多的游客，收集的数据有限并且是横截面数据；而在假设检验部分选取千山风景区作为研究案例地，被调研者多为辽宁省内人群，调研范围有限。因此，在未来研究中需首先扩大样本容量并选取

[1] 龙江智，段浩然，何洋．古镇情境下旅游涉入、地方依恋对游客满意度的影响研究——以体验质量为中介 [J]. 旅游导刊，2020（4）；
段浩然，何洋．古镇情境下旅游涉入、地方依恋对游客满意度的影响研究——以体验质量为中介 [J]. 旅游导刊，2020（4）；
Altunel M C A，Erkurt B B.Cultural tourism in Istanbul：The mediation effect of tourist experience and satisfaction on the relationship between involvement and recommendation intention [J].Journal of Destination Marketing & Management，2015（4）.

不同类型的旅游目的地来纵向追踪收集数据，从而验证游客敬畏情绪对旅游体验质量的影响结论的适用性，选取不同类型的旅游目的地，通过质性研究更深入地探究游客敬畏情绪的内涵。未来还可以加入调节变量，对比不同变量发挥的作用间的差异，深化游客敬畏情绪与旅游体验质量的研究内容。

第九章　游客敬畏情绪对国家认同的影响

当前我国正处于近代以来最好的发展时期，世界处于百年未有之大变局，两者同步交织、相互激荡。在全球化的冲击下，国家认同理念正经历着挑战[1]，世界各国正进行着深入的交流与互动，人们在接收大量不同的信息、知识和价值观时会不可避免地发生冲突与碰撞，因此国家认同教育非常必要。作为旅游社会文化效益的重要体现，旅游产业与革命传统教育相融合，对增强人民文化自信，强化国家认同发挥着重要作用。[2]

纪念性旅游场景的环境氛围具有教育、认知等功能，可以更好地开展教育活动。纪念性旅游场景的形式较为丰富，战场旅游、战争旅游、遗产旅游、监狱旅游、灾害旅游等均属于纪念性旅游场景，[3] 场景的文化景观通过讲述历史人物或事件以实现游客对社会、文化等的认知，会使游客引发震撼、敬畏、感动等积极情感，产生满意的、愉悦的旅游体验。[4] 游客在纪念性旅游场景进行实地缅怀后，还可以净化心灵并引发反思，能够增强文化认同感、民族归属感，激发民族意识与爱国情怀，[5] 在纪念性旅游场景所产生的旅游体验还是一种高级的情感体验。游

[1] 徐翠蓉，赵玉宗．文旅融合：建构旅游者国家认同的新路径 [J].2020（11）.

[2] 金鹏．红色旅游情境下敬畏情绪对游客国家认同的影响研究 [D]. 成都：四川师范大学，2018.

[3] Bareon A，Brown A.Show me the prison！ The development of prison tourism in the UK [J]. Crime，Media，Culture：An International Journal，2015（3）.

[4] 郑春晖，张捷，钱莉莉，等．黑色旅游者行为意向差异研究——以侵华日军南京大屠杀遇难同胞纪念馆为例 [J]. 资源科，2016（9）；
谢彦君，孙佼佼，卫银栋．论黑色旅游的愉悦性：一种体验视角下的死亡观照 [J]. 旅游学，2015（3）.

[5] Strange C，Kempa M.Shades of dark tourism：Alcatraz and Robben Island [J].Annals of Tourism Research，2003（2）；
Stone P R.Dark tourism and significant other death：Towards a model of mortality mediation [J]. Annals of Tourism Research，2012（3）；
Tinson J S，Saren M A J，Roth B E.Exploring the role of dark tourism in the creation of national identity of young Americans [J].Journal of Marketing Management，2015（7–8）.

客面对历史事件时记忆会被唤起，在产生对生命价值的感悟和责任意识的思考的同时，能够给游客带来生命敬畏感和意义感的追思，增强敬畏意识，从而使游客产生敬畏情绪共鸣。

敬畏是一种混合了困惑、钦佩、惊奇、服从等诸多感觉的复杂情绪，容易在旅游体验过程中产生。[1] 敬畏情绪对多种亲社会行为具有驱动作用，并且这种亲社会行为对旅游目的地的可持续发展具有深刻的现实意义。[2] 国家认同是一种亲社会行为，游客对国家较强的认同感、国家的归属感与正面评价、民族自豪感、爱国主义情感、认同行为、愿意为国家发展贡献力量等都是国家认同的体现。[3] 在纪念性旅游场景中的游客敬畏情绪被激发可以使其产生国家认同行为，这不仅有助于实现旅游育人，还有助于民族团结、社会稳定，增强中华民族的凝聚力和向心力，有助于从容应对全球化引发的国家认同危机。

敬畏情绪包含了渺小感、超越感和连接感三种元素，[4] 其中敬畏情绪的渺小感可以减少自我意识把自身的注意力转移到外界，从而降低对自身利益的关注。这种在面对比自己宏大物体并对自身利益关注和自身存在减弱的状态称为“小我”，“小我”可以促使个体的自我提升，使自己与社会的联系更密切。国外学者皮夫（Piff）研究发现“小我”可作为中介变量，敬畏情绪对亲社会行为的影响可由“小我”来解释，[5] 有力地介导了敬畏对亲社会行为的影响，[6] “小我”对人们的集体认知和行为具有影响，可促进人们积极融入社会群体。[7] 据此推测“小我”可能会

---

[1] 祁潇潇，赵亮，胡迎春 . 敬畏情绪对旅游者实施环境责任行为的影响——以地方依恋为中介 [J]. 旅游学刊，2018（11）.

[2] 牛璟祺，刘静艳 . 具身感知情境下的游客环境责任行为意向——敬畏感与预期自觉情绪的唤起 [J]. 旅游学刊，2022（5）.

[3] 李波 . 基于国家认同的根祖文化空间感知研究——以黄帝陵为例 [D]. 西安：西安外国语大学，2019.

[4] Bonner E T，Friedman H L.A Conceptual Clarification of the Experience of Awe：AnInterpretative Phenomenological Analysis [J].Humanistic Psychologist，2011（3）.

[5] Piff P K，Dietze P.Awe，the small self，and prosocial behavior [J].Journal of Personality and Social Psychology，2015（6）.

[6] Perlin J D，Li L.Why Does Awe Have Prosocial Effects ？ New Perspectives on Awe and the Small Self [J].Perspectives on Psychological Science，2020（2）.

[7] Bai Y，Maruskin L A，Chen S，et al.Awe，the diminished self，and collectiveengagement：Universals and cultural variations in the small self [J].Journal of Personality and Social Psychology，2017（2）.

影响游客的国家认同行为，但现有研究中尚未有学者对“小我”与国家认同的关系展开研究。此外，对纪念性旅游场景中敬畏情绪的唤起因素探讨还存在着一定的研究空白，根据敬畏原型理论敬畏情绪的诱发，[1] 以及国内敬畏情绪诱发情境与维度构成研究，[2] 关于敬畏情绪是通过何种具体纪念性旅游场景的诱发还有待进一步探索。

根据已有的研究成果与研究空白，对纪念性旅游场景中敬畏情绪诱发因素、“小我”、国家认同之间的关系进行探索，基于情绪评价理论和已有研究的概念关系间的相互作用推测“小我”在纪念性旅游场景中敬畏情绪诱发因素与国家认同关系间具有中介作用。综合上述思考，本书将构建纪念性旅游场景中敬畏情绪对国家认同影响作用模型，以“九·一八”历史博物馆为案例地展开实证研究，揭示在具体纪念性旅游场景中诱发的敬畏情绪对国家认同具体维度的影响，以此补充游客敬畏情绪作用机制的学术研究，并且探索性地为国家认同影响研究拓宽新的视角，深化游客国家认同行为驱动机制的探讨。

第一节　文献回顾

一、“小我”

敬畏是一种自我超越的情绪，它包含了连接感、渺小感和超越感三个典型的元素，处在敬畏情绪中的个体会把自我纳入更大的环境中，把自己看作是更大的事物或团体中的一部分，从而使个体感到渺小和谦卑，[3] 但是这种渺小感和谦卑感不会降低个体的自尊水平和对自身社会地位的感知，[4] 因此敬畏能够导致个体的自

---

[1] Keltner D，Haidt J.Approaching awe，a moral，spiritual，and aesthetic emotion [J].Cognition And Emotion，2003（2）.

[2] 李卓，赵亮．游客敬畏情绪诱发情境与维度构成 [J]. 中国冶金教育，2021（6）.

[3] 董蕊．大学生敬畏情绪与主观幸福感研究 [J]. 教育教学研究，2016（5）；
耿爽．敬畏情绪对亲环境行为的影响及机制 [D]. 杭州：浙江大学，2019.

[4] Bai Y，Maruskin L A，Chen S，et al.Awe，the diminished self，and collective engagement：Universals and cultural variations in the small self. [J].Journal of Personality and Social Psychology，2017（2）.

我缩小。凯尔特纳和海特在敬畏与自我的研究中，引入了“小我”的概念，认为“小我”是指减少自我意识、降低自我觉察的能力和减少自我相关目标的重视程度，这种转变对个体的合作与团结具有积极意义。[1]随后希奥塔等学者认同了“小我”这一概念，在研究中证明了敬畏情绪会导致自我关注降低的假设，认为敬畏情绪的体验强调自我对外界的巨大的感知，并不强调专注自我和提高自我。[2]“小我”具有中介作用，皮夫等研究发现敬畏对亲社会行为的影响可由“小我”来解释。[3]

Piff 等对“小我”的测量与量表的开发进行了系统的探索，认为“小我”可划分为“环境浩大感”和“自我降低感”两个维度，即在浩大的环境中感知到自身的渺小和对自我的消减，是“小我”概念的一种诠释。[4]希奥塔编制了自我渺小感量表，测验发现在自然环境下产生敬畏的参与者更能感到自我的渺小，觉得存在比自己更伟大的东西。[5]白（Bai）等根据希奥塔自我渺小感量表的两个题项和开发的三个感知自我大小的图像测量题项，编制了自我感知大小量表。[6]目前国内外对敬畏下“小我”的测量较少，国内学者对“小我”的测量是基于国外已有的量表对其进行本土化的修订。常见的“小我”Likert 量表问项如“我觉得存在比我自己更巨大的东西”“我觉得自己是某个更大实体的一部分”“我觉得自己是渺小的或微不足道的”“在大框架下，我自己的问题和担忧并不重要”“相对于比自己更强大的东西，我感到很渺小”等是对皮夫等学者的“小我”测量题项的中国化修订。本书也将采用皮夫等的“小我”二维度划分方式，并将其“小我”量表根据本书研究情境进行修订。

---

❶ Keltner D，Haidt J.Approaching awe，a moral，spiritual，and aesthetic emotion [J].Cognition And Emotion，2003（2）.

❷ Shiota M N，Keltner D，Mossman A.The nature of awe：elicitors，appraisals，and effects on self-concept [J].Cognition & emotion，2007（5）.

❸ Piff P K，Dietze P.Awe，the small self，and prosocial behavior [J].Journal of Personality and Social Psychology，2015（6）.

❹ Piff P K，Dietze P.Awe，the small self，and prosocial behavior [J].Journal of Personality and Social Psychology，2015（6）.

❺ Shiota M N，Keltner D，Mossman A.The nature of awe：elicitors，appraisals，and effects on self-concept [J].Cognition & emotion，2007（5）.

❻ Bai Y，Maruskin L A，Chen S，et al.Awe，the diminished self，and collectiveengagement：Universals and cultural variations in the small self. [J].Journal of Personality and Social Psychology，2017（2）.

二、国家认同

学者对国家认同的概念界定具有一定的共识性，认为国家认同就是对国家的忠诚，是对国家的情感归属状态。[1]近些年我国学者对国家认同的研究更多的是关注国家认同教育方面，[2]但也不乏对国家认同影响因素的探索，因其内涵丰富所以影响因素也包含了多个维度。从社会维度来看，个人的年龄、经济因素、文化因素、社会结构因素、爱国主义教育与舆论宣传会影响人们的国家认同感。[3]从心理维度来看，人们的认知体验、情感体验、政党认同、民族认同、红色情感、敬畏情绪等都会影响国家认同。

对于国家认同的测量方面直接可用量表并不多，更多的是关于政党认同、社会认同等相关研究的测量。也有少部分学者对国家认同进行测量认为国家认同可分为先赋性维度和自愿选择性维度两个维度，[4]有的学者认为可分为国家身份认同、民族国家身份、民族自豪感和国家归属感四个维度，[5]还有的学者认为可分为国家认知、国家情感、认同行为、承诺四个维度。[6]在旅游学领域关于国家认同的研究主要集中在文化遗产、旅游景观、博物馆、旧址等方面。[7]在红色旅游情境下国家认同被分为文化依恋和功能依恋两个维度。[8]

---

[1] 李波．基于国家认同的根祖文化空间感知研究——以黄帝陵为例 [D]. 西安：西安外国语大学，2019；
李艳霞，曹娅．国家认同的内涵、测量与来源：一个文献综述 [J]. 教育与研究，2016（12）.

[2] 薛博文．我国国家认同研究现状及其热点演进分析 [J]. 教育理论与实践，2021（4）.

[3] 李春玲，刘森林．国家认同的影响因素及其代际特征差异——基于 2013 年中国社会状况调查数据 [J]. 中国社会科学，2018（4）.

[4] Jones F L，Smith P.Diversity and Commonality in National Identities：An ExploratoryAnalysis of Cross−national Patterns [J].Journal of Sociology，2001（1）.

[5] Pollmann A.National attachment among Berlin and London head teachers：the explanatoryimpact of national identity，national pride and supranational attachment [J].Educational Studies，2008（1）.

[6] 李波．基于国家认同的根祖文化空间感知研究——以黄帝陵为例 [D]. 西安：西安外国语大学，2019.

[7] Viol M，Todd L，Theodoraki E，et al.The role of iconic−historic commemorative events in event tourism：Insights from the 20th and 25th anniversaries of the fall of the Berlin Wall [J]. Tourism Management，2018（69）.

[8] 金鹏．红色旅游情境下敬畏情绪对游客国家认同的影响研究 [D]. 成都：四川师范大学，2018；
王庆生，明蕊．长征国家文化公园建设及其国家认同研究：基于文旅融合视角 [J]. 中国软科学，2021（Z1）.

本书的国家认同是指公民对自己国家的历史、文化、国家主权等的认同，是公民在认知、情感和行为上对国家的认同。根据旅游学领域已有的关于国家认同的研究，敬畏情绪可以引发游客国家认同感，因此本书将继续在旅游学科下对国家认同进行探索，发掘在纪念性旅游场景中敬畏情绪诱发因素对游客国家认同的影响。

第二节　纪念性旅游场景中敬畏情绪诱发源的维度结构分析

一、数据来源

本书对网络文本与访谈资料借助 Nvivo 11.0 进行扎根，游记选取游客参观的纪念性旅游场景，包括战场旅游地、战争遗址、监狱遗址、陵墓遗址、自然灾害旅游地和纪念性博物馆等，根据如下标准对网络游记进行选取：①游记的作者为涵盖了不同性别、年龄的群体，且游记必须保持客观性；②游记选取要在众所周知的、点击率较高的、文章记录完整详尽的网络平台，本书在马蜂窝旅游、途牛旅游和携程旅行三大网络平台进行文本选取；③选取在 2015 年 1 月至 2022 年 1 月 7 年间的网络游记。通过查阅与筛选最终确定了 28 篇游记文本。根据游记选取的网络平台不同，按照马蜂窝、途牛、携程三大网站的拼音首字母将选取的游记分别命名为 M1、M2、T1、T2、X1、X2 等，随机选出 6 篇游记作为理论饱和度检验，命名为 S1、S2、S3 等。

访谈材料由到访过纪念性旅游场景并产生敬畏情绪的游客提供。访谈的时间为 2021 年 12 月至 2022 年 2 月，每人 30 分钟左右，访谈人数直到访谈的内容不再出现新概念为止，最终访谈人数为 10 人。根据已有的关于敬畏情绪诱发源文献，围绕①您在纪念性旅游场景中是否产生了敬畏情绪？②纪念性旅游场景中有哪些旅游资源使你产生了敬畏情绪？③您在纪念性旅游场景中产生敬畏情绪时您都想到些什么？设计访谈提纲，将访谈文本命名为 P1、P2、P3 等。

二、开放性编码

开放性编码是一个对文本资料进行分解、分析并从中提取出概念与范畴的过程。本书严格按照贴近原始文本资料的原则，经过多次的编码与反复的修正最终提取了 98 个基本概念，然后将这些概念通过归类、提取和抽象化发现它们之间的关系最终形成了 19 个初始范畴。这 19 个初始范畴分别为：人物遭遇、烈士爱国精神、故事记载、数据记载、口述历史记录、场景再现、建筑颜色、留念性建筑、纪念馆、历史性建筑、战争发生地遗址、抗战武器、陵墓遗址、监狱遗址、遗物、地震遗址遗迹、火山遗址遗迹、火灾遗址遗迹、飓风遗址遗迹。开放性编码举例如表 9-2-1 所示。

表 9-2-1 开放性编码示例

范畴化	概念化	语句（节选）
人物遭遇诱发敬畏	幸存者令人尊敬	M11：除了馆中展出的慰安妇幸存者们，我相信还有更多匿名的幸存者怕别人揭穿她的往事。我们应该尊重她们，尊重她们的意愿，她们受的苦够多了，但是作为一个后辈该轮到我们为她们争取一个交代了
故事记载诱发敬畏	文字描述让人肃然起敬	M16：进园区后看到第一个雕塑也是最高的一个，看到雕塑下面的文字，瞬间汗毛就立起来了，肃然起敬
场景再现诱发敬畏	影像、场景令人震撼	X5：在纪念馆中看过这些惨烈的影像之后巨大的震惊、愤怒、悲痛让人很难呼吸，无法用语言描述。痛定思痛，我们要铭记历史，缅怀尊敬逝者
留念性建筑诱发敬畏	残历碑令人敬畏	P3：“九·一八”事变纪念碑上面布满弹痕与骷髅，很高很宽很厚，像立体台历，两边对称，上面刻着“1931 年 9 月 18 日”，右边记录事变发生过程，有种肃然起敬的感觉
抗战武器诱发敬畏	武器装备令人震撼	P7：看到馆内一些烈士的抗日武器和侵华日军的匕首、军斧、烟雾弹等遗留下来的武器装备，既震惊又感到害怕，非常敬佩烈士们那种奋起抵抗的精神

续表

范畴化	概念化	语句（节选）
监狱遗址诱发敬畏	监狱令人震撼	M1：进入监狱，监狱的每块砖都砌得工整无缝，把里面的沉重气息和外面的阳光完全隔断，简直蚊子都飞不进去，震惊又畏惧
地震遗址遗迹诱发敬畏	汶川地震废墟使人产生渺小感	M9：这堆钢筋水泥的小山包，原来是高中部男女生宿舍楼。我不清楚原来是几层的宿舍楼，但地震后就变成了这样。我看得很揪心，心想如果当时这里面有学生、老师、教职员工，能有一个人活吗，人在自然面前还是渺小啊

三、主轴编码

主轴编码是对开放性编码中相互独立的初始范畴进一步归类。将开放性编码中的 98 个基本概念和 19 个初始范畴带回资料现场并进行持续性分析和深度比较，最终根据逻辑关系整合出更高抽象层次的范畴。通过分析将 19 个初始范畴总结出 5 大主范畴，分别为：人物经历、历史事迹记载、象征性建筑、人文遗址遗存、自然灾难遗址遗迹。主轴编码结果如表 9–2–2 所示。

表 9–2–2　主轴编码形成的主范畴

主轴编码	开放性编码	包含概念示例
人物经历	人物遭遇	幸存者、遇难者、示威者、烈士
	烈士爱国精神	抗日爱国精神、不怕牺牲、奉献生命、不畏强暴、英雄气概、宁死不屈、爱国情怀、永不屈服精神
历史事迹记载	故事记载	文字描述、感人的故事、文字解释、展板记录
	数据记载	遇难者人数、数据显示、数字、数据记录
	口述历史记录	口述证词、口述影像、口述记录、人物诉说
	场景再现	影像、场景、道具、设身处地、触景生情、情节、场面
象征性建筑	建筑颜色	背景颜色、颜色深沉、颜色的视觉冲击、光线
	留念性建筑	残历碑、塑像、雕像、纪念碑
	纪念馆	侵华日军南京大屠杀遇难同胞纪念馆、侵华日军第 731 部队罪证陈列馆、博物馆

续表

主轴编码	开放性编码	包含概念示例
人文遗址遗存	历史性建筑	西墙、集中营大铁门
	战争发生地遗址	长平古战场、抗日战场
	抗战武器	武器装备、兵器、压制性武器
	陵墓遗址	秦始皇陵、陵园、墓地、坟地
	监狱遗址	旅顺日俄监狱、渣滓洞、青岛德国监狱旧址
	遗物	消防头盔、手稿、证书、照片、简历、军用毛毯、手表、抚恤令
自然灾难遗址遗迹	地震遗址遗迹	汶川地震遗址、北川地震遗址、唐山地震遗址
	火山遗址遗迹	庞贝古城火山遗址、火山遗址
	火灾遗址遗迹	阿尔山火灾遗址、火灾遗址
	飓风遗址遗迹	卡特里娜飓风遗址、飓风旅游地

四、选择性编码

选择性编码是对主轴编码提取出的主范畴通过一定的逻辑关系进行串联并进一步地提炼、整合，找出核心范畴。本书对初始范畴和主范畴与纪念性旅游场景中敬畏情绪的诱发关系进行分析，建立它们之间的联结关系。首先确定“纪念性旅游场景中敬畏情绪诱发源”为核心范畴，然后确定与核心范畴有联结关系的其他范畴，通过分析在纪念性旅游场景中影响敬畏情绪产生因素为人物经历、历史事迹记载、象征性建筑、人文遗址遗存、自然灾难遗址遗迹五个因素。在纪念性旅游场景中人物经历、历史事迹记载是通过游客对其进行深层认知加工而产生了敬畏情绪。而象征性建筑、人文遗址遗存、自然灾难遗址遗迹则是游客通过视觉、听觉等其他感官直观地感知从而诱发了敬畏情绪，这与敬畏原型理论中敬畏的诱发因素不谋而合。因此纪念性旅游场景中敬畏情绪诱发因素关系结构模型如图 9-2-1 所示。

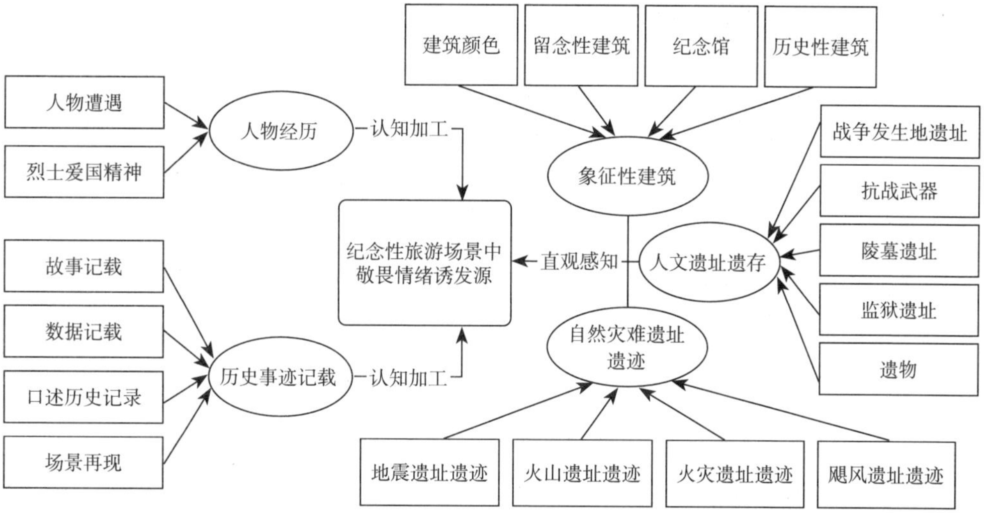

图 9-2-1　纪念性旅游场景中敬畏情绪诱发源模型

五、理论饱和度检验

扎根理论下的理论饱和度检验是对新收集的数据进行编码时再无出现新的概念和范畴，以此来证明范畴的完整性。本章通过对随机抽取的 6 篇文本资料进行理论饱和度检验，按照上文同一流程进行编码分析没有发现新的概念与范畴，证明本章范畴发掘足够丰富，在理论上已经达到饱和。

六、纪念性旅游场景中敬畏情绪诱发量表开发与检测

由扎根理论分析得出，纪念性旅游场景中敬畏情绪诱发因素有 5 个，分别为人物经历、历史事迹记载、象征性建筑、人文遗址遗存、自然灾难遗址遗迹。关于敬畏情绪的测量，目前最常用的是特质性积极情绪量表中的敬畏情绪分量表，国内关于敬畏情绪实证研究较少，可借鉴的中国化敬畏情绪量表屈指可数，周凌霄等对敬畏体验量表进行中文修订，量表包含了宏伟、联结感、身体感觉、顺应需要、小我和时间知觉变化六个维度。[1] 在旅游情境下，田野等使用语义差异量

[1] 周凌霄，李姗殷，彭凯平，等.敬畏体验量表的中文版修订 [J]. 中国临床心理学杂志，2022(5).

表形式提炼游客能够产生敬畏体验的形容词，[1] 祁潇潇构建了我国宗教山岳型景区游客敬畏情绪量表。[2] 本书第五章研究中将敬畏情绪分为四个维度，分别为震撼感、渺小感、愉悦感、虔敬感，第七章开发了中国游客敬畏情绪量表，本章根据前文扎根理论得出的纪念性旅游场景中敬畏情绪诱发因素，结合第七章的游客敬畏情绪量表，编制纪念性旅游场景中游客敬畏情绪的诱发量表。具体来说，将扎根理论得出的主范畴对应的初始范畴内容以及网络文本和访谈的资料，结合第五章中敬畏情绪的四个维度编制测量题项，通过与旅游专业老师、相关专家的探讨形成包含 16 个测量题项的量表并以此为基础编制调查问卷。问卷采用 Likert 5 点量表形式，由被调查者的性别、年龄、职业、月收入、学历和纪念性旅游场景中敬畏情绪的诱发量表组成。

通过线上发放问卷的形式进行问卷前测，一共收集到 200 份问卷，通过仔细核查，对全部选择相同选项的问卷进行剔除，剔除后共有 182 份有效问卷，有效率为 91%。运用 CITC 值和 Cronbach's α 系数两个统计指标对初始量表题项进行纯化，删除 CITC 系数小于 0.4 的测量题项，Cronbach's α 系数最好在 0.7 以上信度才基本符合要求。基于以上的要求本书运用 SPSS 26.0 软件对问卷数据的内部一致性进行检验。通过检验发现量表的 Cronbach's α 系数均大于 0.9，说明信度非常好，CITC 系数均大于 0.4，不需要删除题项，因此量表不做修改，量表信度如表 9-2-3 所示。

表 9-2-3　项目总计统计

题项	删除项后的标度平均值	删除项后的标度方差	修正后的项与总计相关性	删除项后的克隆巴赫
1. 在纪念性旅游场景中了解到幸存者或遇难者的悲惨遭遇使我更加地尊敬、尊重他们	63.16	54.897	0.470	0.928

[1] 田野，卢东，Samart Powpaka. 游客的敬畏与忠诚：基于情绪评价理论的解释 [J]. 旅游学刊，2015（10）.

[2] 祁潇潇，赵亮，胡迎春. 敬畏情绪对旅游者实施环境责任行为的影响——以地方依恋为中介 [J]. 旅游学刊，2018（11）.

续表

题项	删除项后的标度平均值	删除项后的标度方差	修正后的项与总计相关性	删除项后的克隆巴赫
2. 在纪念性旅游场景中体会到烈士的爱国精神使我产生了尊重、崇敬的感觉	63.14	55.405	0.425	0.929
3. 纪念性旅游场景对人、事、物的悲惨（感人）的故事记载使我对他们的经历充满了敬意，更加尊敬、尊重他们	63.42	53.030	0.615	0.925
4. 到陵墓遗址旅游（如秦始皇陵、墓地、坟地等）使我对逝去的生命产生了尊敬之情	63.53	51.820	0.649	0.924
5. 到纪念性旅游场景看到遇难者遗物使我感觉每一个生命都值得尊重	63.43	52.821	0.605	0.925
6. 纪念性旅游场景对悲惨事件的场景再现使我感到在巨大灾难面前生命是脆弱的，认识到自己的渺小	63.33	52.691	0.626	0.925
7. 纪念性旅游场景对当事人（或见证人）对灾难发生时悲惨情况的口述记录使我感到灾难面前生命的脆弱，自身的渺小	63.33	52.819	0.646	0.924
8. 到自然灾难遗址遗迹（如地震、火山、火灾、飓风遗址遗迹等）旅游地旅游使我感到在自然灾难面前人是渺小的	63.35	52.428	0.593	0.926
9. 纪念性旅游场景对灾难（战争）造成伤亡人数的数据记载使我感到生命的脆弱，自身的渺小	63.37	51.749	0.696	0.923
10. 纪念性旅游场景的历史性建筑使我感到震撼	63.45	51.375	0.733	0.922
11. 到战争发生地遗址（如抗日战场等）使我感到震撼	63.42	51.803	0.704	0.923
12. 到纪念性旅游场景中看到抗战武器（如兵器、武器装备等）使我感到震撼	63.46	51.775	0.700	0.923
13. 纪念性旅游场景中的建筑颜色（如青灰色的墙体、馆内漆黑的背景等）使我感到震撼	63.49	50.229	0.713	0.922
14. 到监狱遗址旅游（如旅顺日俄监狱、重庆渣滓洞等）使我感到震撼	63.47	52.405	0.635	0.925
15. 到纪念馆（如侵华日军南京大屠杀遇难同胞纪念馆、侵华日军第 731 部队罪证陈列馆、“九・一八”历史博物馆等）参观使我感到震撼	63.45	50.580	0.722	0.922
16. 纪念性旅游场景中留念性建筑（如纪念碑、雕像、塑像等）使我感到震撼	63.46	50.758	0.741	0.922

为了确定数据是否适合做因子分析，采用 KMO 和 Bartlett 系数进行结构效度检验。当 KMO>0.9 表示非常适合做因子分析，KMO>0.8 表示适合做因子分析，KMO>0.7 表示一般适合做因子分析。本书中 KMO 值为 0.882，大于 0.8 表明适合做因子分析。Bartlett 球形检验的显著性值为 0.000 小于显著性水平 0.05，存在明显差异。综上所述，本书纪念性旅游场景中敬畏情绪的诱发量表适合做因子分析。效度检验结果如表 9-2-4 所示。

表 9-2-4 KMO 和 Bartlett 效度检验

KMO 和巴特利特检验	
KMO 取样适切性量数	0.882
巴特利特球形度检验	近似卡方 2123.325
	自由度 20
	显著性 0.000

第三节 研究假设与模型

一、纪念性旅游场景中敬畏情绪诱发因素对“小我”的影响

国外一些学者认为敬畏情绪会导致自我关注度降低，减少自我意识、降低自我觉察的能力和减少自我相关目标的重视程度。[1]敬畏使个体感到自己是更广阔、浩瀚事物中的一部分，心理认知到自身的渺小。[2]敬畏的心理作用可以削弱自我意识，使自身产生渺小感，[3]游客在自然景观和宗教景观产生敬畏情绪后也会感知到自身的渺小，[4]因此敬畏情绪对“小我”具有影响，基于此提出假设：纪念性旅

[1] Keltner D，Haidt J.Approaching awe，a moral，spiritual，and aesthetic emotion [J].Cognition And Emotion》2003（2）；

Shiota M N，Keltner D，Mossman A.The nature of awe：elicitors，appraisals，and effects on self-concept [J].Cognition & emotion，2007（5）.

[2] 金鹏．红色旅游情境下敬畏情绪对游客国家认同的影响研究 [D]. 成都：四川师范大学，2018.

[3] 董蕊，彭凯平，喻丰．积极情绪之敬畏 [J]. 心理科学进展，2013（11）.

[4] 祁潇潇，赵亮，胡迎春．敬畏情绪对旅游者实施环境责任行为的影响——以地方依恋为中介 [J]. 旅游学刊，2018（11）；

李卓，赵亮．游客敬畏情绪诱发情境与维度构成 [J]. 中国冶金教育，2021（6）.

游场景中敬畏情绪诱发因素能够影响“小我”。在心理学研究中学者们经常按照皮夫将“小我”划分为“环境浩大感”和“自我降低感”两个维度，“环境浩大感”即在浩大的环境中感知到自身的渺小，“自我降低感”是个体对自我的消减，两维度是“小我”概念的一种诠释。[1]

本书也采用这种方式，以“环境浩大感”和“自我降低感”来全面概括“小我”，实现概念的可操作化。根据敬畏原型理论，通过扎根理论分析得出纪念性旅游场景中敬畏情绪的诱发因素为象征性建筑、人物经历、人文遗址遗存、历史事迹记载、自然灾难遗址遗迹五个方面，由于本书的数据收集地为沈阳“九·一八”历史博物馆，根据其具体特征，“九·一八”历史博物馆不属于自然灾难遗址遗迹，并且馆内缺少幸存者悲惨经历的自述资料，多是以第三者的视角对悲惨事件进行描述，为确保研究的严谨性与科学性，故本书只选取象征性建筑、人文遗址遗存、历史事迹记载三个方面分别探索与环境浩大感、自我降低感之间的关系。基于此提出如下假设：

H1a：象征性建筑诱发的敬畏情绪对游客的环境浩大感具有显著正向影响。

H1b：象征性建筑诱发的敬畏情绪对游客的自我降低感具有显著正向影响。

H2a：人文遗址遗存诱发的敬畏情绪对游客的环境浩大感具有显著正向影响。

H2b：人文遗址遗存诱发的敬畏情绪对游客的自我降低感具有显著正向影响。

H3a：历史事迹记载诱发的敬畏情绪对游客的环境浩大感具有显著正向影响。

H3b：历史事迹记载诱发的敬畏情绪对游客的自我降低感具有显著正向影响。

二、“小我”对国家认同的影响

皮夫认为敬畏对亲社会行为的影响在一定程度上可以用“小我”来解释，敬畏体验会导致更小的自我感和产生更多的亲社会行为，因此“小我”能够显著影响个体的亲社会行为。[2] 亲社会行为与当前我国社会主义核心价值观个人层面的

---

[1] Piff P K，Dietze P.Awe，the small self，and prosocial behavior [J].Journal of Personality and Social Psychology，2015（6）.

[2] Piff P K，Dietze P.Awe，the small self，and prosocial behavior [J].Journal of Personality and Social Psychology，2015（6）.

价值准则“爱国、敬业、诚信、友善”的内涵十分吻合，对促进个人和社会的和谐发展具有重要作用。金鹏就将个体对国家认同的表现看作亲社会行为，具体来说个体能够减少对自身的关注而增加对国家的政治功能和文化功能的关注。[1]基于此，本书也将国家认同视为一种亲社会行为，探讨敬畏情绪下的“小我”能否激发游客对国家的热爱之情，是否将国家认同付诸行动，是否增加了对国家的关注，以此来探索“小我”与游客国家认同之间的关系。

对国家认同的维度划分，基于上文文献综述对国家认同测量与实证研究的梳理，本书将以李波的国家认同量表为基础，结合“九・一八”历史博物馆的实际情况将国家认同划分为国家情感、认同行为和承诺三个维度。基于此提出如下假设：

H4a：游客的环境浩大感对国家情感具有显著正向影响。

H4b：游客的环境浩大感对认同行为具有显著正向影响。

H4c：游客的环境浩大感对承诺具有显著正向影响。

H5a：游客的自我降低感对国家情感具有显著正向影响。

H5b：游客的自我降低感对认同行为具有显著正向影响。

H5c：游客的自我降低感对承诺具有显著正向影响。

三、游客敬畏情绪诱发因素对国家认同的影响

在旅游学研究中对心理学的理论和方法的应用比较常见，主要体现在游客的行为、旅游体验和旅游情感等方面。最常见的从情感的性质可将情感分为积极情感和消极情感两大类，积极情绪对个体、社会具有正面效应，对个体的行为具有促进作用。[2]基于情绪评价理论，在旅游中积极情感可对游客自身、行为意图产生影响，是游客行为意愿的诱发动机。敬畏情绪作为积极情绪中的一种能够影响个体的行为，旅游中游客在旅游目的地产生的敬畏情绪可以诱发游客产生正面行为，游客产生的敬畏情绪对其实施环境责任行为具有正向影响，[3]敬畏情绪对游客

---

[1] 金鹏 . 红色旅游情境下敬畏情绪对游客国家认同的影响研究 [D]. 成都：四川师范大学，2018.

[2] 刘丹萍，金程 . 旅游中的情感研究综述 [J]. 旅游科学，2015（2）.

[3] 祁潇潇，赵亮，胡迎春 . 敬畏情绪对旅游者实施环境责任行为的影响——以地方依恋为中介 [J]. 旅游学刊，2018（11）.

负责任旅游行为具有正向影响，[1]敬畏情绪对促进游客文明旅游具有现实意义。[2]

金鹏在红色旅游情境下对敬畏情绪与国家认同的关系进行了探讨，并且将国家认同视为一种亲社会行为，游客在游览过程中能够受到红色旅游因素的刺激产生敬畏情绪，会扩大关注范围并付诸行动，产生亲社会行为，增强对国家认同的感知。[3]根据情绪评价理论和已有的研究，本书认为敬畏情绪的诱发因素对游客国家认同具有正向影响。游客在纪念性旅游场景中的游览过程中通过象征性建筑、人文遗址遗存、历史事迹记载的刺激产生了敬畏情绪，敬畏情绪会使游客扩大对事物的关注范围，增强对国家的热爱与关注，将爱国行为付诸行动。基于此提出如下假设：

H6a：象征性建筑诱发的敬畏情绪对国家情感具有显著正向影响。

H6b：象征性建筑诱发的敬畏情绪对认同行为具有显著正向影响。

H6c：象征性建筑诱发的敬畏情绪对承诺具有显著正向影响。

H7a：人文遗址遗存诱发的敬畏情绪对国家情感具有显著正向影响。

H7b：人文遗址遗存诱发的敬畏情绪对认同行为具有显著正向影响。

H7c：人文遗址遗存诱发的敬畏情绪对承诺具有显著正向影响。

H8a：历史事迹记载诱发的敬畏情绪对国家情感具有显著正向影响。

H8b：历史事迹记载诱发的敬畏情绪对认同行为具有显著正向影响。

H8c：历史事迹记载诱发的敬畏情绪对承诺具有显著正向影响。

本章基于 SOR 理论模型来探索敬畏情绪诱发因素在纪念性旅游场景中与游客国家认同之间的内在联系，即“纪念性旅游场景中敬畏情绪诱发因素—“小我”—国家认同行为”。依据上述的分析与假设，纪念性旅游场景中敬畏情绪的诱发因素对小我二维度具有显著相关关系，“小我”二维度对游客国家认同各维度具有显著相关关系，纪念性旅游场景中敬畏情绪的诱发因素对游客国家认同各

---

[1] 李慧，聂寒玉，张园园．红色旅游中敬畏情绪的唤起对游客负责任旅游行为的影响 [J]. 旅游论坛，2021（6）.

[2] 卢东，张博坚，王冲，等．产生敬畏的游客更有道德吗？——基于实验方法的探性研究 [J]. 旅游学刊，2016（12）.

[3] 金鹏．红色旅游情境下敬畏情绪对游客国家认同的影响研究 [D]. 成都：四川师范大学，2018.

维度具有显著相关关系，因此将敬畏情绪的诱发视为前因变量；“小我”视为中间变量；国家认同视为结果变量。概念模型如图 9-3-1 所示。

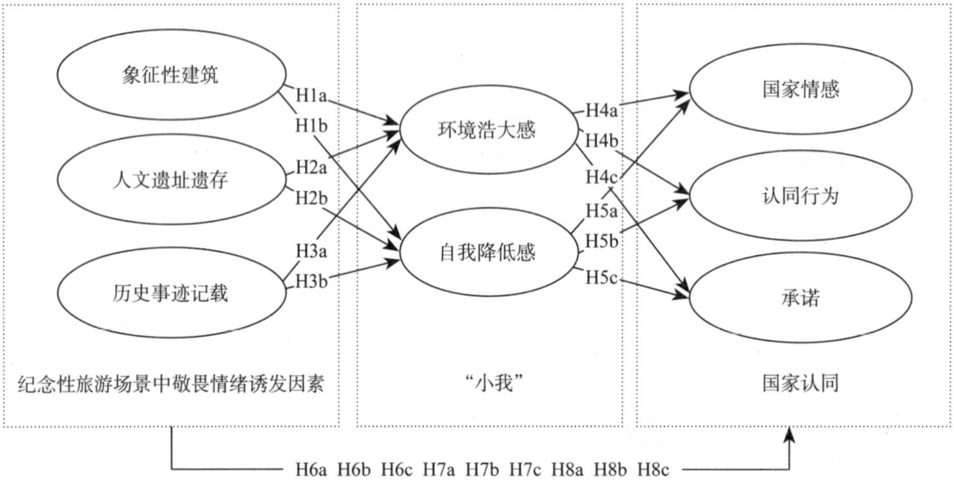

图 9-3-1　概念模型图

第四节　研究设计与调查

“九・一八”历史博物馆是全面反映“九・一八”事变的博物馆，主要是为警示后人勿忘历史而建，馆内以丰富的史料介绍了日本发动的“九・一八”事变以及中国人民不屈不挠与日本侵略者做斗争的事迹，承载了历史的记忆。这些承载民族记忆的历史遗迹属于纪念性旅游场景，因此本书选择“九・一八”历史博物馆为案例地符合“纪念性旅游场景中敬畏情绪诱发”的需要。“九・一八”历史博物馆交通便利，入选教育部第一批研学实践教育基地，自从建馆以来累计接待游客数千万人次，年接待游客量达 180 万人次，法定假日期间游客最多，有利于对问卷进行收集。

将收集到的数据运用结构方程模型法进行检验假设与中介效应分析。为了提高调查问卷的信度和效度，本书采用皮夫的“小我”量表、李波的国家认同量表和上文已经开发的纪念性旅游场景中敬畏情绪诱发量表并结合研究情境和“九・一八”历史博物馆的实际情况调整语句，经过预调研形成正式量表。问卷调查工作于2022年7月29日至8月1日进行，一共发放400份问卷，回收368份有效问卷，有效率为92%。女性占51.9%，各年龄段的人群均有分布，54.9%学历为大专及本科，月收入在2001～5000元的游客最多，占45.9%，游客的职业分布较为分散，29.1%游客为企业管理者、职员，占比相对较大，沈阳本市的游客最多，并且有57.6%的游客第一次到“九・一八”历史博物馆参观。

第五节　数据分析

一、结构模型检验

根据结构方程建模的基本要求需要对模型适配情况的优劣进行拟合优度检验，使用AMOS 24.0进行验证性因子分析，测量模型χ^2/df=2.027，RMR=0.019，RMSEA=0.053，CFI=0.943，TLI=0.933，PNFI=0.769，PGFI=0.709，满足简约适配度指标。大部分拟合指标均达理想标准，但GFI值为0.883接近于0.9的理想水平，也有研究将GFI>0.8为理想标准（王萍），[1]因此认为本书的CFA测量模型的数据拟合情况较好，如表9-5-1所示。各变量组合信度CR均大于0.7，平均方差变异AVE均大于0.5，量表的内容一致性理想，具有良好的稳定性。建构效度是由区分效度和收敛效度体现的。象征性建筑、历史事迹记载、人文遗址遗存、环境浩大感、自我降低感、国家情感、认同行为、承诺对应各题项的因子负荷均大于0.5，并且达到0.01显著水平，说明同一变量的各个题项间具有良好的收敛效度，如表9-5-1所示。区分效度结果如表9-5-2所示，通过每个变量AVE平方根与任意两个变量间的相关系数比较发现，AVE平方根的数值均大于任意两个变量间的相关系数，表明各变量题项间区分效度较好。

---

[1] 王萍.基于UTAUT-TOE模型的施工企业VR安全体验培训采纳影响因素的实证研究[D].深圳：深圳大学，2019.

表 9-5-1　CFA 结果

变量	题项	参数显著性估计				因素负荷	CR	AVE
		unstd	S.E.	临界比值	*P*	std		
象征性建筑	CA4	1				0.708	0.810	0.516
	CA3	1.078	0.089	12.136	***	0.733		
	CA2	0.979	0.084	11.66	***	0.73		
	CA1	0.991	0.087	11.445	***	0.701		
历史事迹记载	HR4	1				0.865	0.898	0.687
	HR3	0.953	0.047	20.155	***	0.843		
	HR2	0.855	0.051	16.83	***	0.759		
	HR1	0.943	0.046	20.445	***	0.845		
人文遗址遗存	CR3	1				0.708	0.823	0.609
	CR2	1.248	0.093	13.48	***	0.851		
	CR1	1.064	0.082	12.957	***	0.776		
环境浩大感	V1	1				0.88	0.911	0.720
	V2	0.98	0.046	21.179	***	0.851		
	V3	0.984	0.044	22.216	***	0.854		
	V4	0.905	0.047	19.178	***	0.807		
自我降低感	S1	1				0.702		
	S2	1.139	0.098	11.611	***	0.767	0.761	0.515
	S3	0.958	0.088	10.9	***	0.681		
国家情感	NE1	1				0.813	0.846	0.584
	NE2	0.985	0.058	16.931	***	0.81		
	NE3	0.979	0.057	17.052	***	0.827		
	NE4	0.684	0.062	10.958	***	0.578		
认同行为	IB1	1				0.89	0.921	0.744
	IB2	0.904	0.043	21.185	***	0.837		
	IB3	0.984	0.045	22.076	***	0.856		
	IB4	0.926	0.04	23.211	***	0.865	0.854	0.661
承诺	C1	1				0.798		
	C2	0.914	0.058	15.756	***	0.819		
	C3	0.913	0.058	15.865	***	0.822		

表 9-5-2　区分效度检验

变量	承诺	认同行为	国家情感	自我降低感	环境浩大感	人文遗址遗存	历史事迹记载	象征性建筑
承诺	0.813							
认同行为	0.505	0.863						
国家情感	0.551	0.615	0.764					
自我降低感	0.592	0.468	0.552	0.718				
环境浩大感	0.606	0.555	0.491	0.523	0.849			
人文遗址遗存	0.411	0.384	0.457	0.497	0.538	0.780		
历史事迹记载	0.531	0.519	0.540	0.528	0.610	0.557	0.829	
象征性建筑	0.342	0.354	0.458	0.469	0.493	0.535	0.502	0.718

二、检验假设

通过验证性因子分析得出各项拟合指标显示的测量模型与数据拟合结果较好（χ^2/df=2.152，RMR=0.024，RMSEA=0.056，CFI=0.938，TLI=0.928，GFI=0.874，PNFI=0.774，PGFI=0.709）。根据得到的标准化路径系数、标准误差、P 值（$P<0.05$ 时为显著）结果可以看出结构模型一共有 15 条路径为显著（路经检验结果如表 9-5-3 所示），在游客敬畏情绪诱发因素对“小我”的影响中象征性建筑诱发的敬畏情绪对游客面对浩大事物下的自我具有显著正向影响；象征性建筑诱发的敬畏情绪对游客自我弱化感具有显著正向影响；人文遗址遗存诱发的敬畏情绪对游客面对浩大事物下的自我具有显著正向影响；人文遗址遗存诱发的敬畏情绪对游客自我弱化感具有显著正向影响；历史事迹记载诱发的敬畏情绪对游客面对浩大事物下的自我具有显著正向影响；历史事迹记载诱发的敬畏情绪对游客自我弱化感具有显著正向影响。

在“小我”对国家认同的影响中，面对浩大事物下的自我对国家情感具有显著正向影响；面对浩大事物下的自我对认同行为具有显著正向影响；面对浩大事物下的自我对承诺具有显著正向影响；自我弱化感对国家情感具有显著正向影响；自我弱化感对认同行为具有显著正向影响；自我弱化感对承诺具有显著正向影响。

在游客敬畏情绪诱发因素对国家认同的影响中，象征性建筑诱发的敬畏情绪对国家情感不具有显著正向影响；象征性建筑诱发的敬畏情绪对认同行为不具有显著正向影响；象征性建筑诱发的敬畏情绪对承诺不具有显著正向影响；历史事迹记载诱发的敬畏情绪对国家情感具有显著正向影响；历史事迹记载诱发的敬畏情绪对认同行为具有显著正向影响；历史事迹记载诱发的敬畏情绪对承诺具有显著正向影响。人文遗址遗存诱发的敬畏情绪对国家情感不具有显著正向影响；人文遗址遗存诱发的敬畏情绪对认同行为不具有显著正向影响；人文遗址遗存诱发的敬畏情绪对承诺不具有显著正向影响。因此本书假设 H1a、H1b、H2a、H2b、H3a、H3b、H4a、H4b、H4c、H5a、H5b、H5c、H7a、H7b、H7c 成立，H6a、H6b、H6c、H8a、H8b、H8c 不成立。

表 9-5-3　路径系数

假设	路径关系			标准化路径系数 β	S.E.	T 值	P	显著性
H1a	象征性建筑	→	环境浩大感	0.179	0.076	2.806	0.005	显著
H1b	象征性建筑	→	自我降低感	0.206	0.072	2.662	0.008	显著
H2a	历史事迹记载	→	环境浩大感	0.399	0.057	6.408	***	显著
H2b	历史事迹记载	→	自我降低感	0.31	0.053	4.134	***	显著
H3a	人文遗址遗存	→	环境浩大感	0.226	0.079	3.393	***	显著
H3b	人文遗址遗存	→	自我降低感	0.228	0.074	2.836	0.005	显著
H4a	环境浩大感	→	国家情感	0.143	0.061	2.092	0.036	显著
H4b	环境浩大感	→	认同行为	0.334	0.067	4.94	***	显著
H4c	环境浩大感	→	承诺	0.392	0.058	5.615	***	显著
H5a	自我降低感	→	国家情感	0.358	0.087	4.725	***	显著
H5b	自我降低感	→	认同行为	0.216	0.091	3.644	***	显著
H5c	自我降低感	→	承诺	0.411	0.083	5.307	***	显著
H6a	象征性建筑	→	国家情感	0.091	0.075	1.296	0.195	不显著
H6b	象征性建筑	→	认同行为	−0.019	0.081	−0.283	0.777	不显著
H6c	象征性建筑	→	承诺	−0.1	0.069	−1.432	0.152	不显著
H7a	历史事迹记载	→	国家情感	0.21	0.061	2.831	0.005	显著
H7b	历史事迹记载	→	认同行为	0.216	0.066	2.986	0.003	显著
H7c	历史事迹记载	→	承诺	0.151	0.056	2.051	0.040	显著
H8a	人文遗址遗存	→	国家情感	0.031	0.078	0.421	0.674	不显著
H8b	人文遗址遗存	→	认同行为	−0.035	0.084	−0.485	0.628	不显著
H8c	人文遗址遗存	→	承诺	−0.035	0.072	−0.483	0.629	不显著

注：“·*”为显著程度，·*** 表示 $p < 0.001$，·** 表示 $p < 0.01$，·* 表示 $p < 0.05$

三、中介检验

本书使用 Amos 24.0 软件，运用偏差校正百分位 Bootstrap 法对中介效应进行检验，只需观察 Bootstrapping 通过点估计的置信区间，若置信区间包含 0 则中介效应不显著，不包含 0 则中介效应显著。本书将 Bootstrap Sample 设为 5000，在 95% 置信区间条件下进行分析。在间接效应中各条路径的置信区间均不包含 0，总效应中象征性建筑→承诺、象征性建筑→认同行为、人文遗址遗存→承诺、人文遗址遗存→认同行为、人文遗址遗存→国家情感，五条路径的置信区间包含 0，如表 9–5–4 和表 9–5–5 所示，这种现象的出现是由于间接效应与直接效应的符号相反总效应出现了被遮掩的情况，虽使得总效应不显著，但是中介效应依然存在。[1]

表 9–5–4　Bootstrap 中介效应检验

效应类型	路径	*P*	S.E.	Bootstrapping			
				Bia-Corrected 95%*CI*		Percentile 95%*CI*	
				Lower	Upper	Lower	Upper
间接效应	象征性建筑→承诺	0.154	0.062	0.059	0.305	0.055	0.296
	象征性建筑→认同行为	0.134	0.069	0.048	0.303	0.045	0.292
	象征性建筑→国家情感	0.107	0.069	0.03	0.275	0.026	0.255
	历史事迹记载→承诺	0.216	0.056	0.122	0.341	0.116	0.329
	历史事迹记载→认同行为	0.194	0.062	0.106	0.336	0.101	0.323
	历史事迹记载→国家情感	0.138	0.06	0.057	0.269	0.054	0.256
	人文遗址遗存→承诺	0.18	0.066	0.081	0.336	0.079	0.329
	人文遗址遗存→认同行为	0.159	0.078	0.063	0.338	0.063	0.338
	人文遗址遗存→国家情感	0.122	0.075	0.037	0.301	0.037	0.301
直接效应	象征性建筑→承诺	−0.099	0.094	−0.291	0.077	−0.289	0.079
	象征性建筑→认同行为	−0.023	0.101	−0.227	0.165	−0.233	0.16
	象征性建筑→国家情感	0.097	0.107	−0.107	0.294	−0.118	0.285
	历史事迹记载→承诺	0.115	0.069	−0.016	0.251	−0.025	0.244
	历史事迹记载→认同行为	0.196	0.077	0.054	0.342	0.041	0.333
	历史事迹记载→国家情感	0.173	0.075	0.043	0.311	0.031	0.302
	人文遗址遗存→承诺	−0.035	0.09	−0.221	0.128	−0.218	0.132
	人文遗址遗存→认同行为	−0.041	0.124	−0.304	0.176	−0.308	0.172

[1] 温忠麟，叶宝娟．中介效应分析：方法和模型发展 [J]. 心理科学进，2014（5）.

续表

效应类型	路径	*P*	S.E.	Bootstrapping			
				Bia-Corrected 95%*CI*		Percentile 95%*CI*	
				Lower	Upper	Lower	Upper
直接效应	人文遗址遗存→国家情感	0.033	0.115	-0.213	0.223	-0.213	0.223
总效应	象征性建筑→承诺	0.055	0.084	-0.113	0.215	-0.108	0.219
	象征性建筑→认同行为	0.111	0.088	-0.058	0.289	-0.057	0.291
	象征性建筑→国家情感	0.204	0.086	0.044	0.38	0.042	0.377
	历史事迹记载→承诺	0.33	0.077	0.179	0.484	0.169	0.476
	历史事迹记载→认同行为	0.39	0.068	0.261	0.529	0.253	0.521
	历史事迹记载→国家情感	0.311	0.064	0.197	0.442	0.189	0.437
	人文遗址遗存→承诺	0.145	0.086	-0.019	0.318	-0.014	0.325
	人文遗址遗存→认同行为	0.118	0.104	-0.09	0.318	-0.082	0.325
	人文遗址遗存→国家情感	0.155	0.094	-0.037	0.334	-0.027	0.341

表 9-5-5　中介效应差异检验

间接效应	路径	*P*	S.E.	LLCI	ULCI
1	象征性建筑→环境浩大感→国家情感	0.027	0.022	-0.003	0.092
2	象征性建筑→自我降低感→国家情感	0.079	0.064	0.016	0.237
3	象征性建筑→环境浩大感→认同行为	0.071	0.032	0.023	0.157
4	象征性建筑→自我降低感→认同行为	0.063	0.057	0.009	0.234
5	象征性建筑→环境浩大感→承诺	0.07	0.028	0.026	0.145
6	象征性建筑→自我降低感→承诺	0.084	0.048	0.018	0.207
7	历史事迹记载→环境浩大感→国家情感	0.047	0.032	-0.008	0.124
8	历史事迹记载→自我降低感→国家情感	0.091	0.053	0.034	0.209
9	历史事迹记载→环境浩大感→认同行为	0.121	0.039	0.057	0.221
10	历史事迹记载→自我降低感→认同行为	0.073	0.051	0.016	0.196
11	历史事迹记载→环境浩大感→承诺	0.119	0.035	0.062	0.205
12	历史事迹记载→自我降低感→承诺	0.097	0.039	0.039	0.188
13	人文遗址遗存→环境浩大感→国家情感	0.035	0.028	-0.005	0.108
14	人文遗址遗存→自我降低感→国家情感	0.087	0.071	0.019	0.268
15	人文遗址遗存→环境浩大感→认同行为	0.089	0.04	0.031	0.192
16	人文遗址遗存→自我降低感→认同行为	0.07	0.064	0.01	0.247
17	人文遗址遗存→环境浩大感→承诺	0.087	0.032	0.036	0.168
18	人文遗址遗存→自我降低感→承诺	0.093	0.051	0.026	0.23

本章小结

纪念性旅游场景能够诱发游客敬畏、同情、爱国等情绪共鸣，使游客更好地理解生命、思考人性，降低对自我的关注，增强国家认同。对此本章基于敬畏原型理论、情绪评价理论与 SOR 理论模型，探讨纪念性旅游场景中敬畏情绪对国家认同的影响。首先需要运用扎根理论分析得出纪念性旅游场景中敬畏情绪诱发源的维度构成，并开发纪念性旅游场景中敬畏情绪诱发源量表。基于此，以“九·一八”历史博物馆为案例地，通过收集的数据进行实证检验分析纪念性旅游场景产生的敬畏情绪是否对“小我”、游客国家认同行为产生正向影响，“小我”是否具有中介作用。本章结论包括以下三部分。

第一，本章根据敬畏原型理论，利用网络文本与访谈资料通过扎根理论方法分析得出纪念性旅游场景中敬畏情绪诱发因素，即在游览了象征性建筑、人文遗址遗存、自然灾难遗址遗迹后游客通过视觉、听觉等感官感知和对人物经历和历史事迹记载的深层认知加工后产生。敬畏情绪更容易在象征性建筑、人文遗址遗存、自然灾难遗址遗迹等物理诱发源中被激发，有形的环境刺激容易使个体对环境做出外部评价，这种认知评价是信息处理的过程能够决定敬畏情绪的产生。[1]对人物经历的感受以及历史事迹记载的深层认知是个体面对文化和思想上的冲击时进行的心理调整，会使人产生渺小、谦卑和顺从感，从而产生了敬畏情绪。[2]该研究结论符合敬畏原型理论中对敬畏情绪诱发的归纳与划分，[3]并且与李卓等关于敬畏情绪诱发情境及维度分析中的历史文化诱发源、生命诱发相契合。[4]在一

---

❶ 田野，卢东，Samart Powpaka. 游客的敬畏与忠诚：基于情绪评价理论的解释 [J]. 旅游学刊，2015（10）.

❷ 金鹏 . 红色旅游情境下敬畏情绪对游客国家认同的影响研究 [J]. 成都：四川师范大学，2018.

❸ Keltner D，Haidt J.Approaching awe，a moral，spiritual，and aesthetic emotion [J].Cognition And Emotion，2003（2）.

❹ 李卓，赵亮 . 游客敬畏情绪诱发情境与维度构成 [J]. 中国冶金教育，2021（6）.

定程度上丰富了敬畏情绪的诱发情境，使敬畏情绪在旅游学研究中更为系统。

第二，在纪念性旅游场景中敬畏情绪能够导致“小我”意识的产生。依据心理学研究中学者们将“小我”分为环境浩大感和自我降低感两个维度，全面揭示象征性建筑、历史事迹记载、人文遗址遗存下产生的敬畏情绪与环境浩大感、自我降低感之间的具体关系与实现路径。通过检验发现象征性建筑、历史事迹记载、人文遗址遗存下产生的敬畏情绪分别对环境浩大感、自我降低感，即“小我”具有显著正向影响。该结论与学者提出的敬畏情绪会使个体在比自我图式更大的事物面前感到自我降低相契合，[1]也再次证明了建筑、艺术作品和人类行为等会诱发敬畏情绪，这种敬畏情绪体验具有自我递减效应，使个体产生自我渺小感，[2]从而降低自我关注度，强调关注比自我更重要的事物，[3]将注意力用于其他导向问题上。[4]并且符合敬畏原型理论“感知到浩大”和“顺应的需要”两个特征，在一定程度上为理论提供了实证依据。

第三，“小我”对游客国家认同具有正向影响。环境浩大感、自我降低感，即“小我”分别对游客的国家情感、认同行为、承诺，即游客的国家认同行为具有显著正向影响，因此敬畏对国家认同影响在一定程度上可以用“小我”来解释，该结论印证了金鹏关于游客敬畏情绪能够促进国家认同行为的研究结果。[5]在以往的研究中学者更侧重探讨“小我”与亲社会行为之间的关系，认为敬畏情绪可

---

[1] Piff P K，Dietze P.Awe，the small self，and prosocial behavior [J].Journal of Personality andSocial Psychology，2015（6）；
Perlin J D，Li L.Why Does Awe Have Prosocial Effects ？ New Perspectives on Awe and the Small Self. [J].Perspectives on Psychological Science，2020（2）；
Keltner D，Haidt J.Approaching awe，a moral，spiritual，and aesthetic emotion [J].Cognition And Emotion，2003（2）；
Shiota M N，Keltner D，Mossman A.The nature of awe：elicitors，appraisals，and effects on self-concept [J].Cognition & emotion，2007（5）.

[2] Keltner D，Haidt J.Approaching awe，a moral，spiritual，and aesthetic emotion [J].Cognition And Emotion，2003（2）.

[3] Shiota M N，Keltner D，Mossman A.The nature of awe：elicitors，appraisals，and effects on self-concept [J].Cognition & emotion，2007（5）.

[4] Perlin J D，Li L.Why Does Awe Have Prosocial Effects ？ New Perspectives on Awe and the Small Self [J].Perspectives on Psychological Science，2020（2）.

[5] 金鹏 . 红色旅游情境下敬畏情绪对游客国家认同的影响研究 [D]. 成都：四川师范大学，2018.

导致自我变小，这种“小我”不是注意力的丧失，而是将注意力转移到以他人为导向的行为，[1]使人产生亲社会行为。[2]本章将国家认同视为一种亲社会行为，因此本章的研究结论在一定程度上丰富了“小我”与亲社会行为之间的关系研究，填补了“小我”与国家认同关系的研究空白。本章中象征性建筑和人文遗址遗存诱发的敬畏情绪对国家认同的直接正向影响不显著的原因，可能是象征性建筑与人文遗址遗存通过游客的视觉等直观感知产生了敬畏情绪，这种敬畏情绪具有短暂性，没有在游客的脑海中进行深层次的认知加工，会轻易地消逝，因此不太容易引发游客的深入思考，对国家认同不具有显著的直接影响。游客在纪念性旅游场景的刺激下产生敬畏情绪，敬畏情绪又会把自我纳入更大的环境中，把自己看作是更大的事物中的一部分使个体感到渺小和谦卑从而诱发“小我”，[3]“小我”的这种减少自我意识、减少对自我相关目标的重视程度使个体更加积极地投身于团体与合作中并产生亲社会行为，[4]国家认同行为是一种亲社会行为，[5]因此“小我”对国家认同具有影响，从而体现了“小我”具有中介作用。通过实证检验分析发现“小我”的两个维度的中介效应具有差异，环境浩大感与自我降低感相比，象征性建筑、历史事迹记载、人文遗址遗存主要通过自我降低感影响国家情感，象征性建筑、历史事迹记载、人文遗址遗存主要通过环境浩大感影响认同行为，其他路径环境浩大感与自我降低感中介效应差异不显著，由此可见“小我”具有中介作用。在旅游学领域探索敬畏情绪下“小我”的中介作用，不仅促进了游客产生亲社会行为结论的旅游化，还探索性地为国家认同影响研究拓宽了新的视角。

本章研究的理论贡献在于：首先，本书基于敬畏原型理论，运用质性研究方法扎根理论分析得到纪念性旅游场景中敬畏情绪诱发的属性维度，完善了敬畏情绪的诱发情境。在以往的研究中缺乏对纪念性旅游场景中敬畏情绪诱发维度的探

---

[1] Perlin J D，Li L.Why Does Awe Have Prosocial Effects？ New Perspectives on Awe and the Small Self. [J].Perspectives on Psychological Science，2020（2）.

[2] Piff P K，Dietze P.Awe，the small self，and prosocial behavior [J].Journal of Personality and Social Psychology，2015（6）.

[3] 董蕊 . 大学生敬畏情绪与主观幸福感研究 [J]. 教育教学研究，2016（5）.

[4] Keltner D，Haidt J.Approaching awe，a moral，spiritual，and aesthetic emotion [J].Cognition And Emotion，2003（2）.

[5] 金鹏 . 红色旅游情境下敬畏情绪对游客国家认同的影响研究 [J]. 成都：四川师范大学，2018.

讨，相关的理论不足，因此本章的探索为进一步完善纪念性旅游场景情感体验提供了一定的理论支持，对纪念性旅游场景中敬畏情绪的深入研究具有借鉴意义。

其次，基于已有关于敬畏情绪下“小我”的研究，敬畏情绪与亲社会行为的关系研究，本章将国家认同视为一种亲社会行为，首次尝试探索“小我”与国家认同之间的关系，填补了“小我”与国家认同关系的研究空白，在变量层次上丰富游客国家认同影响因素的研究。实证研究发现“小我”具有中介作用，说明了在纪念性旅游场景中产生的敬畏情绪对游客的国家认同可通过“小我”来解释，这也为“小我”可作为中介变量提供了实证依据。

最后，因为纪念性旅游场景是记录人类苦难记忆的载体，游客在纪念性旅游场景中体会生命，能够产生对生命的敬畏，赋予生命更大的价值，寻求生命的意义，更有利于游客产生亲社会行为，也为纪念性旅游场景、游客行为和价值传达等理论研究奠定了一定的基础。

本章内容的管理启示在于：首先，纪念性旅游场景类型多样并且具有一定的教育意义，在纪念性旅游场景可以使游客产生国家认同行为，这对社会的发展与进步具有积极的影响，因此景区、政府等有关部门应该加强对纪念性旅游场景资源的保护力度，通过维护、还原等多种途径展现纪念性旅游场景资源、设施等的价值。

其次，敬畏情绪理论与方法对旅游景区的可持续旅游具有可行性，[1]因此纪念性旅游场景管理部门应更多地关注游客在敬畏情绪的体验上。大力建设象征性建筑，对留念性建筑、纪念馆、历史性建筑等进行设计与修复，运用灯光、色彩和多样的陈列方式展现纪念馆的雄伟。加强对人文遗址遗存、自然灾难遗址遗迹的保护力度，以此来强化纪念性旅游场景中游客敬畏情绪诱发的效果。

最后，还可在纪念性旅游场景多开展一些关于爱国教育活动，激发游客的敬畏情绪，减少对自身的关注，使游客更愿意投入到社会主义事业的建设中，激发游客的爱国热情。

[1] 祁潇潇，赵亮，胡迎春.敬畏情绪对旅游者实施环境责任行为的影响——以地方依恋为中介[J].旅游学刊，2018（11）.

本章研究需进一步完善之处在于：首先，本书只选择了“九·一八”历史博物馆作为纪念性旅游场景案例地来探讨纪念性旅游场景中敬畏情绪诱发源、“小我”、国家认同各维度之间的关系，考虑到在不同类型的纪念性旅游场景中敬畏情绪的诱发、“小我”、国家认同行为会有所不同，其间的关系也会有所差别，因此有必要获取更多纪念性旅游场景的样本群体进行深入研究。其次，敬畏情绪、“小我”都属于心理学范畴，针对敬畏情绪诱发、“小我”、国家认同的概念测量适用性问题未来需要尝试开发旅游化的测量方案。最后，本书在进行实地问卷调查时可能造成游客感受较积极，影响研究结论真实性，未来可考虑采用质性方法。

第十章　敬畏情绪对游客亲环境行为的影响

随着旅游业的迅猛发展，景区在迎来大批游客的同时，也承受了游客负环境行为对景区环境的破坏，其严重程度甚至威胁到一些景区的生态系统稳定。尽管国家已经针对游客的负环境行为出台了相关法律法规，景区也采取了处罚等管理措施来约束和警告游客，[1]但游客的不文明行为还是随处可见。在此背景下，游客的负环境行为给旅游目的地的经营管理工作和可持续发展带来了巨大挑战。因此，如何提升游客的亲环境行为已成为当今经营管理者和旅游学者共同的研究重点。

在旅游过程中，游客自发形成的亲环境行为，会使其更加注重自身的形象，并且会正确处理其在旅途中制造的垃圾，自觉遵守旅游地的准则，甚至会积极地阻止其他游客的负环境行为。[2]在早期研究中，学者大多从认知层面以计划行为理论为基础来构建理论模型以此来解释游客亲环境行为，随着旅游研究的“情感转向”，有学者认为情感因素比认知因素更能够解释游客亲环境行为的形成机理，[3]但目前分析游客情感对游客亲环境行为的成果较少。因此，从情感因素探讨如何激励游客亲环境行为的实证研究就更具有紧迫性和实践价值。

敬畏是一种钦佩、惊讶、好奇、顺从等情绪混合的复杂情绪。[4]相较于旅游

---

❶ 汪熠杰，吕宛青，倪向丽．考虑羊群效应的旅游不文明行为形成与演化——基于演化博弈分析 [J]. 华侨大学学报（哲学社会科学版），2022（4）.

❷ Moeller T，Dolnicar S，Leisch F.The sustainability profitability trade off in tourism：Can it be overcome [J].ournal of Sustainable Tourism，2011（2）.

❸ Kanchanapibul M，Lacka E，Wang X J.An empirical investigation of green purchasebehavior among the young generation [J].Journal of Cleaner Production，2014（66）；
王建明，吴龙昌．亲环境行为研究中情感的类别、维度及其作用机理 [J]. 心理科学进展，2015（12）.

❹ 董蕊，彭凯平，喻丰．积极情绪之敬畏 [J]. 心理科学进展，2013（11）.

体验中的其他情绪，游客在旅游途中更容易产生敬畏情绪。[1]科格伦认为游客最期待的情绪中就有敬畏情绪，在旅途中让游客体验到敬畏情绪是不可或缺的环节。[2]已有研究证明，敬畏情绪能够开阔个体的眼界，使个体感知到自我渺小，提升个体的自我超越。[3]激发敬畏情绪的个体更愿意在交往中做一些对他人和社会有益的事情，[4]敬畏情绪体验与一系列亲社会行为如合作行为、利他行为、宽恕行为等显著正相关，[5]但在旅游情境下该领域的研究还是比较薄弱。考虑到敬畏情绪对亲社会行为的影响作用，亲环境行为作为亲社会行为的一部分，研究敬畏情绪是否对游客亲环境行为产生影响的机制具有重要的意义，对旅游业的可持续发展具有深远的影响。

游客的负环境行为不仅反映出游客的综合素质需要提升，[6]而且体现出游客在非惯常环境下的道德丧失。[7]因此，提升游客的道德规范成为游客亲环境行为实施的有效措施。现有研究多基于计划行为理论和价值—信念—规范模型来研究游客亲环境行为的影响；[8]也有研究在此基础上进一步引入道德规范和地方依恋

---

[1] 郭俊伶，卢东，金鹏．红色旅游中敬畏情绪对游客国家认同的影响研究 [J]. 资源开发与市场，2018（7）.

[2] Coghlan A，Buckley R，Weaver D.A framework for analyzing awe in tourismexperiences [J]. Annals of Tourism Research，2012（3）.

[3] 董蕊，彭凯平，喻丰．积极情绪之敬畏 [J]. 心理科学进展，2013（11）.

[4] 孙颖，贾东丽，蒋奖，等．敬畏对亲环境行为意向的影响 [J]. 心理与行为研究，2020（3）.

[5] Fu Y N，Feng R D，Liu Q，et al.Awe and Prosocial Behavior：The Mediating Role of Presence of Meaning in Life and the Moderating Role of Perceived Social Support [J].Int J Environ Res Public Health，2022（11）；
Guan F，Chen J，Chen O T，et al.Awe and prosocial tendency [J].Current Psychology，2019（4）；
杨洋，刘敏，宋金泽，等．敬畏与宽恕的关系：谦卑和共情的链式中介作用 [C]// 中国心理学会第二十四届全国心理学学术会议摘要集，2022.

[6] 李艳，陈绍文．关于“文明旅游”研究的认识、探索与反思 [J]. 旅游学刊，2016（7）；
黄细嘉，李凉．全域旅游背景下的文明旅游路径依赖 [J]. 旅游学刊，2016（8）.

[7] 林德荣，刘卫梅．旅游不文明行为归因分析 [J]. 旅游学刊，2016（8）；
周尚意．旅游与空间道德碰撞 [J]. 旅游学刊，2017（4）.

[8] 陆敏，殷樱，陶卓民．基于计划行为理论的游客不文明行为产生机理研究 [J]. 干旱区资源与环境，2019（4）.

等构建理论模型，从而进行假设检验，探究亲环境行为意向，[1]结论普遍强调游客道德规范对提升游客亲环境行为的重要性。然而在旅游的非惯常环境下，游客容易失去在惯常环境下的道德规范。[2]同时，个体亲环境行为不是通过经济来衡量，而是以他们是否正确实施环境行为为依据，亲环境行为属于道德领域而非经济领域。[3]凯尔特纳和海特在研究敬畏与自我的关系时提出了自我渺小的概念，他们指出自我渺小具有自我意识的削弱、自我利益目标的弱化和自我知觉能力的下降三层含义。敬畏情绪会让个体产生渺小感，从而把对自身利益的关注点转向他人、群体以及其他外部环境利益当中。[4]皮夫研究发现"小我"可作为敬畏和亲社会行为的中介变量，有力地介导了敬畏对亲社会行为的影响。[5]亲环境行为作为亲社会行为的一种，在旅游情境下的"小我"在敬畏情绪和游客亲环境行为中的研究较少，"小我"与道德规范之间的关系研究还存在空白。提升"小我"意识和道德规范是否有助于游客实施亲环境行为的研究需要进一步探索。

基于已有的研究成果与研究空白，本章根据情绪评价理论探索敬畏情绪的诱发因素，敬畏对"小我"、道德规范及亲环境行为的影响。一方面，分析在旅游情境下"小我"和道德规范在敬畏情绪和游客亲环境行为中的中介作用；另一方面，推测"小我"对道德规范具有正向影响。根据上述思考，本书以"小我"和道德规范为中介因素，构建了敬畏情绪的激发对游客亲环境行为的驱动模型。通过对南山竹海旅游景区的实地调研，揭示敬畏情绪对游客亲环境行为具体维度的影响。希望对游客亲环境行为提出有效的建议，进而推动旅游产业的发展。

---

[1] 邱宏亮．道德规范与旅游者文明旅游行为意愿——基于 TPB 的扩展模型 [J]. 浙江社会科学，2016（3）；
邱宏亮．基于 TPB 拓展模型的出境游客文明旅游行为意向影响机制研究 [J]. 旅游学刊，2017（6）．

[2] 张凌云．旅游学研究的新框架：对非惯常环境下消费者行为和现象的研究 [J]. 旅游学刊，2008（10）．

[3] 周晓丽，徐虹，刘悦．宗教山岳型景区游客文明旅游行为意向的影响机制——基于敬畏情绪的视角 [J]. 西北师范大学学报（自然科学版），2021（4）．

[4] Keltner D，Haidt J.Approaching awe，a moral，spiritual，and aesthetic emotion [J].Cognition And Emotion，2003（2）．

[5] Piff P K，Dietze P.Awe，the small self，and prosocial behavior [J].Journal of Personality and Social Psychology，2015（6）．

第一节　文献回顾

一、道德规范

道德规范是个体实施行为时遵守的道德准则，指导和约束个体的行为。现有研究通常以计划行为理论为基础，常引入道德规范这一变量构建理论模型，提出假设检验，研究游客文明旅游行为意向。关于道德规范的研究还处于探索阶段，道德规范与行为及意愿之间的关系尚不稳定。张玉玲研究发现环保道德规范处于文化层面的原则性规范，是实施或拒绝某种行为时遵守的道德准则，正向影响保护环境行为的意愿。[1] 胡兵认为道德规范和个人规范是同一个概念，道德规范是个人在生态环保、节能减排等方面所具有的道德感。[2] 邱宏亮研究发现道德规范能促进游客文明旅游行为意愿的产生，并可作用于游客的行为态度。[3] 刘佳发现道德规范能提高游客的道德责任感，从而显著影响游客文明旅游行为意向。[4] 周晓丽首次将道德规范划分为道德判断和道德意愿两个维度，其中道德判断部分中介于敬畏情绪对游客文明旅游行为意向，而道德意愿无中介作用。[5] 吕丽辉验证了道德规范在敬畏和环境责任行为中起中介作用。[6] 陈（Chan）、毕晓普（Bishop）

---

[1] 张玉玲，张捷，赵文慧．居民环境后果认知对保护旅游地环境行为影响研究 [J]. 中国人口·资源与环境，2014（7）.

[2] 胡兵，傅云新，熊元斌．旅游者参与低碳旅游意愿的驱动因素与形成机制：基于计划行为理论的解释 [J]. 商业经济与管理，2014（8）.

[3] 邱宏亮．道德规范与旅游者文明旅游行为意愿——基于 TPB 的扩展模型 [J]. 浙江社会科学，2016（3）；
邱宏亮．基于 TPB 拓展模型的出境游客文明旅游行为意向影响机制研究 [J]. 旅游学刊，2017（6）.

[4] 刘佳，滕金凌．红色旅游资源开发中敬畏感与自豪感对游客文明旅游行为意向的驱动机制 [J]. 自然资源学报，2021（7）.

[5] 周晓丽，徐虹，刘悦．教山岳型景区游客文明旅游行为意向的影响机制——基于敬畏情绪的视角 [J]. 西北师范大学学报（自然科学版），2021（4）.

[6] 吕丽辉，王玉平．山岳型旅游景区敬畏情绪对游客行为意愿的影响研究——以杭州径山风景区为例 [J]. 世界地理研究，2017（6）.

和万（Wan）通过实证研究表明道德规范正向作用于循环利用行为意愿。[1] 罗哈纳（Rohana）通过研究发现道德规范、社会规范和亲环境态度会对游客旅游行为产生影响。[2]

二、亲环境行为

亲环境行为的研究开始于20世纪60～70年代，当时世界范围的环境污染问题引起了全球学者的关注，人民日常生活和工业、农业、旅游业等产业的可持续发展，成为近二三十年来日益重要的研究课题。[3] 与亲环境行为类似或相近的提法有环境责任行为、社会责任行为、环保行为、环境友好行为、生态行为等。[4] 同样，在旅游业的相关研究中，由于亲环境行为与其他相关概念非常相近，目前学界尚未有完整统一的定义来进行归纳整合。本章基于已有研究成果，将亲环境行为定义为个体主动减少对环境的破坏，主动做出有利于保护环境的行为。

现有对游客亲环境行为的驱动因素大多为认知因素。主要从文化价值观、[5] 道德规范和道德情绪、[6] 地方依恋、自然共情和价值感知等内容展开。[7] 多数研究表

---

[1] Chan L，Bishop B.A moral basis for recycling：Extending the theory of plannedbehavior [J]. Journal of Environmental Psychology，2013（36）；
Wan C，Shen G Q，Yu A.The moderating effect of perceived policy effectiveness on recycling intention [J].Journal of Environmental Psychology，2014（37）.

[2] Rohana N.The effects of moral norms，social norms and pro-environmental attitude on travel behavior in malaysia [J].Environment Behaviour Proceedings Journal，2020（14）.

[3] 邱宏亮，范钧，赵磊 . 旅游者环境责任行为研究述评与展望 [J]. 旅游学刊，2018（11）；
何学欢，胡东滨，粟路军 . 境外旅游者环境责任行为研究进展及启示 [J]. 旅游学刊，2017（9）.

[4] 万基财，张捷，卢韶婧，等 . 九寨沟地方特质与旅游者地方依恋和环保行为倾向的关系 [J]. 地理科学进展，2014（3）；
李秋成，周玲强 . 社会资本对旅游者环境友好行为意愿的影响 [J]. 旅游学刊，2014（9）；
张环宙，李秋成，吴茂英 . 自然旅游地游客生态行为内生驱动机制实证研究——以张家界景区和西溪湿地为例 [J]. 经济地理，2016（12）.

[5] 肖悦，刘金广 . 文化价值观对湖泊旅游者亲环境行为的影响机制——以西湖风景区为例 [J]. 湿地科学，2023（1）.

[6] 何云梦，徐菲菲 . 自然保护地旅游者亲环境行为驱动机制——以南京鱼嘴湿地公园为例 [J]. 自然资源学报，2023（4）.

[7] 吕丽辉，陈潇 . 感知价值与地方依恋对游客亲环境行为的影响研究——以杭州径山风景区为例 [J]. 信息与管理研究，2022（Z2）；
王建华，王缘 . 环境风险感知对民众公领域亲环境行为的影响机制研究 [J]. 华中农业大学学报（社会科学版），2022（6）.

明这些因素正向驱动亲环境行为。随着研究的深入，学者发现情绪因素比认知因素更能解释游客行为。[1]因此，情绪对研究游客亲环境行为的驱动作用不容忽视。基于此，本章探讨敬畏情绪对游客亲环境行为的影响机制有助于完善游客环境行为的理论成果。

第二节 研究假设

一、游客敬畏情绪的激发

根据敬畏原型理论可知，敬畏有有形性诱发源、社会性诱发源和认知性诱发源三种诱发源。建筑、山河等可以被直接观察到或者感受到的为有形性诱发源。宗教、神灵等社会相关的为社会性诱发源。知识、理论等因素为认知性诱发源。[2]

已有研究证明游客敬畏情绪的有形性诱发源是景区的自然环境，社会性诱发源为景区的宗教文化氛围，在旅游情境下认知性诱发源不常出现。比如希奥塔发现，在盛大的场景面前，游客容易激发出敬畏情绪。[3]鲍威尔在分析游客情感对行为的作用时发现，敬畏情绪通常出现在自然环境中，从而增强游客的满意度。[4]田野发现在西藏景区，游客的敬畏情绪由景区的自然环境和宗教氛围同时激发，并且对游客的忠诚度和满意度产生正向影响。[5]随后，祁潇潇、周晓丽通过研究游客在千山、五台山等风景区的旅游体验，再次验证了游客敬畏情绪的诱发源为

---

❶ 王建明，吴龙昌. 亲环境行为研究中情感的类别、维度及其作用机理 [J]. 心理科学进展，2015（12）.

❷ Keltner D，Haidt J.Approaching awe，a moral，spiritual，and aesthetic emotion [J].Cognition And Emotion，2003（2）.

❸ Shiota M N，Keltner D，John O P.Positive emotion dispositions differentially associated with Big Five personality and attachment style [J].The Journal of Positive Psychology，2006（2）.

❹ Powell R B，Brownlee M T，Kellert S R，et al.From awe to satisfaction：Immediateaffective responses to the Antarctic tourism experience [J].Polar Record，2012（2）.

❺ 田野，卢东，吴亭. 敬畏情绪与感知价值对游客满意度和忠诚的影响——以西藏旅游为例 [J]. 华东经济管理，2015（10）.

自然环境和宗教氛围。[1]

基于以上文献，本书认为，唤起游客敬畏情绪的为目的地景区的自然环境和宗教氛围。为了验证学者们的观点，提出如下假设：

H1：景区的自然环境正向影响游客的敬畏情绪。

H2：景区的宗教氛围正向影响游客的敬畏情绪。

二、敬畏情绪对“小我”的影响

敬畏是一种自我超越的积极情绪，因此，敬畏情绪会使我们将自己看作是更大事物的一个部分，从而降低个体对自我重要性的感知，感受自己的渺小和谦卑。在一项关于表达积极情绪的研究中，通过参与者对其情绪体验的自我报告，发现与其他积极情绪相比，只有敬畏和渺小感相关，这与敬畏原型的两个核心特征相符合。[2]

在目前研究中，研究者采用多种方式诱发敬畏，论证了敬畏使个体感知到自我的缩小，即产生“小我”。同时，敬畏的强度可以预测自我缩小的程度，且无论在集体主义还是个人主义文化背景下，敬畏都会使自我产生渺小感，从而使注意力更少地集中在日常琐事上，而是更多地关注周围的环境。[3]敬畏与“小我”的关系在心理学中已有学者进行研究，但敬畏与“小我”在旅游领域的研究中涉及尚少。基于此，本书认为游客在自然环境和宗教氛围激发下的敬畏情绪能够对“小我”产生影响。本书提出如下假设：

H3：敬畏情绪对“小我”产生正向影响。

---

[1] 祁潇潇，赵亮，胡迎春．敬畏情绪对旅游者实施环境责任行为的影响——以地方依恋为中介[J]. 旅游学刊，2018（11）；
周晓丽，徐虹，刘悦．宗教山岳型景区游客文明旅游行为意向的影响机制——基于敬畏情绪的视角[J]. 西北师范大学学报（自然科学版），2021（4）.

[2] Keltner D，Haidt J.Approaching awe，a moral，spiritual，and aesthetic emotion [J].Cognition And Emotion，2003（2）.

[3] Shiota M N，Keltner D，Mossman A.The nature of awe：elicitors，appraisals，and effects on self-concept [J].Cognition & emotion，2007（5）；
Perlin J D，Li L.Why Does Awe HaveProsocial Effects？ New Perspectives on Awe and the Small Self [J].Perspectives on Psychological Science，2020（2）；
辛志勇，杜晓鹏，李冰月．敬则不逐物——敬畏对炫耀性消费倾向的抑制：“小我”的中介作用[J]. 心理科学，2021（3）.

三、敬畏情绪对道德规范的影响

旅游是充满情绪体验的过程，游客的情绪也会影响其道德行为。在旅游途中，相较于其他情绪，敬畏情绪更容易产生。已有研究证明敬畏感对道德规范有正向影响，敬畏情绪的产生会使游客更加严于律己，感受到道德责任，提升道德规范。[1]更多研究则将道德规范划分为道德判断和道德意愿两个维度，证明了敬畏对道德判断和道德意愿的正向影响作用。[2]基于以上文献，本书认为敬畏情绪能够对道德判断和道德意愿产生影响。本书提出如下假设：

H4a：敬畏情绪对游客的道德判断产生正向影响。

H4b：敬畏情绪对游客的道德意愿产生正向影响。

四、敬畏情绪对亲环境行为的影响

学者发现，从理性角度去影响游客的亲环境行为存在局限，感性角度也是影响游客亲环境行为的重要因素。敬畏情绪是一种积极情绪，根据积极情绪的扩建理论可知，相较于消极情绪，积极情绪更有助于扩展个体的认知范围并做出更多有利于他人和社会的行为。个体被激发了敬畏情绪，就会将其注意力由自我转移到外界，降低对自我利益的要求，更加关注他人、集体的利益，更加愿意参加公益活动，[3]更加慷慨，[4]乐于助人，[5]进行捐赠，减少攻击行为等一系列亲社会行为。

---

[1] 刘佳，滕金凌．红色旅游资源开发中敬畏感与自豪感对游客文明旅游行为意向的驱动机制[J]．自然资源学报，2021（7）．

[2] 卢东，张博坚，王冲，等．产生敬畏的游客更有道德吗？——基于实验方法的探性研究[J]．旅游学刊，2016（12）；
周晓丽，徐虹，刘悦．宗教山岳型景区游客文明旅游行为意向的影响机制——基于敬畏情绪的视角[J]．西北师范大学学报（自然科学版），2021（4）；
吕丽辉，汪燕．敬畏情绪对山岳景区游客环境责任行为的影响——以道德规范为中介[J]．杭州电子科技大学学报（社会科学版），2023（2）．

[3] Piff P K，Dietze P.Awe，the small self，and prosocial behavior [J].Journal of Personality and Social Psychology，2015（6）．

[4] Claire P，Vassilis S.Awe’s effects on generosity and helping [J].The Journal of PositivePsychology，2016（5）．

[5] Chen R F，Bai K，Luo Q.To help or not to help：the effects of awe on residents andtourists’ helping behaviour in tourism [J].Journal of Travel&Tourism Marketing，2021（7）．

亲环境行为是个体为了保护敬畏而做出的积极行为，是亲社会行为的一部分，所以可能受到敬畏情绪的影响。

亲环境行为的测量常常使用多维度量表，亲环境行为分为遵守性环境行为和主动性环境行为、[1]高努力型亲环境行为和低努力型亲环境行为、[2]一般环境行为和具体环境行为等。[3]这些测量量表往往已经不再局限于景区范围内游客的“游中”行为，也涉及游客“游前”的环保意识和“游后”的环保行为。根据史密斯（Simth）等学者的研究，本章将亲环境行为分为具体环境行为和一般环境行为，一般环境行为是游客采取的有利于改善与保护景区环境的间接性行为，具体环境行为是游客为保护景区环境而采取的直接性行为。基于此，本书提出如下假设：

H5a：敬畏情绪正向影响游客具体环境行为。

H5b：敬畏情绪正向影响游客一般环境行为。

五、“小我”对亲环境行为的影响

根据已有研究结论，个体产生“小我”会对自己所在的团体进行更多金钱或时间上的付出，会更加注重所在团体的整体利益，不考虑个人的利益要求。个体的自我概念通过敬畏感的激发从而产生以他人为导向的行为动机，进而表现出更多的亲社会行为。[4]个体的自我概念被情绪诱发后的效果相当明显，会让个体感觉身处于宏伟浩瀚之中，感受到自己的渺小，产生更多的道德行为、助人行为等亲社会行为。[5]敬畏感越高的个体会通过“小我”的中介作用使其更加愿意捐赠

---

[1] 万基财，张捷，卢韶婧，等.九寨沟地方特质与旅游者地方依恋和环保行为倾向的关系 [J].地理科学进展，2014（3）.

[2] 何云梦，徐菲菲.自然保护地旅游者亲环境行为驱动机制——以南京鱼嘴湿地公园为例 [J].自然资源学，2023（4）.

[3] Young J S，Christoph K，Brock B.Awe promotes moral expansiveness via the small-self. [J].Frontiers in Psycholog，2023（14）.

[4] Piff P K，Dietze P.Awe，the small self，and prosocial behavior [J].Journal of Personality and Social Psychology，2015（6）.

[5] Claire P，Vassilis S.Awe's effects on generosity and helping [J].The Journal of PositivePsychology，2016（5）；

Chen R F，Bai K，Luo Q.To help or not to help：the effects of awe on residents and tourists' helping behaviour in tourism [J].Journal of Travel&Tourism Marketing，2021（7）.

金钱且更愿意花时间去帮助他人，表现出更多的助人行为、利他行为。[1]亲环境行为是亲社会行为的一种，已有研究证实了“小我”对亲社会行为等具有正向影响。基于此，本书认为“小我”能够对亲环境行为产生影响，提出如下假设：

H6a：“小我”正向影响游客具体环境行为。

H6b：“小我”正向影响游客一般环境行为。

六、道德规范对亲环境行为的影响

根据规范激活模型可知，道德规范对个体的某些特定行为会产生影响。张玉玲等研究发现环保道德规范正向影响循环利用行为意愿。[2]邱宏亮、周晓丽等研究发现道德规范正向作用于游客文明旅游行为意愿。[3]吕丽辉发现道德规范中的道德判断和道德意愿能够促进游客环境责任行为的产生。[4]文明旅游行为和环境责任行为是亲环境行为的分支。基于以上文献，本书认为道德规范对游客亲环境行为产生正向影响，提出如下假设：

H7a：道德判断正向影响游客具体环境行为。

H7b：道德判断正向影响游客一般环境行为。

H7c：道德意愿正向影响游客具体环境行为。

H7d：道德意愿正向影响游客一般环境行为。

七、“小我”、道德规范在敬畏情绪和亲环境行为中的中介作用

个体被激发敬畏情绪，超越其认知范围，从而引起个体的渺小感。敬畏情绪的个体会将注意力转移到更加广阔的事物上，降低对自身的关注和重视，从而影

---

[1] Chen R F，Bai K，Luo Q.To help or not to help：the effects of awe on residents and tourists' helping behaviour in tourism [J].Journal of Travel&Tourism Marketing，2021（7）.

[2] 张玉玲，张捷，赵文慧.居民环境后果认知对保护旅游地环境行为影响研究 [J].中国人口·资源与环境，2014（7）.

[3] 邱宏亮.道德规范与旅游者文明旅游行为意愿——基于 TPB 的扩展模型 [J].浙江社会科学，2016（3）；
周晓丽，徐虹，刘悦.宗教山岳型景区游客文明旅游行为意向的影响机制——基于敬畏情绪的视角 [J].西北师范大学学报（自然科学版），2021（4）.

[4] 吕丽辉，汪燕.敬畏情绪对山岳景区游客环境责任行为的影响——以道德规范为中介 [J].杭州电子科技大学学报（社会科学版），2023（2）.

响其社会行为。[1] 皮夫认为敬畏、自我概念与亲社会行为之间有着很明显的关系，个体被诱发敬畏感后，会产生以他人为导向的自我渺小感，即产生了“小我”，从而表现出更多的亲社会行为。[2] 基于此，本书认为“小我”在敬畏情绪和亲环境行为中起中介作用。

现有文献证实游客的敬畏情绪越多，道德责任感越强，越有可能实施文明旅游行为。[3] 周晓丽在研究敬畏情绪对游客文明旅游行为意向时，将道德规范作为其中介变量，把道德规范划分为道德判断和道德意愿两个维度，其中道德判断部分中介于敬畏情绪和游客文明旅游行为意向，而道德意愿的中介作用不显著。[4] 吕丽辉在研究敬畏情绪对游客环境责任行为影响中，也将道德规范的二维度作为中介变量，其结果发现，道德判断和道德意愿均部分中介于敬畏情绪和游客环境责任行为。[5] 基于此，本书认为道德判断和道德意愿在敬畏情绪和亲环境行为中起中介作用。

道德规范是个体实施行为时所感受到的道德责任，指导和约束个体的行为。[6] 道德行为是亲社会行为的一种表现方式，目前大多数文献研究都是研究“小我”与亲社会行为之间的关系，对于“小我”和道德规范的直接影响尚未有学者进行研究，但有研究涉及了“小我”与道德的间接影响。宋（Song）研究发现个体被诱发出敬畏情绪，会产生“小我”的浩瀚感，从而增加个体的道德膨胀，增加道德关怀，其中“小我”完全中介于敬畏情绪和道德膨胀。[7] 根据上文可推测，“小我”

---

[1] Keltner D，Haidt J.Approaching awe，a moral，spiritual，and aesthetic emotion [J].Cognition And Emotion，2003（2）.

[2] Piff P K，Dietze P.Awe，the small self，and prosocial behavior [J].Journal of Personality and Social Psychology，2015（6）.

[3] 邱宏亮．道德规范与旅游者文明旅游行为意愿——基于 TPB 的扩展模型 [J]. 浙江社会科学，2016（3）.

[4] 周晓丽，徐虹，刘悦．宗教山岳型景区游客文明旅游行为意向的影响机制——基于敬畏情绪的视角 [J]. 西北师范大学学报（自然科学版），2021（4）.

[5] 吕丽辉，汪燕．敬畏情绪对山岳景区游客环境责任行为的影响——以道德规范为中介 [J]. 杭州电子科技大学学报（社会科学版），2023（2）.

[6] 周晓丽，徐虹，刘悦．宗教山岳型景区游客文明旅游行为意向的影响机制——基于敬畏情绪的视角 [J]. 西北师范大学学报（自然科学版），2021（4）.

[7] Young J S，Christoph K，Brock B.Awe promotes moral expansiveness via the small-self. [J]. Frontiers in Psychology，2023（14）.

和道德规范均能对游客亲环境行为产生正向影响，而“小我”和道德规范也都能在敬畏和亲环境行为中起中介作用，“小我”对道德规范也能起正向影响。敬畏情绪被激发，个体产生渺小的感觉，将注意力转移到更加广阔的事情上去，从而产生道德判断和道德意愿，意愿是行为的核心动力，对亲环境行为有影响。基于此，本书认为“小我”对道德规范有正向影响，“小我”和道德规范在敬畏情绪和游客亲环境行为中起链式中介作用，提出如下假设：

H8a:“小我”在敬畏情绪和游客具体环境行为中起中介作用。

H8b:“小我”在敬畏情绪和游客一般环境行为中起中介作用。

H9a：道德判断在敬畏情绪和游客具体环境行为中起中介作用。

H9b：道德判断在敬畏情绪和游客一般环境行为中起中介作用。

H9c：道德意愿在敬畏情绪和游客具体环境行为中起中介作用。

H9d：道德意愿在敬畏情绪和游客一般环境行为中起中介作用。

H10a:“小我”对道德判断起正向作用。

H10b:“小我”对道德意愿起正向作用。

H11a:“小我”和道德判断在敬畏情绪和游客具体环境行为中起链式中介作用。

H11b:“小我”和道德判断在敬畏情绪和游客一般环境行为中起链式中介作用。

H11c:“小我”和道德意愿在敬畏情绪和游客具体环境行为中起链式中介作用。

H11d:“小我”和道德意愿在敬畏情绪和游客一般环境行为中起链式中介作用。

基于上述分析和假设，本书推论：景区的自然环境和宗教氛围共同诱发游客的敬畏情绪，敬畏情绪能够正向地影响“小我”、道德规范和游客亲环境行为，“小我”与道德规范在该景区呈现正相关关系，“小我”、道德规范与游客亲环境行为也在本章情境下呈现显著相关的关系。由此，构建概念模型如图10–2–1所示。

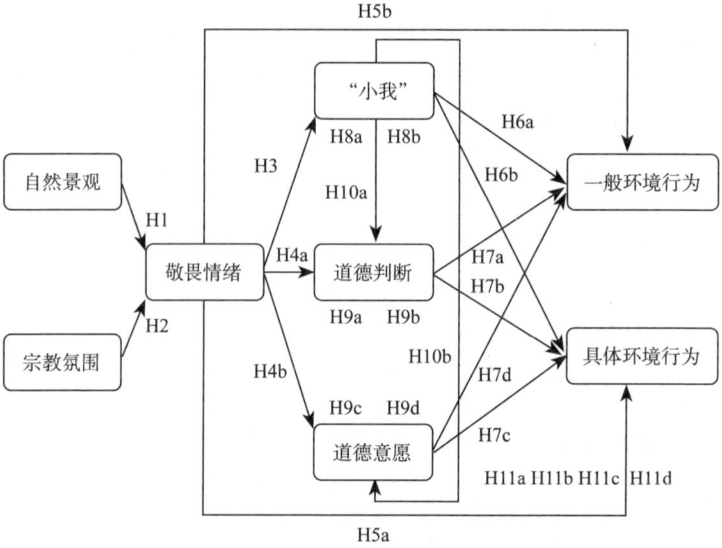

图 10-2-1 概念模型图

第三节 研究设计与数据收集

一、量表选取

本章采用已有文献中使用过的量表对各变量进行测量，结合南山竹海景区的实际情况，对部分词句进行调整，形成初始量表。采用的量差包括田野、祁潇潇开发使用过的对自然环境和宗教氛围的测量量表、用语义差异法描述游客敬畏情绪的量表、皮夫的“小我”量表、周晓丽的道德判断和道德意愿的量表和赵宗金修订的一般环境行为和具体环境行为的量表。❶

❶ 田野，卢东，Samart Powpaka. 游客的敬畏与忠诚：基于情绪评价理论的解释 [J]. 旅游学刊，2015（10）；
祁潇潇，赵亮，胡迎春 . 敬畏情绪对旅游者实施环境责任行为的影响——以地方依恋为中介 [J]. 旅游学刊，2018（11）；
Piff P K，Dietze P.Awe，the small self，and prosocial behavior [J].Journal of Personality and Social Psychology，2015（6）；
周晓丽，徐虹，刘悦 . 宗教山岳型景区游客文明旅游行为意向的影响机制——基于敬畏情绪的视角 [J]. 西北师范大学学报（自然科学版），2021（4）；
赵宗金，董丽丽，王小芳 . 地方依附感与环境行为的关系研究——基于沙滩旅游人群的调查 [J]. 社会学评论，2013（3）.

二、数据收集

研究选择江苏省溧阳市南山竹海风景区作为数据收集地。南山竹海风景区是国家5A级旅游景区，景区以竹文化和寿文化为主题，拥有广阔的竹林和壮美的山岳。山脚下坐落着一座由纯铜打造的12.8米高的寿翁，被称为中国第一寿星。来南山竹海游玩的游客一方面可以体会到竹林自然之美，另一方面也可拜拜长寿佛，祈求健康长寿。本书为测试量表的适用性和问卷实施的结果，在正式调研前展开预调研工作，预调研采用“问卷星”线上调研的方式，通过微信、小红书、微博等渠道在2023年3月25～30日进行，共收回106份，剔除填写时间过短的问卷，得到有效问卷92份，有效率为87%。

三、正式问卷形成

本书采用CITC值及Cronbach's α系数的2个统计指标对初始量表题项进行纯化。删除CICT系数小于0.4的题项，Cronbach's α系数最好在0.7以上信度才基本符合要求。基于以上的要求本章运用SPSS 26.0对问卷数据的内部一致性进行测量。通过检验发现，量表的Cronbach's α系数均大于0.9，说明信度非常好；CICT系数均大于0.4，说明不需要删除题项，因此本量表不需要修改。

为了确定数据是否适合做因子分析，采用KMO和Bartlett系数进行结构效度检验。当KMO>0.9表示非常适合做因子分析，KMO>0.8表示适合做因子分析，KMO>0.7表示一般适合做因子分析。本章中KMO值为0.847，大于0.8表明适合做因子分析。Bartlett球形检验的显著性值为0.000小于显著性水平0.05，存在明显差异。综上所述，本量表适合做因子分析。效度检验结果如表10-3-1所示。

表10-3-1　KMO和Bartlett效度检验

KMO和巴特利特检验		
KMO取样适切性量数	0.847	
巴特利特球形度检验	近似卡方	3355.935
	自由度	703
	显著性	0.000

第四节 数据分析

本章正式问卷发放以游玩过南山竹海景区的游客为对象，采取网上调研和现场调研相结合的方式，数据收集时间为 2023 年 4 月 18～30 日，累计收回问卷 546 份，对答案相同、填写时间过短以及未通过注意力测试的问卷进行删除，最终得到有效问卷 483 份，问卷的有效回收率为 88%。

一、人口统计学特征

根据调查的人口统计特征表（表 10–4–1），男性样本有 240 人，女性样本有 243 人，分布均匀。样本中占比最高的是 26～35 岁的青壮年群体，占比最小的是 18 岁及以下的青少年群体和 66 岁及以上的老年群体，这两个群体对于网络的使用较少，填写率不高。学历为大专的样本占比最高，然后依次是本科、高中、研究生、初中及以下，总体符合南山竹海旅游景区的游客群体现状。从职业类型上看，公司 / 企业职工占比最高为 25.1%，其次为在校学生、离退休职员、私营业主、政府机关 / 事业单位、其他。这也符合南山竹海旅游景区特点，南山竹海主要是休闲放松的地方，上班族在休息日会选择来此景区休憩。从游客居住地来看，南山竹海游客大多数来自江苏省内城市，28.2% 来自溧阳市本地，49.7% 来自江苏省其他城市。从平均月收入来看，月收入在 4001～6000 元的游客占比最高（24.2%），其次为 2001～4000 元、6001～8000 元、8000 元及以上、2000 元及以下。

表 10–4–1　有效样本的人口统计特征

人口统计变量	样本结构			人口统计变量	样本结构		
	类别	人数	有效百分比 /%		类别	人数	有效百分比 /%
性别	男	240	49.7	职业	学生	119	24.6
	女	243	50.3		政府机关 / 事业单位	55	11.4

续表

<table>
<tr><th rowspan="2">人口统计变量</th><th colspan="3">样本结构</th><th rowspan="2">人口统计变量</th><th colspan="3">样本结构</th></tr>
<tr><th>类别</th><th>人数</th><th>有效百分比 /%</th><th>类别</th><th>人数</th><th>有效百分比 /%</th></tr>
<tr><td rowspan="7">年龄</td><td>18 岁及以下</td><td>37</td><td>7.7</td><td rowspan="4">职业</td><td>公司 / 企业职工</td><td>121</td><td>25.1</td></tr>
<tr><td>19～25 岁</td><td>83</td><td>17.2</td><td>私营业主</td><td>80</td><td>16.6</td></tr>
<tr><td>26～35 岁</td><td>92</td><td>19.0</td><td>离退休职员</td><td>101</td><td>20.9</td></tr>
<tr><td>36～45 岁</td><td>78</td><td>16.1</td><td>其他</td><td>7</td><td>1.4</td></tr>
<tr><td>46～55 岁</td><td>72</td><td>14.9</td><td rowspan="3">居住地</td><td>江苏省溧阳市</td><td>136</td><td>28.2</td></tr>
<tr><td>56～65 岁</td><td>85</td><td>17.6</td><td>江苏省内其他城市</td><td>240</td><td>49.7</td></tr>
<tr><td>66 岁及以上</td><td>36</td><td>7.5</td><td>江苏省外其他城市</td><td>107</td><td>22.1</td></tr>
<tr><td rowspan="5">学历</td><td>初中及以下</td><td>64</td><td>13.2</td><td rowspan="5">平均月收入</td><td>2000 元及以下</td><td>62</td><td>12.8</td></tr>
<tr><td>高中 / 中专</td><td>110</td><td>22.8</td><td>2001～4000 元</td><td>116</td><td>24.1</td></tr>
<tr><td>大专</td><td>121</td><td>25.1</td><td>4001～6000 元</td><td>117</td><td>24.2</td></tr>
<tr><td>本科</td><td>113</td><td>23.4</td><td>6001～8000 元</td><td>111</td><td>23.0</td></tr>
<tr><td>研究生</td><td>75</td><td>15.5</td><td>8001 元及以上</td><td>77</td><td>15.9</td></tr>
<tr><td colspan="6">合计</td><td>483</td><td>100</td></tr>
</table>

二、验证性因子分析

建构效度主要通过聚合效度和区分效度体现。本章通过使用 AMOS 26.0 软件，通过验证性因子分析（CFA），选取相应指标检验模型的聚合效度。本章模型聚合效度检验结果如表 10–4–2 所示。首先，本章问卷的变量标准化因子载荷均大于 0.5，且均在 0.001 的水平上显著，其次，χ^2/df=1.071，RMSEA=0.012，GFI=0.931，AGFI=0.922，NFI=0.932，RFI=0.927，IFI=0.995，TLI=0.995，CFI=0.995，PGFI=0.816，PMFI=0.861，PCFI=0.919，指标均符合规定标准。最后，所有变量的 CR 值均大于 0.7，AVE 均大于 0.5，说明该模型具有良好的稳定性和聚合效度。

表 10-4-2 验证性因子分析结果

变量	测量题项	标准化因子载荷	AVE	CR
自然	A1	0.733	0.556	0.8333
	A2	0.775		
	A3	0.773		
	A4	0.699		
宗教	B1	0.767	0.5576	0.863
	B2	0.743		
	B3	0.741		
	B4	0.753		
	B5	0.729		
敬畏	C1	0.761	0.5911	0.8966
	C2	0.791		
	C3	0.779		
	C4	0.782		
	C5	0.742		
	C6	0.757		
“小我”	D1	0.808	0.6058	0.8847
	D2	0.779		
	D3	0.789		
	D4	0.741		
	D5	0.773		
道德判断	E1	0.781	0.6303	0.8949
	E2	0.813		
	E3	0.765		
	E4	0.781		
	E5	0.828		
道德意愿	F1	0.748	0.5931	0.8793
	F2	0.773		
	F3	0.765		
	F4	0.771		
	F5	0.793		

续表

变量	测量题项	标准化因子载荷	AVE	CR
具体环境	G1	0.787	0.5951	0.8151
	G2	0.757		
	G3	0.77		
一般环境	H1	0.829	0.6827	0.9149
	H2	0.836		
	H3	0.813		
	H4	0.824		
	H5	0.829		
模型拟合指标：χ^2/df=1.071，RMSEA=0.012，GFI=0.931，AGFI=0.922，NFI=0.932，RFI=0.927，IFI=0.995，TLI=0.995，CFI=0.995，PGFI=0.816，PMFI=0.861，PCFI=0.919				

如表 10–4–3 所示，本章研究的所有变量之间都是正相关关系，且相关系数均在 $p < 0.001$ 上显著，全部变量 AVE 的平方根均为 0.746～0.826，并且大于其他变量的相关系数，因此该模型各变量间的区分效度良好。

表 10–4–3　变量相关性与区别效度检验

变量	自然	宗教	敬畏	“小我”	道德判断	道德意愿	具体环境	一般环境
自然	0.556							
宗教	0.143	0.5576						
敬畏	0.365	0.324	0.5911					
小我	0.095	0.084	0.26	0.6058				
道德判断	0.145	0.129	0.398	0.378	0.6303			
道德意愿	0.098	0.087	0.27	0.372	0.196	0.5931		
具体环境	0.048	0.043	0.132	0.212	0.363	0.141	0.5951	
一般环境	0.161	0.143	0.442	0.504	0.543	0.421	0.228	0.683
AVE 平方根	0.746	0.747	0.769	0.778	0.794	0.770	0.771	0.826

三、结构方程模型检验

如表 10–4–4 所示，本章模型中有 12 条路径显著，3 条路径不显著。具体为：①自然环境对敬畏情绪的标准化估计值为 0.448（$p < 0.001$），表明自然环境

对敬畏情绪有正向影响，即 H1 成立；宗教氛围对敬畏情绪的标准化估值为 0.254（$p < 0.001$），表明宗教氛围对敬畏情绪有正向影响，即 H2 成立。②敬畏情绪对“小我”的标准化估计值为 0.278（$p < 0.001$），表明敬畏情绪对“小我”有正向影响，即 H3 成立；敬畏情绪对道德判断的标准化估计值为 0.338（$p < 0.001$），表明敬畏情绪对道德判断有正向影响，即 H4a 成立；敬畏情绪对道德意愿的标准化估计值为 0.205（$p < 0.001$），表明敬畏情绪对道德意愿有正向影响，即 H4b 成立；敬畏情绪对具体环境行为的标准化估计值为 –0.037（p=0.514），表明敬畏情绪与具体环境行为之间没有直接影响关系，H5a 不成立；敬畏情绪对一般环境行为的标准化估计值为 0.205（$p < 0.001$），表明敬畏情绪与一般环境行为有正向影响，H5b 成立。③“小我”对具体环境行为的标准化估计值为 0.066（p=0.232），表明“小我”与具体环境行为之间没有直接影响关系，H6a 不成立；“小我”对一般环境行为的标准化估计值为 0.257（$p < 0.001$），表明“小我”对一般环境行为有正向影响，H6b 成立。④道德判断对具体环境行为的标准化估计值为 0.316（$p < 0.001$），表明道德判断对具体环境行为有正向影响，H7a 成立；道德判断对一般环境行为的标准化估计值为 0.345（$p < 0.001$），表明道德判断对一般环境行为有正向影响，H7b 成立；道德意愿对具体环境行为的标准化估计值为 0.051（p=0.311），表明道德意愿和具体环境行为之间没有直接影响关系，H7c 不成立；道德意愿对一般环境行为的标准化估计值为 0.21（$p < 0.001$），表明道德意愿对一般环境行为有正向影响，即 H7d 成立。⑤“小我”对道德判断的标准化估计值为 0.29（$p < 0.001$），表明“小我”对道德判断有正向影响，即 H10a 成立；“小我”对道德意愿的标准化估计值为 0.333（$p < 0.001$），表明“小我”对道德意愿有正向影响，即 H10b 成立。

表 10–4–4　变量之间的路径系数及假设检验结果

序号	假设路径			标准化估计	S.E.	CR	*P*	结果
H1	敬畏	←	自然	0.448	0.072	6.197	***	显著
H2	敬畏	←	宗教	0.254	0.046	5.521	***	显著
H3	“小我”	←	敬畏	0.278	0.055	5.077	***	显著
H4a	道德判断	←	敬畏	0.338	0.052	6.467	***	显著

续表

序号	假设路径			标准化估计	S.E.	CR	*P*	结果
H4b	道德意愿	←	敬畏	0.205	0.056	3.678	***	显著
H5a	具体环境	←	敬畏	−0.037	0.056	−0.653	0.514	不显著
H5b	一般环境	←	敬畏	0.205	0.049	4.175	***	显著
H6a	具体环境	←	“小我”	0.066	0.055	1.196	0.232	不显著
H6b	一般环境	←	“小我”	0.257	0.048	5.334	***	显著
H7a	具体环境	←	道德判断	0.316	0.057	5.505	***	显著
H7b	一般环境	←	道德判断	0.345	0.05	6.978	***	显著
H7c	具体环境	←	道德意愿	0.051	0.051	1.013	0.311	不显著
H7d	一般环境	←	道德意愿	0.21	0.044	4.732	***	显著
H10a	道德判断	←	“小我”	0.29	0.049	5.948	***	显著
H10b	道德意愿	←	“小我”	0.333	0.054	6.179	***	显著

四、中介效应检验

本书使用 Amos 26.0 软件，运用偏差校正百分位 Bootstrap 法对中介效应进行检验，只需观察 Bootstrapping 通过点估计的置信区间，若置信区间包含 0 则中介效应不显著，不包含 0 则中介效应显著。本书将 Bootstrap Sample 设为 5000，在 95% 置信区间条件下进行分析，分析结果如表 10–4–5 所示。其中有三条中介效应不显著:“小我”在敬畏情绪和具体环境行为间中介效应不显著；道德意愿在敬畏情绪和具体环境行为间中介效应不显著;“小我”和道德意愿在敬畏情绪和具体环境行为间中介效应不显著，即 H8a、H9c、H11d 不成立。“小我”部分中介于敬畏情绪和一般环境行为，道德判断完全中介于敬畏情绪和具体环境行为，道德判断部分中介于敬畏情绪和一般环境行为，道德意愿部分中介于敬畏情绪和一般环境行为，即 H8b、H9a、H9b、H9d、H11a、H11b、H11c 成立。

表 10–4–5 标准化的 Bootstrap 中介效应检验

路径	效应值	SE	Bias-corrected 95% *CI*			Percentile 95% *CI*			结果
			Lower	Upper	*P*	Lower	Upper	*P*	
路径 1（H8a）	0.018	0.016	−0.009	0.055	0.186	−0.011	0.052	0.235	不支持

续表

路径	效应值	SE	Bias-corrected 95% *CI*			Percentile 95% *CI*			结果
			Lower	Upper	*P*	Lower	Upper	*P*	
路径 2（H8b）	0.071	0.020	0.038	0.118	0.000	0.036	0.115	0.000	支持
路径 3（H9a）	0.107	0.025	0.065	0.164	0.000	0.063	0.16	0.000	支持
路径 4（H9b）	0.117	0.024	0.075	0.172	0.000	0.073	0.168	0.000	支持
路径 5（H9c）	0.011	0.011	−0.007	0.038	0.242	−0.009	0.035	0.304	不支持
路径 6（H9d）	0.043	0.015	0.019	0.079	0.000	0.017	0.075	0.000	支持
路径 7（H11a）	0.025	0.008	0.013	0.046	0.000	0.012	0.043	0.000	支持
路径 8（H11b）	0.028	0.008	0.015	0.049	0.000	0.014	0.046	0.000	支持
路径 9（H11d）	0.005	0.005	−0.003	0.016	0.254	−0.004	0.015	0.304	不支持
路径 10（H11c）	0.019	0.007	0.009	0.037	0.000	0.008	0.035	0.000	支持

本章小结

目前，全社会对游客的环境行为都很重视。现有研究多基于理性路径如计划行为理论对游客文明旅游行为意向的影响，但纯理性路径具有一定的局限性。游客情感这一感性路径对文明旅游行为意向的影响相较于理性路径更有说服力。基于此，本章基于情绪评价理论，以南山竹海景区为案例地，探讨了游客敬畏情绪、“小我”、道德规范和游客亲环境行为的相关关系，实证检验提出的研究假设和构建的概念模型，得到以下结论。

第一，自然环境和宗教氛围会激发敬畏情绪。本章得出的结论与田野、祁潇潇等得出的结论一致。[1]研究发现，南山竹海景区游客的敬畏情绪虽然受到自然环境和宗教氛围的双重诱发，但自然环境比宗教氛围更能够激发敬畏情绪。其原因可能是该景区主要以生态环境为主，游客来到该景区主要是为了观赏竹林与南山，所以自然环境的路径系数要大于宗教氛围的路径系数。

第二，敬畏情绪对“小我”有正向影响。根据数据结果显示，敬畏情绪是提升游客“小我”意识的前因变量，本结论一定程度上弥补了“小我”在旅游情境中的空白。该结论与皮夫的研究结果一致。[2]敬畏情绪作为一种自我超越的积极情绪，能够让个体感觉到自己的渺小，自我意识削弱，从而降低个体对自我相关目标和个人利益的重视程度，并将自己视为自然的一部分，更加关注自然的利益。与之前的文献相比，本章验证了敬畏情绪对“小我”的影响，认为游客被激发出的敬畏情绪会提升“小我”意识。

---

[1] 田野，卢东，吴亭.敬畏情绪与感知价值对游客满意度和忠诚的影响——以西藏旅游为例[J].华东经济管理，2015（10）；
祁潇潇，赵亮，胡迎春.敬畏情绪对旅游者实施环境责任行为的影响——以地方依恋为中介[J].旅游学刊，2018（11）.

[2] Piff P K，Dietze P.Awe，the small self，and prosocial behavior [J].Journal of Personality and Social Psychology，2015（6）.

此外，实证结果显示，敬畏对道德判断和道德意愿均具有正向影响，且相比于道德意愿，道德判断的影响更大。这一结果与现有研究结论一致。[1]游客在敬畏情绪被激发的情况下，会更加遵守道德规范以及做出符合道德的判断，使自己的道德水平得到提升。敬畏对道德意愿有正向影响。敬畏情绪造成游客心理上的震撼，增强了他们的道德意愿，促使游客将自己放在更高层次的“大我”上，从而更愿意为了集体利益而放弃个人利益。

第三，“小我”对一般环境行为有正向影响，道德判断对一般环境行为和具体环境行为有正向影响，道德意愿只对一般环境行为有正向影响。一般环境行为是游客可能尝试为景区做的间接性行为，而具体环境行为是游客具体会为景区做的直接性行为。这一结果显示游客虽然在敬畏情绪激发下产生了“小我”、道德判断和道德意愿，但如果单从“小我”和道德意愿对游客具体环境行为来看，均无显著影响，说明游客自身更希望别人能够去实施具体的环境行为，更愿意遵从自身出游的最大化享乐原则。

第四，“小我”对道德判断和道德意愿均产生正向影响。这一结果说明“小我”能够提升游客的道德规范，即游客产生了“小我”意识后，会产生更加严格的道德判断，增强道德意识。这可能是因为道德判断、道德意愿是道德行为，即亲社会行为的一种，已有结论证实了“小我”对亲社会行为具有正向作用，[2]本书实证得出了“小我”对道德判断和道德意愿的作用机制。

第五，“小我”在敬畏情绪和一般环境行为中起中介作用，道德判断在敬畏情绪和一般环境行为或具体环境行为中都起中介作用，道德意愿在敬畏情绪和一般环境行为中起中介作用，“小我”和道德判断在敬畏情绪和一般环境行为或具体环境行为中起链式中介作用，“小我”和道德意愿在敬畏情绪和一般环境行为中起链式中介作用。敬畏情绪带来的自我关注的降低和对自然关注的提升，个体

[1] 周晓丽，徐虹，刘悦．宗教山岳型景区游客文明旅游行为意向的影响机制——基于敬畏情绪的视角 [J]. 西北师范大学学报（自然科学版），2021（4）；
吕丽辉，汪燕．敬畏情绪对山岳景区游客环境责任行为的影响——以道德规范为中介 [J]. 杭州电子科技大学学报（社会科学版），2023（2）.

[2] Piff P K，Dietze P.Awe，the small self，and prosocial behavior [J].Journal of Personality and Social Psychology，2015（6）.

会自觉地减少自我导向行为，更多地关注集体和社会的利益，导致一般环境行为的产生。敬畏情绪的产生会使游客产生道德判断和道德意愿，更加严格地规范自己，而道德判断能够使游客具体的实施环境行为，游客的道德意愿不能够使游客产生具体的环境行为。

本章内容的理论贡献在于：首先，本章基于情绪评价理论丰富和拓展了通过情感路径来影响游客亲环境行为的相关研究，引导游客自觉采取亲环境行为，丰富了亲环境的相关研究成果。其次，本章将亲环境行为视为一种亲社会行为，将亲环境行为分为一般环境行为和具体环境行为，更加全面地分析“小我”与亲环境行为之间的关系，最终得出“小我”仅对一般环境行为产生影响的结论，填补了“小我”与亲环境行为关系的研究空白。最后，本章首次尝试探索“小我”与道德规范之间的关系，得出“小我”对道德判断和道德意愿均有正向影响，表明游客产生“小我”意识能够使得其更加严格地规范自己，保护环境。

本章内容的管理启示在于：首先，景区应当从情绪的角度来提升游客的道德规范，使其自发形成亲环境行为。虽然国家对于游客的负环境行为出台了许多惩罚措施，但破坏行为依然随处可见，本结论启示景区与其使用惩罚措施来限制约束游客行为，不如让游客产生敬畏情绪主动实施亲环境行为。该研究同时为景区激发游客敬畏情绪提供了思路，以南山竹海景区为例，景区可以通过持续维护自然风光，保护其生态环境，加大长寿佛的文化宣传形象，宣传与其相关的宗教活动，使游客能够体会到南山竹海景区带来的独特的自然环境和宗教氛围，从而有效地促进游客敬畏情绪的激发。

其次，研究结论显示景区激发游客敬畏情绪可提高游客的道德判断水平，游客道德判断水平的提高有助于游客在非惯常旅游途中避免不道德行为的产生，促使游客更加严格地遵守道德准则，从而增加游客的具体环境行为，直接实施对景区有益的行为。景区可以通过设置大屏幕等方式，将游客负环境行为展示在公众面前，让游客充分认识到不道德行为的错误，而不仅仅让道德观念浮于表面，不付诸行动。

本章研究需进一步完善之处在于：首先，本章只选择了南山竹海景区作为案例地来探讨敬畏情绪诱发源、“小我”、道德规范各维度和亲环境行为各维度之间的关系，考虑到在不同类型的景区中敬畏情绪的诱发、“小我”、道德规范和亲环境行为会有所不同，其间的关系也会有所差别，因此有必要获取更多景区的样本群体进行深入研究。其次，本书收集的数据量较少，可能具有片面性，因此有必要获取更多的数据来进行深入研究。最后，本书在进行实地问卷调查时可能造成游客感受较积极，影响研究结论真实性，未来可采用其他方法进行研究。

第十一章　敬畏情绪对游客主观幸福感的影响

“幸福是我们生活的开始和目的。”[1]正如古希腊哲学家伊壁鸠鲁所言，从古至今，幸福一直是大众毕生奋斗和追求的目标。随着互联网时代的到来，各种依附科技发展的新型行业随之兴起，社会竞争愈发激烈，生活节奏越来越快，人们受到焦虑、抑郁等消极情绪的影响日益加剧。如何引导人们建立积极向上的乐观心态，提升民生幸福感，已成为当今社会发展刻不容缓的事。旅游业作为“幸福产业”，其发展的愿景和使命就是提升民众的幸福感。[2]旅游活动中，影响游客幸福感的因素众多。[3]旅游的本质是一种体验，[4]因而相对于其他因素而言，游客对自身在旅游活动中亲身经历过的这种深层次的感受更能影响其幸福感的产生。[5]随着我国旅游业从传统观光型向休闲度假型的发展转变，游客旅游体验正在由强调体验的客观真实性向存在真实性转变，[6]旅游体验研究也从单纯的视觉凝视转向多感官及身体本身的研究，情感与情感转向成为旅游研究中的热点课题，强调旅

---

[1] 郑希付．我们的幸福感 [M]. 广州：暨南大学出版社，2008：1-2.

[2] 张丹婷，邢占军．旅游与民众幸福感 [J]. 旅游学刊，2019（7）.

[3] 张金荟，张宏梅．近 10 年国内旅游幸福感研究进展 [J]. 旅游研究，2021（5）.

[4] 谢彦君．旅游体验的两极情感模型：快乐—痛苦 [J]. 财经问题研究，2006（5）.

[5] 陈强，刘志．红色旅游体验对旅游者幸福感的影响机制研究 [J]. 中国林业经济，2020（6）；
许春晓，郑静．同伴角色、旅游体验质量与旅游者幸福感的关系 [J]. 湘潭大学学报（哲学社会科学版），2021（5）；
孙凤芝，单怡，李宜倍．时空视角下台儿庄古城游客幸福感关系研究——以难忘旅游体验为中介 [J]. 干旱区资源与环境，2023（4）.

[6] Uriely N.The tourist experience: Conceptual developments [J].Annals of Tourism Research，2005(1).

游过程的情感体验。[1]一些学者已经注意到旅游情境下积极情绪对游客幸福感影响作用的必要性，开始尝试构建旅游背景下关联积极情绪和幸福感变量的结构方程模型以探讨其影响机制。[2]但现有研究大多使用笼统的积极情绪作为研究模型框架中的情绪构念，尚缺少以具体积极情绪类型为情绪构念的成果，一定程度削弱了研究结论在实践指导中的针对性和可操作性。

敬畏作为一种包含畏惧、惊叹、困惑、谦卑等多重因素于一体的积极情绪，[3]本质是超越自我的一类情绪体验，[4]也是一种人心的秩序，[5]极具正向积极的能量。壮美的景观、神秘的历史遗迹等因素都会在一定程度上诱发敬畏情绪。[6]当人们产生敬畏情绪时，其复杂性也就决定了多种效应的形成，例如促进提升个体对时间充裕性的感知能力，[7]促使人们减少自我关注，[8]增强与外界合作性，加强与集体

---

[1] Buda D M，d' Hauteserre A M，Johnston L，et al.Feeling and tourism studies [J].Annals of Tourism Research，2014（8）.

[2] Fredrickson B L.The role of positive emotions in positive psychology：The broaden-and-build theory of positive emotions [J].American Psychologist，2001（3）；
Kim H C，Chua B L，Lee S，et al.Understanding Airline Travelers' Perceptions of Well-being：The R OLE of Cognition Emotion，and Sensory Experiences in Airline Lounges [J].Journal of Travel & Tourism Marketing，2016（7）；
Holm M R，Lugosi P，Croes R R，et al.Risk-tourism，Risk-taking and Subjective Well-Being：A Review and Synthesis [J].Tourism Management，2017（63）；
旅游业对国家经济社会发展的战略作用课题组．旅游提升国民幸福：一个分析框架及应用 [J]. 旅游学刊，2015（10）；
周卫，聂晓嘉，闫晨，等．森林公园游客恢复性知觉、场所依恋与幸福感的关系研究 [J].林业经济问题，2021（5）.

[3] Keltner D，Haidt J.Approaching awe，a moral，spiritual，and aesthetic emotion[J].Cognition And Emotion，2003（2）.

[4] Aigoe S B，Haidt J.Witnessing excellence in action：the 'other-praising' emotions of elevation，gratitude， and admiration [J].The journal of positive psychology，2009（2）.

[5] 赵欢欢，张和云，许燕．人心秩序：敬畏特质及其对腐败行为意向的抑制效应 [J]. 中国社会心理学评论，2021（2）.

[6] 董蕊．大学生敬畏情绪与主观幸福感研究 [J]. 教育教学研究，2016（5）.

[7] Rudd M，Vohs K D，Aaker J.Awe expands people's perception of time，alters decision making， and enhances well-being [J].Psychological Science，2012（10）.

[8] Shiota M N，Keltner D，Mossman A.The nature of awe：elicitors，appraisals，and effects on self-concept [J].Cognition & emotion，2007（5）.

的联系，[1]产生亲社会行为意愿等。[2]随着研究的深入，敬畏情绪在旅游领域中的应用也不断丰富起来。已有研究普遍认为，敬畏情绪与游客的旅游体验高度相关，在所有的离散情绪中，游客的敬畏情绪最常出现在旅游过程中，[3]是游客最希望产生的情绪之一。[4]在旅游情境中，敬畏情绪是影响游客地方依恋形成的重要因素，[5]可以显著提升游客的满意度。[6]考虑到敬畏情绪的积极影响效应，研究敬畏情绪对游客主观幸福感的作用机制与影响路径对旅游目的的可持续发展具有深刻的现实意义。另外，已有研究也证明，地方依恋和满意度也是游客形成主观幸福感的关键变量，[7]对游客主观幸福感的作用效应很强；在多种旅游情境下地方依恋和满意度二者之间具有互相影响的关系。[8]然而，目前鲜有学者综合地方依恋与满意度对游客主观幸福感的影响进行研究。

---

❶ Spears R，Leach C，Zomeren M V，et al.Intergroup emotions：More than the sum of the parts [C].New York：Springer，2011:121-145.

❷ Piff P K，Dietze P.Awe，the small self，and prosocial behavior [J].Journal of Personality and Social Psychology，2015（6）.

❸ 田野，卢东，Samart Powpaka. 游客的敬畏与忠诚：基于情绪评价理论的解释 [J]. 旅游学刊，2015（10）；
田野，卢东，吴亭 . 敬畏情绪与感知价值对游客满意度和忠诚的影响——以西藏旅游为例 [J]. 华东经济管理，2015（10）.

❹ Coghlan A，Buckley R，Weaver D.A framework for analyzing awe in tourism experiences [J]. Annals of Tourism Research，2012（3）.

❺ 祁潇潇，赵亮，胡迎春 . 敬畏情绪对旅游者实施环境责任行为的影响——以地方依恋为中介 [J]. 旅游学刊，2018（11）.

❻ 范玉强，陈志钢，刘涛慧，等 . 红色旅游情境下敬畏情绪对游客满意度的影响研究 [J]. 西北大学学报（自然科学版），2021（2）.

❼ 周卫，聂晓嘉，闫晨，等 . 森林公园游客恢复性知觉、场所依恋与幸福感的关系研究 [J]. 林业经济问题，2021（5）；
孙佼佼，徐英 . 环境契合度对旅游者主观幸福感的影响机制 [J]. 干旱区资源与环境，2022（11）.

❽ 朱峰，王江哲，王刚 . 游客地方依恋、满意度与重游意愿关系研究——求新求异动机的调节作用 [J]. 商业研究，2015（10）；
陆相林，孙中伟 . 旅游涉入、满意度、地方依恋作用机制研究——以西柏坡红色游客为例 [J]. 干旱区资源与环境，2017（7）；
王江哲，王刚，李维维 . 观光旅游者地方依恋、满意度与忠诚度间关系研究 [J]. 地域研究与开发，2017（5）；
龙江智，段浩然，何洋 . 古镇情境下旅游涉入、地方依恋对游客满意度的影响研究——以体验质量为中介 [J]. 旅游导刊，2020（4）.

考虑到幸福感也被具体划分为积极情绪，因此以游客角度出发研究敬畏情绪对游客幸福感的影响路径机制对旅游资源的向上发展有着现实意义。但是，关于游客激发敬畏情绪去唤起主观幸福感的研究还存在着需要弥补的部分：目前仅有的旅游领域研究中对敬畏情绪影响主观幸福感的背景较为单一，另外具体作用路径还值得去继续探索。

结合现有研究成果及空白，本章基于敬畏原型理论和情绪评价理论，以地方依恋和满意度为中介因素，构建敬畏情绪对游客主观幸福感的影响模型，并以宗教山岳型景区千山风景区为案例地进行实证调查，深入揭示敬畏情绪对游客主观幸福感的影响机制，以期促进和丰富旅游研究领域敬畏情绪和幸福感相关理论的发展。

第一节　文献回顾

一、地方依恋

对地方依恋最早的研究始于国外的学者，是将人、地方和纽带三个主体集合在一起而形成的一种理论。[1] 随后在游憩的视角上将场所依赖理论引进我国；[2] 对于地方依恋维度的划分，大多数学者接受地方依赖和地方认同两个维度，[3] 地方依赖是一种功能性的依恋，[4] 而地方认同更多的是一种情感性的依恋，[5] 具体研究划分类别的方式取决于实际情况。[6] 本章也采用以上两个维度的划分形式。除此之外，

[1] Zahra A A，Nasibeh Z，Ahmad D，et al.Place attachment and aging：A scoping review [J]. Journal of Human Behavior in the Social Environment，2022（1）.

[2] 黄向，保继刚，GEOFFREY W. 场所依赖（place attachment）：一种游憩行为现象的研究框架 [J]. 旅游学刊，2006（9）.

[3] 唐文跃 . 城市居民游憩地方依恋特征分析——以南京夫子庙为例 [J]. 地理科学，2011（10）；Lee T H.How recreation involvement，place attachment and conservation commitment affect environmentally responsible behavior [J].Journal of Sustainable Tourism，2011（7）.

[4] 潘莉，张梦，张毓峰 . 地方依恋元素和强度分析——基于青年游客的质性研究 [J]. 旅游科学，2014（2）.

[5] Kyle G，Chick G.Enduring leisure involvement：The importance of personal relationships [J]. Leisure Studies，2004（3）.

[6] 唐文跃 . 旅游开发背景下古村落居民地方依恋对其迁居意愿的影响——以婺源古村落为例 [J]. 经济管理，2014，36（5）：124-132.

还有一些划分维度被提出，例如家庭和朋友的联系、社会联系等。[1]

地方依恋作为情感与行为之间的重要纽带，经常被学者当作中介变量来进行研究。作为人和地之间的情感联结，诱发地方依恋的方式和途径丰富多样，食物和水、地方的餐厅体验、游客的情感变化、游客对于服务的感知、气味感知、旅游涉入等因素均可以在一定情况下影响地方依恋。[2]后置变量包括地方忠诚度的建立、推荐意向的实施、社会参与、环境责任行为等。[3]地方依恋与满意度之间

---

[1] Christopher M R，Brown G，Weber D. The measurement of place attachment：Personal，community，and environmental connections [J].Journal of Environmental Psychology，2010，30（4）：422-434；

Kyle G，Graefe A,Robert M,et al.Effect of Activity Involvement and Place Attachment on Recreationists' Perceptions of Setting Density [J].Journal of Ceisure Research，23（2）：243-266.

[2] Michael J G，Brown G．An empirical structural model of tourists and places：Progressing involvement and place attachment into tourism [J]．Tourism Management，2008，29（6）：1141-1151；

Mohamed M E，Kim D C，Lehto X，et al．Destination restaurants，place attachment，and future destination patronization [J]．Journal of Vacation Marketing，2022，28（1）：20-37；

SSameer H，Girish P，RobertO V D，et al．Mediating Effects of Place Attachment and Satisfaction on the Relationship between Tourists'Emotions and Intention to Recommend [J].Journal of Travel Research，2017，56（8）：1079-1093；

贯衍菊，林德荣．旅游者服务感知、地方依恋与忠诚度——以厦门为例 [J].地理研究，2016，35（2）：390-400；

徐虹，周泽鲲．气味景观感知对乡村地方依恋的影响机制研究——兼论怀旧的中介作用 [J].人文地理，2020，35（4）：48-55；

王坤，黄震方，方叶林，等．文化旅游区游客涉入对地方依恋的影响测评 [J].人文地理，2013，28（3）：135-141.

[3] Stylidis D，Kyle M W，Milan I，et al．Destination loyalty explained through place attachment，destination familiarity and destination image [J].International Journal of Tourism Research，2020，22（5）：604-616；

贯衍菊，林德荣．旅游者服务感知、地方依恋与忠诚度——以厦门为例 [J].地理研究，2016，35（2）：390-400；

Sameer H，Girish P，RobertO V D，et al．Mediating Effects of Place Attachment and Satisfaction on the Relationship between Tourists'Emotions and Intention to Recommend [J].Journal of Travel Research，2017，56（8）：1079-1093；

Bayat F，Hesart E，Sheida G，et al．Analyzing the Causal Model between Place Attachment and Social Participation in Residences through the Mediation of Social Cohesion [J].International Journal of Community Well-Being，2022，5（4）：711-732；

祁潇潇，赵亮，胡迎春．敬畏情绪对旅游者实施环境责任行为的影响——以地方依恋为中介 [J].旅游学刊，2018，33（11）：110-121.

的关系在民宿、山地、乡村等旅游情境中得到了正向的证明。[1]多数研究还将其他变量引入其中，如在古镇旅游情境下，地方依恋在体验质量的中介下影响游客满意度；[2]历史街区旅游情境下，地方依恋通过满意度的中介影响忠诚度。[3]通常采用心理学的方式测量地方依恋的评价有效性，[4]以“相比于其他地方某地能够满足需求”等题项作为测量依托。[5]

二、满意度

早期谈到满意度大多数指的是顾客满意度，旅游满意度的概念也是来源于顾客满意度。[6]旅游满意度往往代表着旅游者对旅游目的地的实际感知情况，在一定程度上体现了目的地的规划开发情况和旅游从业人员的服务现状，对于旅游经济的发展具有重要意义。游客满意度作为旅游者对旅游目的地提供的服务、环境、基础设施等因素的主体评价，[7]是多重因素相互作用产生的结果，提升游客满意度成为当今的研讨热点。

从外在结构上看，实证指出旅游基础设施、旅游目的地环境、旅游产品的价格、旅游品牌形象、管理体制是影响游客满意度的重要因素；从内在中观察，旅游者的期望和旅游动机、感知价值质量、积极情绪、旅游感官体验、服务感知、

---

[1] 黄旭，常丽丽，顾晓艳. 民宿旅游者地方依恋、满意度与忠诚度关系研究——以杭州临安为例 [J]. 经济研究导刊，2022（34）；
元晓春，郭进辉，肖晨媛，等. 山地旅游者人格特质如何影响环境负责任行为——以地方依恋与解说满意度为中介变量 [J]. 中国生态旅游，2022（2）；
方淑苗，方帆. 乡村旅游感知价值对重游意愿的影响研究——地方依恋和游客满意度的链式多重中介作用 [J]. 四川旅游学院学报，2022（1）.

[2] 龙江智，段浩然，何洋. 古镇情境下旅游涉入、地方依恋对游客满意度的影响研究——以体验质量为中介 [J]. 旅游导刊，2020（4）.

[3] 钱树伟，苏勤，郑焕友. 历史街区顾客地方依恋与购物满意度的关系——以苏州观前街为例 [J]. 地理科学进展，2010（3）.

[4] Williams D R，Vaske J J.The Measurement of Place Attachment：Validity and Generalizability of a Psychometric Approach [J].Forest Science，2003（6）.

[5] 盛婷婷，杨钊. 国外地方感研究进展与启示 [J]. 人文地理，2015（4）.

[6] Oliver R L.Cognitive，Affective and Attribute Bases of the Satisfaction Response [J].Journal of Consumer Research，1993（3）.

[7] 司蒐，王冲. 基于层次分析法的旅游景区信用评价指标体系构建 [J]. 四川师范大学学报（自然科学版），2018（6）.

全过程的旅游体验等众多因素均可以影响和调节满意度；[1]满意度能够影响重游意愿、主观幸福感的提升、旅游忠诚度的建立；[2]作为中介变量，满意度在非遗旅游街区背景下，对地方感影响忠诚度起到部分中介作用；[3]在民族文化旅游景区，满意度在游客服务质量感知和行为意向之间具有中介效应；[4]在川藏线骑行情境下，旅游满意度在旅游动机和主观幸福感之间具有中介效应。[5]测量上，除了总体的

---

❶ 陈翠，关江华，陈丽军．旅游体验视角下生态旅游满意度研究——以庐山风景区为例 [J]. 林业经济，2020（1）；

Richard W B.Niche tourism （bird watching） and its impacts on the wellbeing of a remote island and its residents [J].International Journal of Tourism Anthropology，2019（1）；

刘福承，刘爱利，刘敏．游客满意度的内涵、测评及形成机理——国外相关研究综述 [J]. 地域研究与开发，2017（6）；

张晶晶．生态旅游示范景区服务空间、品牌形象与游客满意度关系 [J]. 林业经济问题，2019（2）；

郭峦，巩丽朵，王诗琪．基于 IPA 分析法的旅游城市夜间旅游满意度研究——以桂林市为例 [J]. 创新，2022（3）；

Elaine F M，Kim H，Uysal M，et al：l.The effect of co-creation experience on outcome variable [J].Annals of Tourism Research，2016（57）；

Sangeetha G，Payel D，Dixit S K，et al.Wine-experienscape and tourist satisfaction：through the lens of online reviews [J].Journal of Foodservice Business Research，2022（6）；

Joseph L C，Vasanehi S，Parayitam S.The relationship between attraction，perception of service，opportunities and tourist satisfaction in backwater tourism in Alappuzha district of Kerala in India [J].Tourism and Hospitality Research，2022（3）；

陈翠，关江华，陈丽军．旅游体验视角下生态旅游满意度研究——以庐山风景区为例 [J]. 林业经济，2020（1）.

❷ Zaitul Z，Desi I，Neva N.Village-Based Tourism Performance：Tourist Satisfaction and Revisit Intention [J].Polish Journal of Sport and Tourism，2022（2）；

王华，马志新．川藏线骑行者旅游动机与主观幸福感关系研究——旅游满意度的中介作用 [J]. 旅游科学，2020（6）；

Lusianus K.Tourist loyalty to hot springs destination：the role of tourist motivation，destination image，and tourist satisfaction [J].Leisure/Loisir，2022（3）.

❸ 郑久良．非遗旅游街区旅游者地方感、满意度与忠诚度的中介作用机制研究——以黄山市屯溪老街为例 [J]. 西北师范大学学报（自然科学版），2021（5）.

❹ 周文丽，张海玲．民族文化旅游景区服务质量感知对游客行为意愿的影响研究——游客满意度的中介效应 [J]. 武汉商学院学报，2022（1）.

❺ 王华，马志新．川藏线骑行者旅游动机与主观幸福感关系研究——旅游满意度的中介作用 [J]. 旅游科学，2020（6）.

评价之外，通常与期望和理想化的情况进行比较。[1]基于上述文献的整理，本章将满意度视为游客满意度进行研究，并定义为旅游者对享受到的旅游服务是否达到自身内心标准和期望的评价，当服务达到预期水平时则产生游客满意度。

三、主观幸福感

早期在旅游领域中研究的幸福感大多数是主观幸福感。[2]迪纳（Diener）从满意度的角度出发，认为主观幸福感是个体对自身生活满意度的衡量。[3]主观幸福感具体包括三个方面，分别是提升生活满意度、增加积极情绪和降低消极情绪。[4]关于幸福感提升路径，已有实证指出，旅游动机、旅游满意度、心理和身份融合、身份认同和价值、团队旅游中旅游者之间的积极交流等因素在一定程度上影响主观幸福感的变化。[5]主观幸福感的后续影响包括旅游者行为意向、旅游

---

❶ Gallarza M G，Irene G S.Value dimensions，perceived value，satisfaction and loyalty：an investigation of university students' travel behavior [J].Tourism Management，2004（3）；
Yoon Y，Muzaffer U.An examination of the effects of motivation and satisfaction on destination loyalty：a structural model [J].Tourism Management，2003（1）；
Westbrook R A，Oliver R L.The Dimensionality of Consumption Emotion Patterns and Consumer Satisfaction [J].Journal of Consumer Research，1991（1）.

❷ David G，Junaida A.Holiday taking and the Sense of Well-being [J].Annals of Tourism Research，2003（1）.

❸ Diener E.New findings and future directions for subjective well-being research [J].TheAmerican psychologist，2012（8）.

❹ 王燕，李悦，金一波 . 幸福感研究综述 [J]. 心理研究，2010（2）.

❺ Kim L，Kin U A.Nature-Based Tourism：Motivation and Subjective Well-Being [J].Journal of Travel & Tourism Marketing，2015（1）；
Gracey B，Sirgy M J，MichaelI B.The Effects of Holiday Leisure Travel on Subjective Well-Being：The Moderating Role of Experience Sharing [J].Journal of Travel Research，2021（8）；
赵臣，陈扬乐，张凯，等 . 三亚市季节性旅游移民社会融合对主观幸福感的影响 [J]. 地理科学，2020（12）；
赵丽君，陈钢华，胡宪洋 . 背包客身份认同对主观幸福感的影响 [J]. 浙江大学学报（理学版），2022（2）；
陈晔，张辉，董蒙露 . 同行者关乎己？游客间互动对主观幸福感的影响 [J]. 旅游学刊，2017（8）.

参与行为、旅游目的地居民价值共创行为、居民旅游开发意愿等。[1]旅游确实会激励游客产生主观幸福感，尤其体现在旅游之前的阶段最为明显，[2]原因是旅游者处于积极状态，能够乐观感受旅游活动的本质。[3]测量上，大多是在旅游后个体情感变化的基础上，针对划分的维度来进行评价。[4]综上所述，本章将借鉴迪纳对于主观幸福感的定义，探索前置变量作用路径的具体可能性。

第二节　研究假设与模型

一、自然环境、宗教氛围对敬畏情绪的作用

敬畏原型理论指出，在敬畏情绪出现时同时伴随着两大核心特征，即“感知

[1] Kim L，Kin U A.Nature-Based Tourism：Motivation and Subjective Well-Being [J].Journal of Travel & Tourism Marketing，2015（1）；
龙璞，肖小雪，麻学锋 . 居民主观幸福感与旅游参与行为研究——以零陵古城为例 [J]. 商学研究，2023（2）；
唐静，许雅晗，涂精华 . 旅游目的地居民的旅游影响感知与价值共创行为研究——基于主观幸福感的中介作用 [J]. 福建农林大学学报（哲学社会科学版），2021（5）；
王雪娇 . 旅游影响感知对居民旅游开发意愿的影响——主观幸福感的中介作用 [J]. 智慧中国，2020（5）.

[2] Strauss-Blasche G，Ekmekcioglu C，Marktl W.Does vacation enable recuperation？ Changes in well- being associated with time away from work [J].Cupational Medicine，2000（3）；
De Bloom J，Geurts S A E，Kompier M A J.Effects of short vacations，vacation activities and experiences on employee health and well-being [J].Stress and Health，2012（4）；
Gilbert D，Abdullah J.A study of the impact of the expectation of a holiday on an individual's sense of wellbeing [J].Journal of Vacation Marketing，2002（4）；
Gilbert D，Abdullah J.Holiday taking and the sense of wellbeing [J].Annals of Tourism Research，2004（1）.

[3] Filep S，Deery M.Towards a picture of tourists'happiness [J].Tourism Analysis，2010（4）.

[4] Kim L，Kin U A.Nature-Based Tourism：Motivation and Subjective Well-Being [J].Journal of Travel & Tourism Marketing，2015（1）；
Gracey B，Sirgy M J，Michaell B.The Effects of Holiday Leisure Travel on Subjective Well-Being：The Moderating Role of Experience Sharing [J].Journal of Travel Research，2021（8）；
Su L，Swanson S R，Chen X.The effects of perceived service quality on repurchase intentions and subjective well-being of Chinese tourists：The mediating role of relationship quality [J].Tourism Management，2015（52）.

到浩大”和“顺应的需要”。[1]纵观我国山岳型旅游风景区，除了为游客提供自然光景、游览群山的功能之外，宗教体验几乎也是众多游客前来景区的原因之一。我国山岳型景区与宗教之间关系密切、相互依附。[2]山岳型景区内壮美的景色类型丰富，应有尽有，场面雄伟宏大，当游客身临其境时，浩大的感觉不免油然而生。另外，景区内宗教的艺术文化和建筑把旅游者包裹在宗教的氛围之下，促使旅游者产生一种顺应的行为。许多学者先后证明了在旅游情境下，敬畏情绪的诱发存在着多样性。敬畏本身作为一种积极情绪容易在正面的场景环境中迸发，而旅游大多数情况下是游客在乐观的情绪维度上做出的行为，因此旅游背景下为敬畏情绪的诱发在一定程度上创造了条件。已知游客在南极的自然环境中容易产生敬畏情绪，[3]同样山岳型景区相关的宏伟浩大的地质也能够产生敬畏情绪，[4]自然环境和宗教氛围作为两个诱发源依旧能够促进敬畏情绪的产生。[5]基于以上研究成果提出如下假设：

H1：自然环境对敬畏情绪产生显著正向影响。

H2：宗教氛围对敬畏情绪产生显著正向影响。

二、敬畏情绪对地方依恋的作用

敬畏情绪是当面对浩大和广阔以及超出认知范围的当下所产生的情绪。[6]地

---

[1] Keltner D，Haidt J.Approaching awe，a moral，spiritual，and aesthetic emotion [J].Cognition And Emotion，2003（2）.

[2] 田野，卢东，Samart Powpaka. 游客的敬畏与忠诚：基于情绪评价理论的解释 [J]. 旅游学刊，2015（10）.

[3] Powell R B，Brownlee M T，Kellert S R，et al.From awe to satisfaction：Immediate affective responses to the Antarctic tourism experience [J].Polar Record，2012（2）.

[4] 陈翠，关江华，陈丽军 . 旅游体验视角下生态旅游满意度研究——以庐山风景区为例 [J]. 林业经济，2020（1）.

[5] Spears R，Leach C，Zomeren M V，et al.Intergroup emotions： More than the sum of the parts [C].New York：Springer，2011：121-145；
卢东，张博坚，王冲，等 . 产生敬畏的游客更有道德吗？——基于实验方法的探性研究 [J]. 旅游学刊，2016（12）；
David G，Junaida A.Holiday taking and the Sense of Well-being [J].Annals of Tourism Research，2003（1）.

[6] Keltner D，Haidt J.Approaching awe，a moral，spiritual，and aesthetic emotion [J].Cognition And Emotion，2003（2）.

方依恋往往将人与地点依附在一起，由于多方面的原因促使二者之间产生特殊的情感交织。敬畏情绪和地方依恋本质上都属于情感的变化体验，存在相互联系的可能。科格伦提出个体与身边环境世界具有强烈的联系，而敬畏情绪能够促进这种联系的生成，并且加深个体对特定地点的期待和重游的印象，故而能够产生地方偏好和恋地情节。[1]祁潇潇证明在宗教山岳旅游情境下敬畏情绪会正向促进游客的地方依赖和地方认同。[2]敬畏情绪是积极的，同时游客产生的恋地情节也是正向的，人与地方特定意义的联系需要载体加持。而对于山岳型风景区来说，自然环境和宗教氛围等具有特色的因素都可以作为联结人地之间情感的载体。当游客地方依恋情绪产生时，由于正向记忆的加持，地方的载体因素也会随之涌现。由此本章试图讨论和证明在宗教山岳型旅游景区背景下敬畏情绪与地方依赖和地方认同之间的关系。基于此，提出如下假设：

H3：敬畏情绪对旅游者地方依恋产生显著正向影响。

H3a：敬畏情绪对旅游者地方依赖产生显著正向影响。

H3b：敬畏情绪对旅游者地方认同产生显著正向影响。

三、敬畏情绪对游客满意度的作用

游客满意度指的是在旅游行为中游客根据自身能够接受的衡量标准，对整个旅游过程中的各项服务进行评价的比较结果，若超出衡量标准则产生游客满意度，反之则产生消极的情感。在旅游行为中，游客作为旅游主体一直是旅游领域研究的重点，对于个体的情感变化不由得涉及心理学范畴，因此学者常常将心理学理论代入旅游的研究中。根据积极情绪扩展和建构理论，当个体产生积极情绪时，除了能够衍生出正面的行为，随之而来对周围事物也会产生乐观的评价。[3]在旅

---

[1] Coghlan A，Buckley R，Weaver D,A framework for analyzing awe in tourism experiences [J]. Annals of Tourism Research，2012（3）.

[2] 祁潇潇，赵亮，胡迎春.敬畏情绪对旅游者实施环境责任行为的影响——以地方依恋为中介 [J]. 旅游学刊，2018（11）.

[3] Fredrickson B L.The role of positive emotions in positive psychology：The broaden-and-build theory of positive emotions [J].American Psychologist，2001（3）.

游领域对于满意度的研究当中，旅游过程中产生的情绪与满意度是相互关联的。[1] 旅游在更多的情况下是一种情感的输出和变化，能够影响行为态度甚至是自我认知和升华。因此从旅游主体情感的视角切入研究后续的系列变化十分有必要。对于情感与满意度之间的相互作用，实证结果显示，积极情绪对满意度存在乐观的促进作用，[2] 敬畏情绪能够正向影响满意度。[3] 基于此提出如下假设：

H4：敬畏情绪对游客满意度产生显著正向影响。

四、地方依恋对游客满意度的作用

地方依恋是在特定环境下个体与地方之间产生的情感联系，属于情绪的一种。游客满意度是指旅游者在旅游过程中对各项旅游服务指标是否符合内心期望的主观表达。已有研究表明，乡村民宿的游客满意度对地方依赖和地方认同均存在显著的正向关系；[4] 在乡村旅游和山地旅游情境下，地方依恋和满意度均可以作为对游客重游意愿和环境责任行为的中介变量，能够起到链式中介作用。[5] 本章综合以上研究，将地方依恋分为地方依赖和地方认同两个维度进行研究。

基于此，提出研究假设如下：

H5：旅游者地方依恋对游客满意度产生显著正向影响。

---

[1] Bowen D.Antecedents of consumer satisfaction and dis-satisfaction （CS/D） on long-haul inclusive tours a reality check on theoretical considerations [J].Tourism Management，2001（1）.

[2] Lu J S，Maxwell K H.Service Fairness，Consumption Emotions，Satisfaction，andBehavioral Intentions：The Experience of Chinese Heritage Tourists [J].Journal of Travel &Tourism Marketing，2013（8）；
肖小芳，郑希付 . 主动性社交网站使用与高中生生活满意度的关系：社会比较和积极情绪的链式中介作用 [J]. 教育生物学杂志，2022（6）.

[3] 田野，卢东，吴亭 . 敬畏情绪与感知价值对游客满意度和忠诚的影响——以西藏旅游为例 [J]. 华东经济管理，2015（10）；
吕丽辉，王玉平 . 山岳型旅游景区敬畏情绪对游客行为意愿的影响研究——以杭州径山风景区为例 [J]. 世界地理研究，2017（6）.

[4] 黄旭，常丽丽，顾晓艳 . 民宿旅游者地方依恋、满意度与忠诚度关系研究——以杭州临安为例 [J]. 经济研究导刊，2022（34）.

[5] 元晓春，郭进辉，肖晨媛，等 . 山地旅游者人格特质如何影响环境负责任行为——以地方依恋与解说满意度为中介变量 [J]. 中国生态旅游，2022（2）；
淑苗，方帆 . 乡村旅游感知价值对重游意愿的影响研究——地方依恋和游客满意度的链式多重中介作用 [J]. 四川旅游学院学报，2022（1）.

H5a：旅游者地方依赖对游客满意度产生显著正向影响。

H5b：旅游者地方认同对游客满意度产生显著正向影响。

五、地方依恋对主观幸福感的作用

在旅游领域内所涉及的幸福感大多情况下表达的内核是主观幸福感。[1]由于敬畏情绪是一类积极情绪，地方依恋是一种正向的情感表达，游客满意度的产生需要乐观的氛围、环境去烘托，因此本章主观幸福感维度的选择上，将主观幸福感的内核划分为积极情绪和生活满意度两个维度，在主观表达上依旧使用主观幸福感这一整体变量，由此提出地方依恋与主观幸福感之间正向影响关系的存在可能。对于地方依恋与主观幸福感之间的关系，周卫验证了森林公园游客“恢复性知觉→场所依赖→场所认同→幸福感”的影响路径；[2]王屏验证了地方依恋与幸福感在度假者环境认知和忠诚度之间具有链式中介效应；[3]李鹏红验证了地方依恋与幸福感之间存在着积极关系。[4]

基于此提出研究假设如下：

H6：旅游者地方依恋对主观幸福感产生显著正向影响。

H6a：旅游者地方依赖对主观幸福感产生显著正向影响。

H6b：旅游者地方认同对主观幸福感产生显著正向影响。

六、游客满意度对主观幸福感的作用

满意度与幸福感两个需要个体做出主观意识评价的积极变量经常被学者整合到一起进行探究，例如环境满意度与居民主观幸福感之间的关系，城市公园休闲

---

❶ David G，Junaida A.Holiday taking and the Sense of Well-being [J].Annals of Tourism Research，2003（1）.

❷ 周卫，聂晓嘉，闫晨，等．森林公园游客恢复性知觉、场所依恋与幸福感的关系研究 [J].林业经济问题，2021（5）.

❸ 王屏，张冬良．环境认知对乡村寄宿避暑度假者忠诚度的影响研究——地方依恋与幸福感的中介作用 [J].西南民族大学学报（人文社会科学版），2022（8）.

❹ Wiles J L，Ruth E S，Allen A J，et al.Older people and their social spaces：A study of well-being and attachment to place in Aotearoa New Zealand [J].Social Science & Medicine，2008（4）.

满意度与游憩幸福感之间的关系；[1] 艾索阿荷拉（Iso-Ahola）发现游客满意度越高，感受到的主观幸福感就越强；[2] 王华研究发现川藏线骑行者旅游满意度与主观幸福感之间存在正向影响的作用机制。[3] 基于此提出研究假设如下：

H7：游客满意度对主观幸福感产生显著正向影响。

七、敬畏情绪对主观幸福感的作用

关于敬畏情绪对主观幸福感的影响，董蕊证实大学生敬畏情绪能够显著促进主观幸福感的产生；[4] 安德森（Andreson）研究表明，相比较于其他的积极情绪，敬畏情绪更能提升个体的幸福感。[5] 闫昕的研究表明，敬畏情绪对红色旅游者主观幸福感的作用路径起到了中介作用；[6] 本章将主观幸福感作为研究变量，探讨在宗教山岳型旅游景区的背景下，自然环境和宗教氛围维度下诱发的敬畏情绪对旅游者主观幸福感的影响，提出假设如下：

H8：敬畏情绪对旅游者主观幸福感产生显著正向影响。

八、地方依恋和游客满意度的中介作用

在相关的实证研究中，研究背景环境复杂多变，有时会出现两个变量之间不能解释影响作用或是单一变量坐落在中介变量上缺乏说服力的情况，这时需要借助多种中介变量来传递自变量到因变量之间的链式信息。多种中介模型就是指存

---

❶ 李鹏红．环境满意度对城乡居民主观幸福感的影响研究——基于阶层认同为中介的实证分析 [J]. 江汉大学学报（社会科学版），2023（2）；
熊峰，范冰君，张绿水，等．老年人城市公园休闲满意度与游憩幸福感的相关性研究 [J]. 江西科学，2023（2）.

❷ Iso-Ahola S E.Motivation for leisure [J].Understanding leisure & recreation state college venture publishing，1989（5）.

❸ 王华，马志新．川藏线骑行者旅游动机与主观幸福感关系研究——旅游满意度的中介作用 [J]. 旅游科学，2020（6）.

❹ 董蕊．大学生敬畏情绪与主观幸福感研究 [J]. 教育教学研究，2016（5）.

❺ Anderson C L，Maria M，Keltner D.Awe in nature heals：Evidence from military veterans，at-risk youth，and college students [J].Emotion，2018（8）.

❻ 闫昕，晏雄，解长雯，等．红色旅游者主观幸福感的链式生成机理研究 [J]. 干旱区资源与环境，2023（3）.

在着不止一个变量，并且具有整合变量关系的能力。[1]综合以上论述的研究假设，整理变量之间的相互关系，本章基于链式中介模型，将敬畏情绪、地方依恋维度下的地方依赖与地方认同、游客满意度和主观幸福感五个变量整合，构建多重中介模型；认为当旅游者在自然环境和宗教氛围两个因素的刺激下产生敬畏情绪时，根据旅游者的自身需求会促使其与地方形成情感联结，加深记忆重塑，符合个体期望，形成游客满意度，积极情绪贯穿始终，进而生成主观幸福感。综上所述，提出如下中介作用假设：

H9：旅游者地方依恋在敬畏情绪和主观幸福感之间存在中介作用。

H9a：旅游者地方依赖在敬畏情绪和主观幸福感之间存在中介作用。

H9b：旅游者地方认同在敬畏情绪和主观幸福感之间存在中介作用。

H10：游客满意度在敬畏情绪和主观幸福感之间存在中介作用。

H11：旅游者地方依恋和游客满意度在敬畏情绪和主观幸福感之间存在链式中介作用。

H11a：旅游者地方依赖和游客满意度在敬畏情绪和主观幸福感之间存在链式中介作用。

H11b：旅游者地方认同和游客满意度在敬畏情绪和主观幸福感之间存在链式中介作用。

综合以上分析，本章构建的理论模型如图 11-2-1 所示。

---

❶ Anderson C L，Maria M，Keltner D.Awe in nature heals：Evidence from military veterans，at-risk youth，and college students [J].Emotion，2018（8）.

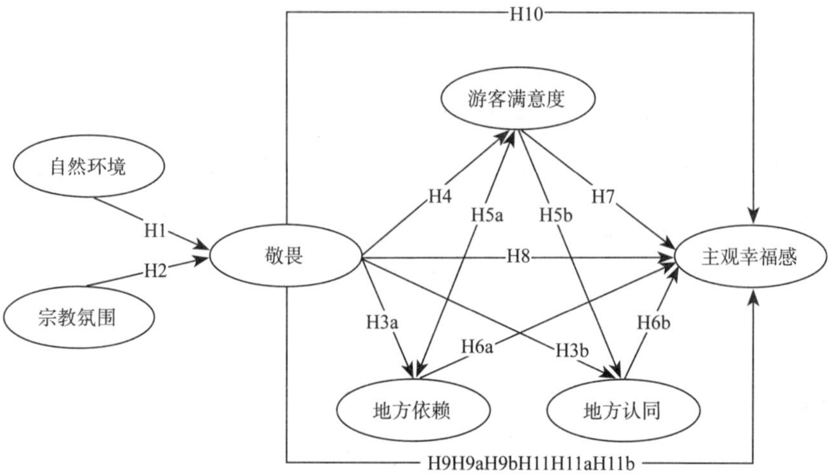

图 11-2-1　研究理论模型

第三节　研究设计与数据收集

一、假设变量测量

对于自然环境、宗教氛围和敬畏情绪的测量，本章选择运用田野和祁潇潇使用过的成熟量表，[1] 作为激发游客敬畏情绪的两个因素，分别对应着感知浩大与渺小组成测量题项；对地方依赖和地方认同的测量量表采用威廉姆斯（Williams）开发并被广泛使用的量表；[2] 对满意度的测量本章全部使用相关学者使用过的成熟

[1] 田野，卢东，Samart Powpaka. 游客的敬畏与忠诚：基于情绪评价理论的解释 [J]. 旅游学刊，2015（10）；
祁潇潇，赵亮，胡迎春 . 敬畏情绪对旅游者实施环境责任行为的影响——以地方依恋为中介 [J]. 旅游学刊，2018（11）.

[2] Aigoe S B，Haidt J.Witnessing excellence in action：the ‘other-praising’ emotions of elevation，gratitude，and admiration [J].The journal of positive psychology，2009（2）；
赵欢欢，张和云，许燕 . 人心秩序：敬畏特质及其对腐败行为意向的抑制效应 [J]. 中国社会心理学评论，2021（2）；
唐文跃，张捷，罗浩，等 . 九寨沟自然观光地旅游者地方感特征分析 [J]. 地理学报，2007（6）.

量表，分别来测量使用的量表；[1]在整理相关文献后发现，由于迪纳的主观幸福感量表具有代表性和全面性，常常被大多数学者选择应用。[2]除此之外，本章也依照瑟吉（Sirgy）、金姆（Kim）、苏（Su）使用的较为权威的量表进行测量。[3]以上量表均采用已经使用过的成熟量表并结合千山风景区的旅游情境，对语境进行了调整，以更加贴近研究背景情境。

二、数据搜集

本章选取辽宁省鞍山市5A级风景旅游区——千山风景区为数据的搜集地。由于道教和佛教共融一山，千山风景区宗教氛围浓厚，是我国东北地区规模宏大的宗教聚集之地，也是我国经典的集游览观光、休闲游憩、宗教体验于一体的山岳型风景区。本章将千山风景区作为数据搜集地，一方面满足研究概念模型构建的情境条件是自然与宗教型的风景区；另一方面基于社会快速发展变化而导致的增强幸福感的现实需要。

为方便抽样，前测问卷一共发放了100份，剔除无效前测问卷1份，剩余有效问卷共计99份，有效率达99%。本书使用SPSS 26.0软件进行前测问卷的信度分析，检验数据的内部一致性，将初始量表进行纯化。自然环境、宗教氛围、敬畏情绪、地方依赖、地方认同、满意度和主观幸福感这7个变量分量表的CITC

---

[1] Gallarza M G，Irene G S.Value dimensions，perceived value，satisfaction and loyalty：aninvestigation of university students' travel behavior [J].Tourism Management，2004（3）；
Yoon Y，Muzaffer U.An examination of the effects of motivation and satisfaction on destination loyalty：a structural model [J].Tourism Management，2003（1）；
Westbrook R A，Oliver R L.The Dimensionality of Consumption Emotion Patterns and Consumer Satisfaction [J].Journal of Consumer Research，1991（1）.

[2] Diener E.New findings and future directions for subjective well-being research [J].The American psychologist，2012（8）.

[3] Gracey B，Sirgy M J，MichaelI B.The Effects of Holiday Leisure Travel on Subjective WellBeing: The Moderating Role of Experience Sharing [J].Journal of Travel Research，2021（8）；
Kim L，Kin U A.Nature-Based Tourism：Motivation and Subjective Well-Being [J].Journal of Travel & Tourism Marketing，2015（1）；
Su L，Swanson S R，Chen X.The effects of perceived service quality on repuchase intentions and subjective well-being of Chinese tourists：The mediating role of relationship quality [J].Tourism Management，2015（52）.

值均大于 0.4 且均在 0.6 以上，Cronbach's α 值均大于 0.7 且均在 0.8 以上，所以量表具有稳定性。根据游客的建议和发放问卷时遇到的问题，及时与旅游专业的老师进行讨论，删除了具有歧义的题项，形成最终的正式问卷。

正式调研依旧秉承着方便抽样的态度，选择在千山风景区现场出口发放，保证填写问卷的旅游者是已经结束游览的游客，于 2023 年 4 月 20 日至 2023 年 4 月 26 日共发放 500 份，回收 492 份，回收率 98.4%，有效回收 474 份，有效率 96.3%。正式问卷中所包含的人口统计学特征由性别、年龄、学历、月收入、职业、居住地、前往千山的次数、一同游览千山的人员、对千山的了解程度组成，在 474 份有效样本中，男女比例相近，男性（51.1%）略大于女性（48.9%）；年龄 19～25 岁（32.9%）的游客居多，其余是 26～35 岁（18.1%）、56～65 岁（13.3%）、66 岁及以上（11.2%）、36～45 岁（10.3%），可见青年人和老年人是游览千山风景区的主体；学历在本科及以上（61%）和高中或中专（15.8%）的人群较多；月收入在 2001～4000（22.4%）和 4001～6000（22.2%）的游客最多；观赏千山风景区旅游者的职业大部分是学生（34.6%）、企业职员（12%）、教师（8.2%）和离退休人员（8.2%）；游客大多数来自鞍山市本地（34.6%）和辽宁省内其他城市（34.2%）；游览千山风景区次数 1 次占比 45.1%，2～4 次占比 40.7%；与游客同行的人员多为家人（31.2%）、同学（25.3%）和朋友（22.0%）；填写问卷的旅游者对千山风景区的了解程度大多数为一般（33.1%）和比较了解（29.5%）（表 11-3-1）。

表 11-3-1　正式样本统计特征描述

变量	特征	频率	百分比
性别	男	242	51.1
	女	232	48.9
年龄	18 岁及以下	26	5.5
	19～25	156	32.9
	26～35	86	18.1
	36～45	49	10.3
	46～55	41	8.7
	56～65	63	13.3
	66 岁及以上	53	11.2

续表

变量	特征	频率	百分比
学历	初中及以下	49	10.3
	高中 / 中专	75	15.8
	大专	61	12.9
	本科	175	36.9
	研究生	114	24.1
月收入	2000 元及以下	147	31
	2001～4000 元	106	22.4
	4001～6000 元	105	22.2
	6001～8000 元	47	9.9
	8001 元及以上	69	14.5
职业	学生	164	34.6
	政府机关 / 事业单位职工	36	7.6
	公司 / 企业职员	57	12
	工人	38	8
	教师	39	8.2
	医务人员	10	2.1
	私营业主 / 个体户	38	8
	离退休人员	39	8.2
	自由职业者	37	7.8
	待业	8	1.7
	其他	8	1.7
居住地	辽宁省鞍山市	164	34.6
	辽宁省内其他城市	162	34.2
	辽宁省外其他城市	148	31.2
前往千山次数	1 次	214	45.1
	2～4 次	193	40.7
	5 次以上	67	14.2
一同游览千山的人员	独自出游	37	7.8
	家人	148	31.2
	朋友	104	22.0
	同学	120	25.3

续表

变量	特征	频率	百分比
一同游览千山的人员	情侣	29	6.1
	同事	27	5.7
	其他	9	1.9
对千山的了解程度	非常不了解	12	2.5
	不太了解	60	12.7
	一般	157	33.1
	比较了解	140	29.5
	非常了解	105	22.2

第四节　数据分析与结果

一、KMO 和巴特利特检验

为了判断搜集到的数据是否适合做因子分析，使用 SPSS 26.0 软件做 KMO 和巴特利特检验。本书中的 KMO 值为 0.904 > 0.9，Bartlett 球形检验的显著性值为 0.000 < 0.05，说明显著，近似卡方值较大为 5855.932。综合以上表明，本章的量表适合做后续的因子分析（表 11–4–1）。

表 11–4–1　KMO 和巴特利特检验

KMO 取样适切性量数		0.904
巴特利特球形度检验	近似卡方	5855.932
	自由度	1081
	显著性	0.000

二、验证性因子分析

本书使用 AMOS 26.0 软件进行了验证性因子分析来检验模型的拟合程度和信效度，模型的拟合结果：$\chi^2/df = 2.327 < 3.00$，RMR=0.045 < 0.05，RMSEA=0.053 < 0.08，IFI=0.915 > 0.90，CFI=0.914 > 0.90，TLI=0.907 > 0.90，

PNFI=0.795 > 0.50，符合建议值的要求，综合上表可以看出测量模型的拟合效果，所有的适配度指标都比较理想，各项指标均达到标准。验证性因子分析具体结果如表 11–4–2 所示，7 个潜变量因子各个题项的标准化载荷均大于 0.6，说明每个测量题项在因子内的解释力度良好；7 个潜变量的 CR（组成信度）均大于 0.6，表明每个题项的内部一致性同样较好；7 个潜变量的 AVE（平均方差抽取量）均大于 0.5，由此可见，各个潜变量内部的各个题项表现出较好的收敛效度。另外 7 个潜变量的 Cronbach's α 均大于 0.7 且都在 0.8 以上，说明量表具有较高的信度。

表 11–4–2　验证性因子分析结果

变量	测量题项	标准化载荷	*P* 值	Cronbach's α	CR	AVE
自然环境	NE1	0.846		0.879	0.882	0.600
	NE2	0.747	***			
	NE3	0.789	***			
	NE4	0.711	***			
	NE5	0.774	***			
宗教氛围	RA1	0.697		0.897	0.897	0.556
	RA2	0.695	***			
	RA3	0.702	***			
	RA4	0.759	***			
	RA5	0.759	***			
	RA6	0.844	***			
	RA7	0.752	***			
敬畏情绪	AWE1	0.805		0.932	0.933	0.667
	AWE2	0.753	***			
	AWE3	0.874	***			
	AWE4	0.856	***			
	AWE5	0.840	***			
	AWE6	0.800	***			
	AWE7	0.781	***			
地方依赖	PD1	0.751		0.889	0.890	0.670
	PD2	0.834	***			
	PD3	0.853	***			
	PD4	0.832	***			

续表

变量	测量题项	标准化载荷	*P* 值	Cronbach's α	CR	AVE
地方认同	PI1	0.703		0.867	0.867	0.522
	PI2	0.774	***			
	PI3	0.665	***			
	PI4	0.704	***			
	PI5	0.727	***			
	PI6	0.756	***			
游客满意度	TS1	0.770		0.823	0.825	0.612
	TS2	0.823	***			
	TS3	0.752	***			
主观幸福感	SWB1	0.728		0.900	0.910	0.504
	SWB2	0.731	***			
	SWB3	0.755	***			
	SWB4	0.725	***			
	SWB5	0.705	***			
	SWB6	0.702	***			
	SWB7	0.659	***			
	SWB8	0.682	***			
	SWB9	0.700	***			

区分效度的检验结果如表 11-4-3 所示。区分效度的检验显示了潜变量之间的相关系数；其中对角线上表达的是各潜变量 AVE（平均方差抽取量）的平方根（介于 0.709～0.819）。并且各个潜变量 AVE（平均方差抽取量）的平方根值基本上大于两个潜变量之间的相关系数，由此表明各个潜变量之间具有很好的区分效度。

表 11-4-3　验证性因子分析区分效度结果

变量	自然环境	宗教氛围	敬畏情绪	地方依赖	地方认同	满意度	主观幸福感
自然环境	0.775						
宗教氛围	0.217	0.746					

续表

变量	自然环境	宗教氛围	敬畏情绪	地方依赖	地方认同	满意度	主观幸福感
敬畏情绪	0.156	0.195	0.817				
地方依赖	0.069	-0.007	0.182	0.819			
地方认同	-0.025	0.027	0.166	0.838	0.722		
满意度	0.047	0.011	0.240	0.521	0.599	0.782	
主观幸福感	0.005	0.054	0.220	0.678	0.733	0.702	0.709

三、回归分析

根据研究假设进行自然环境、宗教氛围对于敬畏情绪的回归分析，被解释变量为敬畏情绪，解释变量为自然环境和宗教氛围，回归分析结果如表 11-4-4、表 11-4-5 所示。

表 11-4-4　模型的 *F* 检验结果

模型		平方和	自由度	均方	*F*	显著性
1	回归	24.923	2	12.461	11.281	0.000
	残差	520.287	471	1.105		
	总计	545.210	473			
a. 因变量：敬畏情绪						
b. 预测变量:（常量），自然环境，宗教氛围						

表 11-4-5　自然环境、宗教氛围对敬畏情绪的回归分析

模型 B		未标准化系数		标准化系数	*t*	显著性 容差	共线性统计	
		标准错误	Beta				VIF	
1	（常量）	2.220	0.222		9.981	0.000		
	自然环境	0.122	0.052	0.108	2.352	0.019	0.957	1.045
	宗教氛围	0.171	0.048	0.163	3.547	0.000	0.957	1.045
a. 因变量：敬畏情绪								

如表 11–4–4 所示，将自然环境和宗教氛围视为自变量，将敬畏情绪视为因变量进行回归分析，经检验 F 值为 11.281，显著性 $P=0.000<0.05$ 水平，因此回归模型显著。

如表 11–4–5 所示，共线性统计的 VIF 值 $=1.045<5$，变量之间不存在多重共线性。自然环境的回归系数为 0.122，显著性 $P=0.019<0.05$ 水平，对敬畏情绪存在显著的正向影响；宗教氛围的回归系数为 0.171，显著性 $P=0.000<0.05$ 水平，对敬畏情绪也存在显著的正向影响。因此，假设 H1 和 H2 成立。

四、假设检验

整体结构方程模型路径检验结果如表 11–4–6 所示。本章所提出的假设基本成立。自然环境和宗教氛围显著影响敬畏情绪，再次验证了上述自然环境、宗教氛围对敬畏情绪的回归分析结果，H1～H7 均成立。旅游者敬畏情绪对主观幸福感的影响不显著，假设 H8 不成立，后续利用 AMOS 26.0 软件进一步进行变量之间的中介作用研究。

表 11–4–6　整体结构方程模型路径检验结果

路径关系	Estimate	S.E.	C.R.	P	假设
敬畏情绪←自然环境	0.145	0.062	2.331	0.02	成立
敬畏情绪←宗教氛围	0.192	0.058	3.296	***	成立
地方认同←敬畏情绪	0.109	0.032	3.372	***	成立
地方依赖←敬畏情绪	0.129	0.034	3.845	***	成立
游客满意度←敬畏情绪	0.070	0.024	2.898	0.004	成立
游客满意度←地方认同	0.367	0.044	8.347	***	成立
游客满意度←地方依赖	0.132	0.036	3.634	***	成立
主观幸福感←敬畏情绪	0.018	0.022	0.801	0.423	不成立
主观幸福感←地方认同	0.315	0.047	6.683	***	成立
主观幸福感←地方依赖	0.221	0.036	6.111	***	成立
主观幸福感←游客满意度	0.477	0.066	7.211	***	成立

注：*** 表明 P 在小于 0.001 的水平上显著；** 表明 P 在小于 0.01 的水平上显著；* 表明 P 在小于 0.05 的水平上显著。

五、链式中介检验

根据研究假设，构建第一个链式结构方程模型，探究敬畏情绪、地方依恋、游客满意度以及主观幸福感4个变量之间的关系，具体拟合结果：$\chi^2/df=2.948<3.00$，RMR=0.034 < 0.05，RMSEA=0.064 < 0.08，IFI=0.917 > 0.90，CFI=0.917 > 0.90，TLI=0.908 > 0.90，PNFI=0.799 > 0.50，符合建议值的要求。

根据研究假设，构建第二个链式结构方程模型，探究敬畏情绪、地方依赖、游客满意度以及主观幸福感4个变量之间的关系，具体拟合结果：$\chi^2/df=3.101<5.00$，RMR=0.034 < 0.05，RMSEA=0.067 < 0.08，IFI=0.931 > 0.90，CFI=0.931 > 0.90，TLI=0.922 > 0.90，PNFI=0.798 > 0.50，符合建议值的要求。

根据研究假设，构建第三个链式结构方程模型，探究敬畏情绪、地方认同、游客满意度以及主观幸福感4个变量之间的关系，具体拟合结果：$\chi^2/df=3.253<5.00$，RMR=0.034 < 0.05，RMSEA=0.069 < 0.08，IFI=0.914 > 0.90，CFI=0.914 > 0.90，TLI=0.904 > 0.90，PNFI=0.790 > 0.50，符合建议值的要求。

如表11-4-7所示，三个链式中介：敬畏情绪→地方依恋→游客满意度→主观幸福感；敬畏情绪→地方依赖→游客满意度→主观幸福感；敬畏情绪→地方认同→游客满意度→主观幸福感，敬畏情绪对主观幸福感影响总效应的置信区间都不包含0，因此总效应显著；敬畏情绪对主观幸福感影响直接效应的置信区间都包含0，因此直接效应不显著；敬畏情绪对主观幸福感影响总间接效应的置信区间都不包含0，因此总体的间接效应显著，为完全中介效应。

检验特定中介效应，第一个链式中介：特定间接效应1、2、3，路径的间接效果均显著，分别占总间接效果的53.3%、25.4%、21.3%，H9、H10、H11成立；第二个链式中介：特定间接效应1、2、3，路径的间接效果均显著，分别占总间接效果的41.3%、36.5%、22.2%，H9a、H10、H11a成立；第三个链式中介：特定间接效应1、2、3，路径的间接效果均显著，分别占总间接效果的45.6%、33.3%、21.1%，H9b、H10、H11b成立。

表 11-4-7　中介效应检验结果

效应	路径	点估计值	标准误 SE	置信区间 95%CI	
				LLCI	ULCI
总效应	敬畏情绪→主观幸福感	0.143	0.032	0.083	0.21
直接效应	敬畏情绪→主观幸福感	0.021	0.021	-0.02	0.063
总间接效应		0.122	0.027	0.073	0.181
特定间接效应 1	敬畏情绪→地方依恋→主观幸福感	0.065		0.032	0.155
特定间接效应 2	敬畏情绪→游客满意度→主观幸福感	0.031		0.008	0.064
特定间接效应 3	敬畏情绪→地方依恋→游客满意度→主观幸福感	0.026		0.012	0.051
总效应	敬畏情绪→主观幸福感	0.144	0.032	0.084	0.212
直接效应	敬畏情绪→主观幸福感	0.018	0.023	-0.027	0.063
总间接效应		0.126	0.027	0.08	0.186
特定间接效应 1	敬畏情绪→地方依赖→主观幸福感	0.052		0.026	0.089
特定间接效应 2	敬畏情绪→游客满意度→主观幸福感	0.046		0.017	0.084
特定间接效应 3	敬畏情绪→地方依赖→游客满意度→主观幸福感	0.028		0.013	0.054
总效应	敬畏情绪→主观幸福感	0.142	0.032	0.082	0.209
直接效应	敬畏情绪→主观幸福感	0.028	0.021	-0.012	0.071
总间接效应		0.114	0.027	0.065	0.171
特定间接效应 1	敬畏情绪→地方认同→主观幸福感	0.052		0.023	0.091
特定间接效应 2	敬畏情绪→游客满意度→主观幸福感	0.038		0.013	0.072
特定间接效应 3	敬畏情绪→地方认同→游客满意度→主观幸福感	0.024		0.01	0.048

本章小结

首先，敬畏情绪能够通过地方依恋影响游客的主观幸福感。本章提出敬畏情绪能够正向影响地方依恋的假设得到认证，验证了科格伦的敬畏情绪与地方感之间关系的研究结论。[1]将地方依恋的概念代入旅游景区当中，当旅游者和景区之间产生了情感联系，由于观赏游玩记忆的加持会使得旅游者对景区念念不忘，为重游奠定了基础，重新塑造了良好的景区声誉，建立了优质的旅游品牌，旅游经济收入也会持续增加，这样一来，旅游景区从业人员的培养和选拔以及旅游资源的开发和改造就有了一定的经济支持，提升了旅游服务品质，完善了景区基础设施，就会再次吸引大量游客前来观光，形成良性循环。旅游者地方依恋对主观幸福感产生显著正向影响、旅游者地方依赖对主观幸福感产生显著正向影响、旅游者地方认同对主观幸福感产生显著正向影响，论述并验证了威尔斯（Wiles）地方依恋和主观幸福感变量之间具体的路径作用机制。[2]

其次，敬畏情绪能够通过游客满意度影响游客主观幸福感。本章提出的敬畏情绪能够正向影响游客满意度的假设，经过实证检验之后发现假设成立，再次验证了鲍恩（Bowen）和 Lu 提出的观点，积极的情感体验能够与满意度产生关联。[3]游客满意度在旅游研究的范畴和旅游产品的设计上都具有重要意义。旅游本质上是服务旅游者的过程，旅游者会对服务质量进行评价，当符合游客的标准时促进

---

[1] Coghlan A，Buckley R，Weaver D.A framework for analyzing awe in tourism experiences [J]. Annals of Tourism Research，2012（3）.

[2] Wiles J L，Ruth E S，Allen A J，et al. Older people and their social spaces：A study of well-being and attachment to place in Aotearoa New Zealand [J]. Social Science & Medicine，2008，68（4）：664–671.

[3] Bowen D.Antecedents of consumer satisfaction and dis–satisfaction （CS/D） on long-haulinclusive tours a reality check on theoretical considerations [J].Tourism Management，2001（1）；Lu J S，Maxwell K H.Service Fairness，Consumption Emotions，Satisfaction，andBehavioral Intentions：The Experience of Chinese Heritage Tourists [J].Journal of Travel & Tourism Marketing，2013（8）.

良好评价的产生，满意度也随之生成；如果不符合标准，则不会生成满意度，伴随着负面评价，旅游品牌的口碑也会受到消极影响。因此相关学者把研究目标转移到如何提高游客在旅游过程中的满意度上面，以促进旅游产业的优良发展。本书设立了游客满意度能够正向影响主观幸福感的假设，通过实证检验后假设成立，验证了爱索阿荷拉和王华提出的观点：游客满意度与主观幸福感呈现正相关，当游客的满意度越强时，感受到的主观幸福感越强烈。[1]当游客主观的期望得到满足之后，积极情感和生活满意度一直延续到主观幸福感的产生，对于大多数个体来说幸福感的追求是一直以来为之奋斗的目标，旅游是个体认为实现目标的有效途径，因此在旅游过程中提升幸福感是需求也是动力。

最后，敬畏情绪能够通过地方依恋和游客满意度链式影响游客主观幸福感。旅游者地方依赖对游客满意度产生显著正向影响、旅游者地方认同对游客满意度产生显著正向影响，验证了方淑苗提出的地方依恋能够促进游客满意度的结论。[2]本章详细探究了自然环境、宗教氛围、敬畏情绪、地方依赖、地方认同、游客满意度和主观幸福感之间的关系。研究指出在千山风景区的旅游背景下，旅游者的地方依恋可以正向显著影响游客满意度，这为景区的管理规划提供了一个新视角。已知宗教山岳型旅游景区的自然环境和宗教氛围能够诱发旅游者的敬畏情绪，使游客对特有记忆进行重塑并产生重游的想法，对景区赋有依赖情绪和认同感受，进而符合了内心的期待，提升了游客满意度，积极情绪加深，产生了主观幸福感。景区应当有效利用旅游者敬畏情绪产生引发的连锁优势效应，关注在自然环境和宗教氛围方面对敬畏的诱发，大力宣传景区山河的壮美风景、宗教艺术、宗教文化、宗教建设和音乐等刺激因素，为宗教山岳型景区旅游的发展贡献力量。

本章内容的理论贡献在于：首先，本书通过敬畏原型理论和情绪评价理论，探讨了旅游者敬畏情绪的诱发因素包括自然环境和宗教氛围，验证了相关实证研

---

[1] Iso-Ahola S E.Motivation for leisure [J].Understanding leisure & recreation state college venture publishing，1989（5）；
王华，马志新．川藏线骑行者旅游动机与主观幸福感关系研究——旅游满意度的中介作用 [J]．旅游科学，2020（6）．

[2] 方淑苗，方帆．乡村旅游感知价值对重游意愿的影响研究——地方依恋和游客满意度的链式多重中介作用 [J]．四川旅游学院学报，2022（1）．

究，完善了激发敬畏情绪的旅游情境，为宗教山岳型旅游景区内游客敬畏情绪的诱发背景再次提供了理论支撑。其次，目前国内学者对敬畏情绪影响主观幸福感的研究相对较少，路径作用机制、旅游背景和中介影响变量相对不完善，本章验证了宗教山岳型旅游景区内旅游者地方依恋和游客满意度在敬畏情绪和游客主观幸福感之间的链式中介作用，丰富了变量之间的影响关系理论，填补了一定的实证空白，也为敬畏情绪的后置变量探究以游客主观幸福感的诱发提供了相关的理论依据。最后，幸福感是个体一直以来追求的目标，而本章证明了敬畏情绪的激发可以通过旅游者产生地方依赖和地方认同，提升游客满意度进而增加主观幸福感，为相关学者提供了新的思路，对于变量之间其他的影响路径以及主观幸福感的产生有利于个体做出积极正面的行为，可以被学者作为一个研究热点进行突破。

本章内容的管理启示在于：首先，对于宗教山岳型旅游景区可以在保护环境的基础上，合理规划开发具有代表性的自然环境，充分利用资源优势，咨询游客建议，设计体验宗教艺术的纪念活动，加大宣传力度，提高旅游品牌的核心竞争力，促使旅游者充分感受浓郁的宗教氛围和壮美的自然景观，推动旅游时游客敬畏情绪的诱发。

其次，景区应当定期进行基础设施的完善，保持景区内部的环境卫生，保证游客观览游玩的安全，加强细致的旅游服务，定点设计游客的休憩场所，提供健康优质的食物，激发游客的积极情绪，促使旅游者加深对景区的记忆，产生地方依赖，进而实现地方认同，加大重游的可能性。政府和相关部门应当加强景区的规范管理，这对于拉动旅游经济、城市经济、提升景区影响力和城市知名度具有一定的现实意义。

最后，景区管理人员可以定期对游客进行调研，充分搜集旅游者的相关建议，针对游客的不同角色、年龄和类型，制订具有指向性的服务计划，增强游客满意度，进而提升幸福感，实现自我升华，这对于各个行业的高质量发展和共同建设美好和谐社会起着重要作用。

在未来的研究当中，可以选择多样的旅游背景，走访调查我国各种不同的宗教山岳型景区，扩大样本搜集的数量，与不同居住地的游客进行深入的沟通和交流。对于旅游类型可以加入红色旅游、黑色旅游、康养旅游、研学旅游等；对于研究变量，未来学者可以尝试从不同的视角切入，加入其他中介变量和调节变量等，探索不同路径的作用机制；对于假设变量的测量，学者可以充分考虑中国文化背景之下的因素，对量表进行重塑和开发；对于旅游者敬畏情绪的诱发和游客主观幸福感的提升，未来可以尝试从其他角度进行考虑，探究不同的刺激因素和有效方法，丰富研究理论。

第十二章　结论与展望

本章对中国游客情感体验理论构建与实证研究进行了总结，首先详细阐述了研究的基本结论，然后说明了作者的研究展望，希望引起旅游学界和实践界对游客敬畏情绪的重视，推动敬畏情绪在旅游学中的学术发展。

第一节　研究的基本结论

游客情感体验研究是旅游学中较为重要的研究范畴。旅游情感一方面能够带动旅游地经济的发展，另一方面有助于游客自身旅游质量的提升。通过建构和阐释入藏游客旅游情感体验模型，发现游客情感体验在旅游中随时间的催化而发生变化，情感变化会受到目的地旅游资源、旅游设施、景点服务、旅游地文化习俗、旅游社会关系的影响，这些情感变化影响主要受游客个体因素影响获得。

作为游客体验情感的一种，敬畏情绪是当我们面对那些广阔的、浩大的，以及超越我们当前理解范围的事物时，产生的混合了钦佩、惊奇、困惑、服从等诸多感觉的复杂情绪。以西藏为案例地的质性研究显示，游客敬畏情绪体验生成过程由藏地反应（地方反应）、背景反应、时间反应、联结反应、升华反应和归附反应六部分组成，其发生次序是按照首先生理反应，然后新的体验，最后模式调整的先后顺序而展开；物理诱发源和社会诱发源是游客敬畏情绪体验的主要诱发情境；游客敬畏情绪体验的维度中审美愉悦、钦佩、道德提升感、神秘感四个维度均有高度呈现，但恐惧这一维度却并未出现。

进一步扩大案例地的类型，以网络游记和访谈作为数据来源，通过扎根理论的方法对游客敬畏情绪的诱发情境与维度构成进行探索性研究，发现游客敬畏情绪可以由社会、生命、历史文化、自然和宗教神灵诱发。游客敬畏情绪由震撼感、渺小感、愉悦感和虔敬感组成。四个维度中，震撼感、愉悦感、渺小感是游客感官作用和心理变化的反映，而虔敬感是游客对意义体验做出的情绪与行为上的反映。

通过对特定游客——视障游客的敬畏情感体验研究发现，视障游客敬畏情绪体验过程由敬畏触发、敬畏体验、敬畏延展三个部分构成；其中敬畏触发包含主体触发、客体触发、体验触发、人际触发四个维度，敬畏体验可以细分为渺小感、灵魂净化、震撼、希望、深刻感等十七个维度，敬畏延展包含幸福延展、模式延展两个维度。视障游客敬畏触发、敬畏体验的这些维度，虽与以整体游客为研究对象提炼出的维度在表述上有所不同，也出现了可能是专属于视障游客的 5 个敬畏体验范畴，但基本可以包含于上述游客敬畏情绪体验震撼感、渺小感、愉悦感和虔敬感四个维度之中。

以上述定性研究的理论构建为基础，按照量表开发程序，开发了包括震撼感 5 个测项，渺小感 3 个测项，愉悦感 4 个测项和虔敬感 4 个测项，共计 16 个测量题项的中国本土游客敬畏情绪量表。经过验证，量表的信度与效度均符合标准。基于此量表，①通过构建结构方程模型，以情绪认知理论为基础，以旅游涉入为中介变量，考察游客敬畏情绪对旅游体验质量的影响效应，结果表明：在山岳型景区中，敬畏情绪是进一步推动游客旅游涉入的重要情绪成分；敬畏情绪对旅游体验质量具有直接影响效应，但内部各维度影响作用不同；旅游涉入在敬畏情绪与旅游体验质量之间起到部分中介作用。②以敬畏原型理论、情绪评价理论、“刺激—机体—反应”理论为理论基础，探讨在纪念性旅游场景中游客敬畏情绪对国家认同的影响，实证分析结果表明“小我”的二维度（环境浩大感、自我降低感）在纪念性旅游场景中敬畏情绪的诱发维度与游客国家认同维度之间具有中介效应。

第二节　研究展望

纵观目前已有关于旅游情境下敬畏情绪研究的文献可以看出，研究内容大致分为三类，分别是诱发因素、内涵和影响因素，大多数学者以上述三个视角切入形成影响机制路径。如图 12-2-1 所示：第一，诱发因素分为旅游情境和环境引导。旅游情境划分为类型情境，例如红色旅游、黑色旅游和温泉旅游等；景区情境，包括人文景观和自然宗教景观，例如以杭州径山风景区作为研究对象。第二，内涵分为敬畏情绪的概念、维度、测量和中介效用。第三，影响因素分为旅游意向、自我升华和自我体验三类。旅游意向细分为游后对旅游产品的满意度和忠诚度进而产生重游意向和行为意向；自我升华细分为提升自身道德感、产生亲社会行为，以及实施捐赠行为等；自我体验划分为生命意义、精神补充，例如感受到生命的真谛、提升个体的宗教性和精神性等。

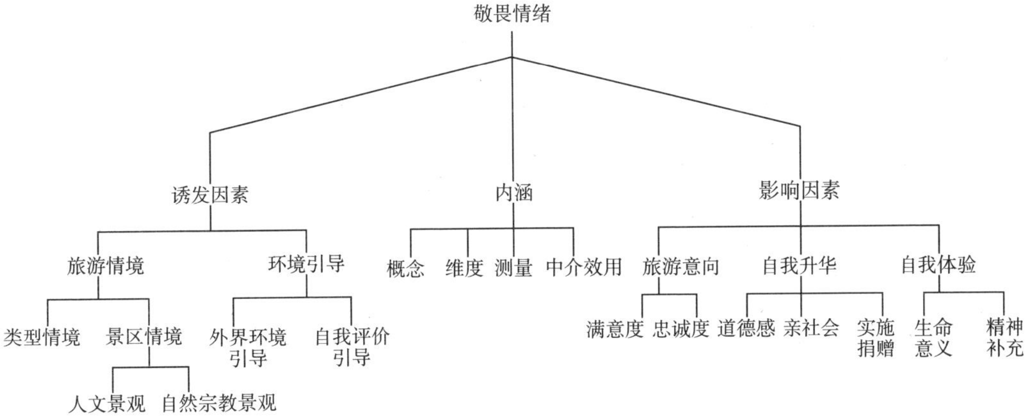

图 12-2-1　旅游敬畏情绪的研究框架

目前，虽然敬畏情绪在旅游领域中的应用丰富，但仍需要结合社会发展情况进行一定程度的补充和完善。本章从敬畏情绪的诱发、影响和研究方法三个方面阐述旅游情境下敬畏情绪在未来的研究方向。

在敬畏情绪的诱发方面。已知当个体感受到自然的浩大，看到庞大的建筑和具有特色的艺术品时，会激发敬畏，那么将立体的实物凝聚或是平面化印刷在旅游纪念品上，是否也会诱发游客的敬畏情绪，从而使得个体感受到自我的渺小，延长时间感知，停留在旅游目的地的时间增加？白（Bai）等指出，敬畏感促使个体在消费行为中更加倾向于集体主义，建立与他人和社会的联系。[1]那么在旅游购买行为中，将敬畏的诱发源与旅游商品或纪念品结合起来，促使游客产生敬畏

[1] Bai Y，Maruskin L A，Chen S，et al.Awe，the diminished self，and collective engagement：Universals and cultural variations in the small self [J].Journal of Personality and Social Psychology，2017（2）.

情绪，是否会提高旅游商品的购买量，从而获取旅游收益？谢韵梓等指出音乐的诱发强度普遍较高，是敬畏的诱发源之一。[1]是否可以在旅游景区播放音乐保持游客的持续敬畏以唤发其道德感的提升，形成优势循环？如果期望激发敬畏，对音乐的种类和响度以及设置的地点是否有要求？

在敬畏情绪的后置变量方面。已有研究证实，敬畏情绪能够促使人们产生亲社会行为意愿，[2]而环境责任行为在内涵上也是一种亲社会行为。[3]孙颖等采用回忆书写、视频和阅读书写范式启动敬畏，得出结论敬畏有助于促进个体的亲环境行为意向。[4]因此，环境责任行为也可作为游客敬畏情绪的后置变量，敬畏情绪可以推动游客环境责任行为的实施。吴荻指出旅游舆情是游客通过投诉来平复不公平感受促使兑现承诺的社会行为，心理契约违背是舆情事件的诱因。[5]那么，是否通过提升敬畏感增强道德美好，加强社会责任感，避免旅游舆情事件的发生，可以作为一个研究方向。由于旅游情境的复杂性，游客个体的敬畏情绪很容易在群体中感染及扩散，因此敬畏情绪对游客互动水平、群体态度及行为的影响又如何？敬畏会让个体趋向于集体主义活动，感知自身的渺小，注意力的转移导致不在意日常生活中的小事，[6]诱发源集中了个体的感知思维，并将时间感知延伸，忽视外部因素的影响，是否可以提升个体的创造力和发明思维？积极情绪会引发个体的启发思考，[7]艺术的熏陶、自然的伟大以及建筑的宏伟能否激发个体的灵感，

---

[1] 谢韵梓，阳泽．不同情绪诱发方法有效性的比较研究 [J]. 心理与行为研究，2016（5）.

[2] Rudd M，Vohs K D，Aaker J.Awe expands people's perception of time，alters decision making，and enhances well-being [J].Psychological Science，2012（10）；

Piff P K，Dietze P.Awe，the small self，and prosocial behavior [J].Journal of Personality and Social Psychology，2015（6）.

[3] 李秋成．人地、人际互动视角下旅游者环境责任行为意愿的驱动因素研究 [D]. 杭州：浙江大学，2015.

[4] 孙颖，贾东丽，蒋奖，等．敬畏对亲环境行为意向的影响 [J]. 心理与行为研究，2020（3）.

[5] 吴荻，刘慧，王恩旭，等．基于扎根理论的旅游舆情形成机制研究——心理契约违背视角 [J]. 管理评论，2021（4）.

[6] Piff P K，Dietze P.Awe，the small self，and prosocial behavior [J].Journal of Personality and Social Psychology，2015（6）；

Campos B，Shiota M N，Keltner D，et al.What is shared， what is different? Core relational themes and expressive displays of eight positive emotions [J].Cognition & Emotio，2013（1）.

[7] Mackie D M，Worth L T.Processing deficits and the mediation of positive affect in persuasion [J]. Journal of Personality and Social Psychology，1989（1）.

进而规划研究出新型的旅游类型？伴随幸福指数的提高，旅游成为人们放松享受的首选，敬畏唤发个体感受生命的美好，在旅游行为中激发敬畏是否会增强个体对于旅游的吸引力，又是否能够促进旅游从业人员数量的提升？激励与敬畏的部分诱发源相似，可以被音乐、他人等事物触发。[1]梁剑平指出，敬畏情绪在偶发的情况下能够诱发个体激励，进而增加捐赠意愿。[2]那么是否可以通过诱发敬畏感来激发游客的捐赠意愿？已经有学者证明敬畏情绪的诱发使得游客提高自身的道德感，引发道德行为、环境责任行为等积极向上的行为意愿。研究表明，道德和审美之间的关系具有同构性，也就是说道德和审美之间存在着可以相互贯通的可能性，[3]那么是否可以推断敬畏与审美之间在旅游情境的烘托下也存在着极大的关联？审美是敬畏情绪的一个前置变量，目前对于敬畏与审美之间的研究较少，[4]学者将注意力集中在壮美等事物能够诱发敬畏方面，忽视了道德感和美学之间的关联。学者未来可以多从美学、壮美等蕴含审美寓意的方向入手，探讨旅游情境下敬畏情绪与美之间的关系，丰富敬畏研究的理论基础，填补敬畏影响变量相关维度的研究空白。

另外，诸如如何提炼中国游客的敬畏情绪要素，从理论层面上界定敬畏情绪的维度结构？如何将个体认知和外部刺激整合到一起构建游客敬畏情绪体验模型？由于旅游情境的复杂性，不同旅游情境下游客的敬畏情绪对其行为的影响如何？保持敬畏情绪的游客回到惯常环境后是否会对个人行为、家庭、社会产生积极的溢出效应？这些问题都有待于进一步展开研究。

最后，在敬畏情绪的研究方法上，当前研究关于敬畏表达方式及形成因素的探讨，主要采用质性分析方法；敬畏情绪与个体心理及行为的关系研究，则以问卷调查与统计分析相结合的定量方法为主。目前已有研究虽涉及量化、质性、实验等，但都忽视了对敬畏情绪个体的纵向追踪研究，使研究结论与效力大打折扣。

---

[1] Thrash T M，Elliot A J.Inspiration as a psychological construct [J].Journal of personality and social psychology，2003（4）.

[2] 梁剑平，郭蕾蕾，刘招斌．偶发的敬畏情绪会激励人们捐赠吗？[J]. 东北大学学报（社会科学版），2020（4）.

[3] 周佼．朱熹“敬畏”思想的美学意义 [D]. 杭州：浙江工业大学，2019.

[4] 周佼．朱熹“敬畏”思想的美学意义 [D]. 杭州：浙江工业大学，2019.

未来可针对敬畏情绪的某种积极效应进行长期的纵向追踪研究，确定影响的时间效应，如探索游客在旅游情境中产生的敬畏情绪回到惯常环境后是否会消散或保持，持久度及冲击力如何。目前对游客在旅游情境中敬畏情绪体验的测量或访谈，均属于事后研究，严格意义上已经改变了游客在场体验的原真感受，[1]感官民族志方法可以帮助解决此类失真问题，强化研究结论的指导意义。此外可以尝试应用神经科学的成果，比如眼动追踪仪、脑成像技术，包括光学成像、脑磁图（PET）、脑电图（EEG）等先进技术从具身视角展开实证研究。应用计算机技术对游客用户自生成内容如社交媒体上的文字、图片资料等进行大数据情感计算，也是未来可以尝试的一种研究方法。另外，随着科技力量的蓬勃发展，VR 技术应运而生，许多学者和管理人员也开始注意到这一趋势，虚拟旅游将成为新型的旅游吸引点。除了结构方程模型和扎根理论等研究方法应用在敬畏情绪的探讨当中，VR 技术在敬畏感的诱发以及后置变量影响因素研究的应用方面极具有效的可能性，未来学者可以将虚拟旅游与敬畏情绪相结合创造新型的研究方法。

近几年，旅游学的研究内容逐渐转向旅游主体，即游客心理活动的探索，尤其是游客情绪体验的形成机制及其对游客行为的影响，已经成为研究热点。在对已有研究述评的基础上，重点阐述了旅游学者应努力的方向，期望能够抛砖引玉，引起旅游学界和实践界对游客敬畏情绪的重视，推动敬畏情绪在旅游学中的学术发展。

[1] 樊友猛，谢彦君．“体验”的内涵与旅游体验属性新探 [J]. 旅游学刊，2017（11）.

参考文献

[1] 安希孟 . 敬畏生命是智慧的开端 [J]. 现代哲学，2007（2）：66-72.

[2] 陈向明 . 扎根理论的思路和方法 [J]. 教育研究与实验，1999（4）：58-63.

[3] 陈琦，刘儒德 . 教育心理学（第二版）[M]. 北京：高等教育出版社，2011.

[4] 陈世民，吴宝沛，方杰，等 . 钦佩感：一种见贤思齐的积极情绪 [J]. 心理科学进展，2011，19（11）：1667-1674.

[5] 崔庆明，徐红罡，杨杨 . 世俗的朝圣：西藏旅游体验研究 [J]. 旅游学刊，2014，29（2）：110-117.

[6] 程翠琼，徐健 . 面向网络游记时间特性的情感分析模型 [J]. 数据分析与知识发现，2017（2）：87-95.

[7] 陈钢华，赵丽君 . 旅游领域量表开发研究进展——基于国内外六本旅游学术刊物的分析 [J]. 旅游导刊，2017，1（6）：66-85，109.

[8] 陈晔，张辉，董蒙露 . 同行者关乎已？游客间互动对主观幸福感的影响 [J]. 旅游学刊，2017，32（8）：14-24.

[9] 陈星，张捷，张宏磊 . 观光型旅游地游客动机、交往意愿和体验质量之关系——以世界自然遗产地三清山为例 [J]. 地理科学进展，2017，36（11）：1391-1401.

[10] 蔡永龙，周翠芬，陈忠暖，等 . 扎根理论下旅游者满意度影响因素概念模型建构与分析——以广州四大生态型景区为例 [J]. 华中师范大学学报（自然科学版），2018，52（1）：137-146.

[11] 陈薇，张宏梅，洪学婷 . 基于网络游记分析的游客环境责任行为 [J]. 安徽农业大学学报（社会科学版），2018，27（2）：34-40，130.

[12] 蔡溢，殷红梅，杨洋，等．遗产地旅游者 Flow 体验影响因素模型构建与机理——以斯里兰卡为例 [J]. 旅游学刊，2018，33（2）：67-76.

[13] 蔡寅春，谢辉基．栖居与游戏：对旅游体验问题的再认识 [J]. 四川师范大学学报（社会科学版），2018，45（5）：81-90.

[14] 崔广彬，宿伟玲．旅游体验中的返璞归真与精神享受 [J]. 学术交流，2018（9）：141-147.

[15] 曹菲，李东贤．敬畏情绪对消费者的心理和行为的影响 [J]. 现代管理科学，2019（4）：106-108.

[16] 陈翠，关江华，陈丽军．旅游体验视角下生态旅游满意度研究——以庐山风景区为例 [J]. 林业经济，2020，42（1）：67-72.

[17] 丛丽，何继红．野生动物旅游景区游客情感特征研究——以长隆野生动物世界为例 [J]. 旅游学刊，2020（2）：53-64.

[18] 陈强，刘志．红色旅游体验对旅游者幸福感的影响机制研究 [J]. 中国林业经济，2020（6）：75-79.

[19] 丁凤朝．绿色旅游—旅游业的发展出路 [J]. 知识经济，2010（11）：66.

[20] 董蕊，彭凯平，喻丰．积极情绪之敬畏 [J]. 心理科学进展，2013，21（11）：1996-2005.

[21] 戴有德，李安娜，吕文博．遗产观光旅客环境负责任行为前置变数之研究：以真实性、怀旧情感与场所依恋观点探讨之 [J]. 户外游憩研究，2014，27（4）：59-91.

[22] 董蕊．大学生敬畏情绪与主观幸福感研究 [J]. 教育教学研究，2016，30（5）：31-40.

[23] 丁凤琴，陆朝晖．共情与亲社会行为关系的元分析 [J]. 心理科学进展，2016，24（8）：1159-1174.

[24] 杜法成，李文勇，戚兴宇．旅游本真性、情感体验与地方依恋的关系研究 [J]. 资源开发与市场，2018，34（6）：878-883.

[25] 杜梦醒，刘萍．基于游客感知角度提升旅游景区服务质量的对策研究 [J]. 经营与管理，2020（3）：106-109.

[26] 傅晶．残疾人无障碍旅游发展对策研究 [J]. 学习与探索，2008（3）：175-177.
[27] 方敏，潘澜，陈业玮．基于 EEM 的国内旅游者情感体验研究 [J]. 旅游论坛，2016（4）：27-32.
[28] 樊友猛，谢彦君．"体验"的内涵与旅游体验属性新探 [J]. 旅游学刊，2017，32（11）：16-25.
[29] 符全胜，匡翠翠．青年人的认知、情感与旅游目的地形象感知——基于上海国际旅游度假区的实证研究 [J]. 上海商学报，2020（1）：75-83.
[30] 范玉强，陈志钢，刘涛慧，等．红色旅游情境下敬畏情绪对游客满意度的影响研究 [J]. 西北大学学报（自然科学版），2021，51（2）：259-269.
[31] 方淑苗，方帆．乡村旅游感知价值对重游意愿的影响研究——地方依恋和游客满意度的链式多重中介作用 [J]. 四川旅游学院学报，2022（1）：79-85.
[32] 郭小艳，王振宏．积极情绪的概念功能与意义 [J]. 心理科学进展，2007，15（5）：810-815.
[33] 高璟，李梦蛟，吴必虎．知青怀旧旅游情感与行为的关系研究 [J]. 地域研究与开发，2017，36（2）：60-67.
[34] 郭俊伶，卢东，金鹏．红色旅游中敬畏情绪对游客国家认同的影响研究 [J]. 资源开发与市场，2018，34（7）：1026-1031.
[35] 高杨，白凯，马耀峰．赴藏旅游者幸福感的时空结构与特征 [J]. 旅游科学，2019（5）：45-61.
[36] 耿爽．敬畏情绪对亲环境行为的影响及机制 [D]. 杭州：浙江大学，2019.
[37] 高夏丽．老年旅游的发生机制及旅游体验的意义建构——基于活动理论的视角 [J]. 云南民族大学学报（哲学社会科学版），2020（3）：116-123.
[38] 郭清霞，万金林，范芸芸．民宿旅游体验、民宿旅游意象对游客再宿意愿的影响研究——以莫干山民宿为例 [J]. 旅游纵览（下半月），2020（1）：76-79.
[39] 郭峦，巩丽朵，王诗琪．基于 IPA 分析法的旅游城市夜间旅游满意度研究——以桂林市为例 [J]. 创新，2022，16（3）：44-52.
[40] 黄向，保继刚，GEOFFREY W. 场所依赖（place attachment）：一种游憩行

为现象的研究框架 [J]. 旅游学刊，2006，21（9）：19-24.
[41] 胡锐 . 北川旅游及其宗教参与 [J]. 宗教学研究，2009（4）：174-178，226.
[42] 黄向 . 旅游体验心理结构研究——基于主观幸福感理论 [J]. 暨南学报，2014（1）：105-111.
[43] 胡兵，傅云新，熊元斌 . 旅游者参与低碳旅游意愿的驱动因素与形成机制：基于计划行为理论的解释 [J]. 商业经济与管理，2014（8）：64-72.
[44] 黄潇婷 . 基于时空路径的旅游情感体验过程研究——以香港海洋公园为例 [J]. 旅游学刊，2015，30（6）：39-45.
[45] 韩汪慧 . 不同学科视角下的敬畏感 [J]. 赤峰学院学报（自然科学版），2016，32（16）：74-76.
[46] 黄细嘉，李凉 . 全域旅游背景下的文明旅游路径依赖 [J]. 旅游学刊，2016，31（8）：13-15.
[47] 韩汪慧 . 蒙古族大学生敬畏感与亲社会行为的实证研究 [D]. 呼和浩特：内蒙古师范大学，2017.
[48] 何学欢，胡东滨，粟路军 . 境外旅游者环境责任行为研究进展及启示 [J]. 旅游学刊，2017，32（9）：57-69.
[49] 黄丽英，甘巧林 . 生态旅游景区游客满意度实证研究——以广东最美度假天堂盘龙峡为例 [J]. 四川旅游学院学报，2018（2）：33-36.
[50] 洪学婷，张宏梅，张业臣 . 旅游体验对旅游者环境态度与环境行为影响的纵向追踪研究 [J]. 自然资源学报，2018，33（9）：1642-1656.
[51] 胡静，杨艳，景奉杰 . 敬畏情绪对绿色消费行为的影响机制研究 [J]. 珞珈管理评论，2019（3）：102-118.
[52] 黄娜 . 旅游情境因素对丽江古城旅游体验质量影响研究 [D]. 昆明：云南大学，2019.
[53] 洪晶晶 . 游客感知视角下旅游地游客敬畏情绪的影响因素研究 [D]. 保定：河北大学，2020.
[54] 黄旭，常丽丽，顾晓艳 . 民宿旅游者地方依恋、满意度与忠诚度关系研究——以杭州临安为例 [J]. 经济研究导刊，2022（34）：67-70.

[55] 何云梦，徐菲菲 . 自然保护地旅游者亲环境行为驱动机制——以南京鱼嘴湿地公园为例 [J]. 自然资源学报，2023，38（4）：1010-1024.

[56] 金仁权，崔昌海 . 二程和朱熹的主敬思想 [J]. 东疆学刊，2000，17（1）：8-13.

[57] 贾衍菊，林德荣 . 旅游者服务感知、地方依恋与忠诚度——以厦门为例 [J]. 地理研究，2016，35（2）：390-400.

[58] 金鹏 . 红色旅游情境下敬畏情绪对游客国家认同的影响研究 [D]. 成都：四川师范大学，2018.

[59] 景奉杰，胡静 . 消费者敬畏情绪对从众购买意愿的影响——基于社会联结视角的实证分析 [J]. 企业经济，2020（2）：76-83.

[60] 寇彧，付马，马艳 . 初中生认同的亲社会行为的初步研究 [J]. 心理发展与教育，2004（4）：43-48.

[61] 李经龙，张小林，郑淑婧 . 旅游体验——旅游规划的新视角 [J]. 地理与地理信息科学，2005，21（6）：91-95.

[62] 厉新建 . 旅游体验研究：进展与思考 [J]. 旅游学刊，2008，23（6）：90-95.

[63] 龙江智，卢昌崇 . 从生活世界到旅游世界：心境的跨越 [J]. 旅游学刊，2010，25（6）：25-31.

[64] 刘帅 . 论宗教情感——对神灵权威的敬畏感 [J]. 现代交际，2010（6）：47.

[65] 刘家明，刘莹 . 基于体验视角的历史街区旅游复兴 [J]. 地理研究，2010，29（3）：556-564.

[66] 罗盛锋，黄燕玲，程道品，等 . 情感因素对游客体验与满意度的影响研究——以桂林山水实景演出“印象 · 刘三姐”为例 [J]. 旅游学刊，2011，26（1）：51-57.

[67] 李秋成，周玲强 . 社会资本对旅游者环境友好行为意愿的影响 [J]. 旅游学刊，2014，29（9）：73-82.

[68] 林正士，吴英伟，李忠荣 . 探索战地观光的旅游动机与情绪体验—以金门为例 [J]. 休闲与游憩研究，2015，7（1）：93-140.

[69] 赖斌 . 基于民生视角的民族地区旅游资源开发模式研究 [J]. 西南民族大学学

报（人文社科版），2015（1）：150-153.
[70] 刘丹萍，金程. 旅游中的情感研究综述 [J]. 旅游科学，2015，29（2）：74-85.
[71] 李拉扬. 旅游凝视：反思与重构 [J]. 旅游学刊，2015，30（2）：118-126.
[72] 刘丹，董超，忻展红. 基于扎根理论的技术异化形成技术负面效应的机理研究 [J]. 华中农业大学学报（社会科学版），2015（3）：111-117.
[73] 刘静艳，靖金静. 宗教旅游体验对游客行为意向的影响研究——游客心境的中介作用 [J]. 旅游科学，2015，29（3）：36-48.
[74] 李秋成. 人地、人际互动视角下旅游者环境责任行为意愿的驱动因素研究 [D]. 杭州：浙江大学，2015.
[75] 旅游业对国家经济社会发展的战略作用课题组. 旅游提升国民幸福：一个分析框架及应用 [J]. 旅游学刊，2015，30（10）：18-27.
[76] 罗楚，沈蕾，高晗. 旅游目的地品牌体验对游客忠诚度的作用机制研究 [J]. 东华大学学报（自然科学版），2016，42（5）：752-759.
[77] 李艳，陈绍文. 关于"文明旅游"研究的认识、探索与反思 [J]. 旅游学刊，2016，31（7）：3-5.
[78] 林德荣，刘卫梅. 旅游不文明行为归因分析 [J]. 旅游学刊，2016，31（8）：8-10.
[79] 李艳霞，曹娅. 国家认同的内涵、测量与来源：一个文献综述 [J]. 教育与研究，2016（12）：49-58.
[80] 卢东，张博坚，王冲，等. 产生敬畏的游客更有道德吗？——基于实验方法的探性研究 [J]. 旅游学刊，2016，31（12）：51-61.
[81] 刘福承，刘爱利，刘敏. 游客满意度的内涵、测评及形成机理——国外相关研究综述 [J]. 地域研究与开发，2017，36（6）：97-103.
[82] 吕丽辉，王玉平. 山岳型旅游景区敬畏情绪对游客行为意愿的影响研究——以杭州径山风景区为例 [J]. 世界地理研究，2017，26（6）：131-142.
[83] 陆相林，孙中伟. 旅游涉入、满意度、地方依恋作用机制研究——以西柏坡红色游客为例 [J]. 干旱区资源与环境，2017，31（7）：183-188.

[84] 李志飞，夏磊，邓胜梁 . 旅游者社会行为变化及其影响因素研究——基于常居地 - 旅游地二元情境 [J]. 旅游学刊，2018，33（1）：105-117.

[85] 李君轶，纪星，李振亭 . 欧美旅游者在秦始皇帝陵博物院的情感体验时空变化 [J]. 人文地理，2018，3（3）：129-136.

[86] 刘欢，岳楠，白长虹 . 红色旅游情境下情绪唤起对游客认知的影响 [J]. 社会科学家，2018（3）：84-90.

[87] 李春玲，刘森林 . 国家认同的影响因素及其代际特征差异——基于 2013 年中国社会状况调查数据 [J]. 中国社会科学，2018（4）：132-207.

[88] 李文勇，王婧，谭通慧 . 文化创意旅游地游憩体验、满意度与地方依恋的关系研究 [J]. 特区经济，2018（5）：76-80.

[89] 廖维俊，何有世 . 非惯常环境旅游者不文明行为是如何形成的？——基于相对剥夺理论视角的扎根研究 [J]. 干旱区资源与环境，2018，32（6）：194-201.

[90] 刘卫梅，林德荣 . 旅游城市形象和情感联结对旅游意愿的影响 [J]. 城市问题，2018（8）：95-103.

[91] 刘宇飞，李亚娟，刘红 . 基于网络文本的井冈山游客情感体验特征研究 [J]. 旅游纵览（下半月），2019（1）：21.

[92] 李明，李敏维，李文俏，等 . 敬畏对道德冒险行为的影响 [J]. 应用心理学，2019，25（1）：47-48.

[93] 李波 . 基于国家认同的根祖文化空间感知研究——以黄帝陵为例 [D]. 西安：西安外国语大学，2019.

[94] 刘震 . 中国文化背景下的佛教启动对亲社会性的影响 [D]. 济南：山东师范大学，2019.

[95] 陆敏，殷樱，陶卓民 . 基于计划行为理论的游客不文明行为产生机理研究 [J]. 干旱区资源与环境，2019，33（4）：196-202.

[96] 林轶，曾慧珠，田茂露 . 基于文化旅游空间的游客体验感知研究——以广西柳州市雨卜苗寨为例 [J]. 山东行政学院学报，2019（8）：87-95.

[97] 梁嘉祺，姜珊，陶犁 . 基于网络游记语义分析和 GIS 可视化的游客时空行为

与情绪关系实证研究——以北京市为例 [J]. 人文地理，2020，35（2）：152-160.

[98] 龙江智，段浩然，何洋 . 古镇情境下旅游涉入、地方依恋对游客满意度的影响研究——以体验质量为中介 [J]. 旅游导刊，2020，4（4）：56-73.

[99] 梁剑平，郭蕾蕾，刘招斌 . 偶发的敬畏情绪会激励人们捐赠吗？ [J]. 东北大学学报（社会科学版），2020，22（4）：38-46.

[100] 李曼硕，赵亮 . 基于扎根理论的游客敬畏情绪体验研究 [J]. 中国冶金教育，2020（6）：106-110.

[101] 罗远淑 . 敬畏对不诚实行为的影响：权力感的中介作用 [D]. 成都：四川师范大学，2021.

[102] 李双双 . 敬畏感对助人行为的影响 [C] // 中国心理学会 . 第二十三届全国心理学学术会议摘要集（下）. 2021：275-276.

[103] 李慧，聂寒玉，张园园 . 红色旅游中敬畏情绪的唤起对游客负责任旅游行为的影响 [J]. 旅游论坛，2021，14（6）：145-156.

[104] 李卓，赵亮 . 游客敬畏情绪诱发情境与维度构成 [J]. 中国冶金教育，2021（6）：112-116，120.

[105] 刘佳，滕金凌 . 红色旅游资源开发中敬畏感与自豪感对游客文明旅游行为意向的驱动机制 [J]. 自然资源学报，2021，36（7）：1760-1776.

[106] 李曼硕，赵亮，李卓 . 旅游情境下视障游客敬畏情绪体验研究 [J]. 中国冶金教育，2022（1）：115-120.

[107] 罗利，杨东，陈圣栋，等 . 特质敬畏对亲社会倾向的正向预测：自我超越和共情的多重中介作用 [J]. 心理与行为研究，2022，20（3）：390-396.

[108] 吕丽辉，陈潇 . 感知价值与地方依恋对游客亲环境行为的影响研究——以杭州径山风景区为例 [J]. 信息与管理研究，2022，7（Z2）：46-58.

[109] 李鑫宇 . 大学生敬畏对合作行为的影响：主观互倚的中介作用 [D]. 天津：天津职业技术师范大学，2022.

[110] 吕丽辉，汪燕 . 敬畏情绪对山岳景区游客环境责任行为的影响——以道德规范为中介 [J]. 杭州电子科技大学学报（社会科学版），2023，19（2）：

17-24.
[111] 李鹏红 . 环境满意度对城乡居民主观幸福感的影响研究——基于阶层认同为中介的实证分析 [J]. 江汉大学学报（社会科学版），2023，40（2）：82-91，127-128.
[112] 龙璞，肖小雪，麻学锋 . 居民主观幸福感与旅游参与行为研究——以零陵古城为例 [J]. 商学研究，2023，30（2）：119-128.
[113] 孟昭兰 . 当代情绪理论的发展 [J]. 心理学报，1985，17（2）：209-215.
[114] 苗贵云 . 论敬畏感的缺失及培养 [J]. 河南科技学院学报，2011（11）：98-100.
[115] 马静静 . 对“道法自然”与“敬畏生命”伦理思想的解读 [J]. 经济研究导刊，2013（34）：209-210.
[116] 马健芳，曾鹰 . 野生动物的“保护”与敬畏——反思舌尖文化的异化 [J]. 广西社会科学，2014（4）：172-175.
[117] 马天，李想，谢彦君 . 换汤不换药？游客满意度测量的迷思 [J]. 旅游学刊，2017，32（6）：53-63.
[118] 马天，谢彦君 . 旅游体验中的情感与情感研究：现状与进展 [J]. 旅游导刊，2019（2）：82-101.
[119] 马天 . 旅游体验质量与满意度：内涵、关系与测量 [J]. 旅游学刊，2019，34（11）：29-40.
[120] 马天 . 基于扎根理论的旅游体验作用路径研究：以迪士尼主题公园为例 [J]. 旅游导刊，2020，4（4）：43-61.
[121] 马羚凯 . 敬畏感对合作行为的影响及其心理机制 [D]. 杭州：杭州师范大学，2021.
[122] 牛璟祺，刘静艳 . 具身感知情境下的游客环境责任行为意向——敬畏感与预期自觉情绪的唤起 [J]. 旅游学刊，2022，37（5）：80-95.
[123] 潘莉，张梦，张毓峰 . 地方依恋元素和强度分析——基于青年游客的质性研究 [J]. 旅游科学，2014，28（2）：23-34.
[124] 盘劲呈，李海 . 地方依恋与骑行旅游：“动态依附”体验的生成 [J]. 体育与

科学，2018，39（5）：63-76.
[125] 钱树伟，苏勤，郑焕友．历史街区顾客地方依恋与购物满意度的关系——以苏州观前街为例 [J]. 地理科学进展，2010，29（3）：355-362.
[126] 邱宏亮．道德规范与旅游者文明旅游行为意愿——基于 TPB 的扩展模型 [J]. 浙江社会科学，2016（3）：96-103，159.
[127] 屈小爽．基于网络文本的旅游者情感体验构建理路——以杭州西湖为例 [J]. 河南师范大学学报（哲学社会科学版），2017，44（4）：74-78.
[128] 邱宏亮．基于 TPB 拓展模型的出境游客文明旅游行为意向影响机制研究 [J]. 旅游学刊，2017，32（6）：75-85.
[129] 邱宏亮，范钧，赵磊．旅游者环境责任行为研究述评与展望 [J]. 旅游学刊，2018，33（11）：122-138.
[130] 祁潇潇，赵亮，胡迎春．敬畏情绪对旅游者实施环境责任行为的影响——以地方依恋为中介 [J]. 旅游学刊，2018，33（11）：110-121.
[131] 屈晓燕．敬畏情绪对人际信任的影响：心理距离的中介作用及熟悉性的调节作用 [D]. 长沙：湖南师范大学，2021.
[132] 任剑涛．敬畏之心：儒家立论及其与基督教的差异 [J]. 中国哲学,2008（8）：49-58.
[133] 宋玉蓉，卿前龙．基于游客动机的汶川地震遗址旅游吸引力研究 [J]. 四川师范大学学报（社会科学版），2011，38（5）：158-163.
[134] 孙小龙，林璧属，郜捷．旅游体验质量评价述评：研究进展、要素解读与展望 [J]. 人文地理，2018（1）：143-151.
[135] 盛婷婷，杨钊．国外地方感研究进展与启示 [J]. 人文地理，2015，30（4）：11-17，115.
[136] 司嵬，王冲．基于层次分析法的旅游景区信用评价指标体系构建 [J]. 四川师范大学学报（自然科学版），2018，41（6）：822-828.
[137] 孙晶，江皓晨．多姿多彩的釉上彩瓷工艺所表现的信仰与敬畏 [J]. 陶瓷研究，2019，34（1）：119-122.
[138] 孙兆俊．旅游体验与审美教育：研学旅行的美学内涵与美育特质 [J]. 美育

学刊，2019（6）：52-57.

[139] 宋鹤，刘可心，姜寅哲，等 . 自然视域情感体验下的骑行旅行旅游——基于大学生群体的研究 [J]. 中国地名，2019（8）：39.

[140] 孙颖，贾东丽，蒋奖，等 . 敬畏对亲环境行为意向的影响 [J]. 心理与行为研究，2020，18（3）：383-389.

[141] 孙晓涵，李君轶 . 中国本土游客情感体验量表开发与检验 [J]. 干旱区资源与环境，2021，35（1）：189-195.

[142] 宋金泽，李彤，张恺敏，等 . 敬畏会让人睡得更香吗？特质敬畏对大学生睡眠质量的影响 [C] // 中国心理学会 . 第二十三届全国心理学学术会议摘要集（上），2021：309-310.

[143] 孙佼佼，徐英 . 环境契合度对旅游者主观幸福感的影响机制 [J]. 干旱区资源与环境，2022，36（11）：168-174.

[144] 孙凤芝，单怡，李宜倍 . 时空视角下台儿庄古城游客幸福感关系研究——以难忘旅游体验为中介 [J]. 干旱区资源与环境，2023，37（4）：201-208.

[145] 唐文跃 . 城市居民游憩地方依恋特征分析——以南京夫子庙为例 [J]. 地理科学，2011（10）：1202-1207.

[146] 唐文跃 . 旅游开发背景下古村落居民地方依恋对其迁居意愿的影响—以婺源古村落为例 [J]. 经济管理，2014，36（5）：124-132.

[147] 田野，卢东，Samart Powpaka. 游客的敬畏与忠诚：基于情绪评价理论的解释 [J]. 旅游学刊，2015，30（10）：80-88.

[148] 田野，卢东，吴亭 . 敬畏情绪与感知价值对游客满意度和忠诚的影响——以西藏旅游为例 [J]. 华东经济管理，2015，29（10）：79-85.

[149] 田野，卢东，张博坚，等 . 组织成员敬畏感对组织公民行为的促进作用研究 [J]. 软科学，2016，30（3）：77-80.

[150] 覃海丽，范向丽 . 游客感官式的旅游体验记忆研究——以厦门市鼓浪屿为例 [J]. 黎明职业大学学报，2018（3）：53-58.

[151] 唐文跃，张腾飞，龚晶晶 . 国内外旅游体验研究进展与启示 [J]. 资源开发与市场，2018，34（11）：1571-1576.

[152] 唐静，许雅晗，涂精华 . 旅游目的地居民的旅游影响感知与价值共创行为研究——基于主观幸福感的中介作用 [J]. 福建农林大学学报（哲学社会科学版），2021，24（5）：52-59.

[153] 王蕾 . 小学儿童向社会行为的发展 [J]. 心理发展与教育，1994（4）：33-36.

[154] 王美芳，庞维国 . 学前儿童在园亲社会行为的观察研究 [J]. 心理发展与教育，1997（3）：5-20.

[155] 王晓丽 . 中国语境中的“敬畏感”[J]. 道德与文明，2009（4）：46-49.

[156] 王燕，李悦，金一波 . 幸福感研究综述 [J]. 心理研究，2010，3（2）：14-19.

[157] 吴凌鸥 . 儒家传统道德中的敬畏思想 [J]. 牡丹江大学学报，2011，20（17）：8-20.

[158] 王艳平 . 温泉泉源场所情景构建研究 [J]. 旅游论坛，2012，5（5）：30-33，51.

[159] 王坤，黄震方，方叶林，等 . 文化旅游区游客涉入对地方依恋的影响测评 [J]. 人文地理，2013，28（3）：135-141.

[160] 王羽，王艳平，周永振 . 敬畏伦理视角下的温泉旅游产品开发 [J]. 大连民族学院学报，2013，15（6）：628-632.

[161] 吴茂英，Pearce P L. 积极心理学在旅游学研究中的应用 [J]. 旅游学刊，2014，29（1）：39-46.

[162] 万基财，张捷，卢韶婧，等 . 九寨沟地方特质与旅游者地方依恋和环保行为倾向的关系 [J]. 地理科学进展，2014，33（3）：411-421.

[163] 温忠麟，叶宝娟 . 中介效应分析：方法和模型发展 [J]. 心理科学进展，2014，22（5）：731-745.

[164] 王克军，马耀峰 . 旅游者情感动机的实证研究 [J]. 地理与地理信息科学，2015，31（3）：111-117.

[165] 王建明，吴龙昌 . 亲环境行为研究中情感的类别、维度及其作用机理 [J]. 心理科学进展，2015，23（12）：2153-2166.

[166] 汪荣有 . 论道德敬畏 [J]. 齐鲁学刊，2016（1）：80-84.

[167] 吴毅，吴刚，马颂歌 . 扎根理论的起源、流派与应用方法述评——基于工作场所学习的案例分析 [J]. 远程教育杂志，2016，35（3）：2-41.

[168] 王江哲，王刚，李维维 . 观光旅游者地方依恋、满意度与忠诚度间关系研究 [J]. 地域研究与开发，2017，36（5）：115-120，145.

[169] 王云龙 . 探讨电影《狼图腾》中敬畏情绪的社会记忆重构 [J]. 新闻研究导刊，2016，7（6）：181.

[170] 吴俊，唐代剑 . 具身认知理论在旅游研究中的应用：以跨学科为视角 [J]. 商业经济与管理，2017（6）：71-76.

[171] 武朵朵 . 敬畏对时间知觉及亲社会行为的影响 [D]. 临汾：山西师范大学，2018.

[172] 吴蔚 . 敬畏对利他行为的影响：去自我化的中介作用 [D]. 广州：广州大学，2018.

[173] 汪晓奕，苏勤 . 基于大数据分析的小众海岛旅游体验感知研究——以嵊泗列岛为例 [J]. 皖西学院学报，2019（5）：116-122.

[174] 王萍 . 基 UTAUT-TOE 模型的施工企业 VR 安全体验培训采纳影响因素的实证研究 [D]. 深圳：深圳大学，2019.

[175] 王贤 . 敬畏感、自大感对亲社会行为的影响——自我概念的中介作用 [D]. 南京：南京师范大学，2019.

[176] 王镜，原燕妮，蔡佳佳 . 文化线路遗产旅游体验影响因素研究——以丝绸之路为例 [J]. 科技与经济，2020（2）：61-65.

[177] 王影 . 敬畏情绪对人际宽恕行为的影响 [D]. 宁波：宁波大学，2020.

[178] 王影，库婷婷，许书萍，等 . 敬畏感的情绪成分分析：基于社交网络的文本挖掘 [J]. 心理技术与应用，2020，8（4）：235-242.

[179] 王雪娇 . 旅游影响感知对居民旅游开发意愿的影响——主观幸福感的中介作用 [J]. 智慧中国，2020（5）：90-93.

[180] 王华，马志新 . 川藏线骑行者旅游动机与主观幸福感关系研究——旅游满意度的中介作用 [J]. 旅游科学，2020，34（6）：53-65.

[181] 王若宸 . 权力对合作行为的影响：敬畏的调节作用 [D]. 长沙：湖南师范大

学，2021.

[182] 吴荻，刘慧，王恩旭，等 . 基于扎根理论的旅游舆情形成机制研究——心理契约违背视角 [J]. 管理评论，2021（4）：170-179.

[183] 王庆生，明蕊 . 长征国家文化公园建设及其国家认同研究：基于文旅融合视角 [J]. 中国软科学，2021（Z1）：157-163.

[184] 汪熠杰，吕宛青，倪向丽 . 考虑羊群效应的旅游不文明行为形成与演化——基于演化博弈分析 [J]. 华侨大学学报（哲学社会科学版），2022（4）：37-50.

[185] 王建华，王缘 . 环境风险感知对民众公领域亲环境行为的影响机制研究 [J]. 华中农业大学学报（社会科学版），2022（6）：68-80.

[186] 王屏，张冬良 . 环境认知对乡村寄宿避暑度假者忠诚度的影响研究——地方依恋与幸福感的中介作用 [J]. 西南民族大学学报（人文社会科学版），2022，43（8）：43-49.

[187] 谢彦君 . 旅游体验研究——一种现象学的视角 [M]. 天津：南开大学出版社，2005.

[188] 谢彦君，彭丹 . 旅游、旅游体验和符号——对相关研究的一个评述 [J]. 旅游科学，2005，19（4）：1-6.

[189] 谢彦君，谢中田 . 现象世界的旅游体验：旅游世界与生活世界 [J]. 旅游学刊，2006，21（4）：13-18.

[190] 谢彦君 . 旅游体验的两极情感模型：快乐—痛苦 [J]. 财经问题研究，2006（5）：88-92.

[191] 谢彦君 . 基础旅游学（第三版）[M]. 北京：中国旅游出版社，2011.

[192] 谢彦君，孙佼佼，卫银栋 . 论黑色旅游的愉悦性：一种体验视角下的死亡观照 [J]. 旅游学刊，2015，30（3）：86-94.

[193] 谢韵梓，阳泽 . 不同情绪诱发方法有效性的比较研究 [J]. 心理与行为研究，2016，14（5）：591-599.

[194] 谢彦君，樊友猛 . 身体视角下的旅游体验——基于徒步游记与访谈的扎根理论分析 [J]. 人文地理，2017，32（4）：129-137.

[195] 许春晓，左湘，胡婷，等 . 旅游情境、游客情感与游客忠诚的关系研究——以岳阳楼—君山旅游区为例 [J]. 华侨大学学报（哲学社会科学版），2018（5）：41-51.

[196] 徐志梅 . 基于游客感知的中国传统民居型民俗情感体验分析 [J]. 旅游纵览（下半月），2019（1）：35-37.

[197] 谢云虎，鄢志武，尼玛 . 基于网络游记的西藏旅游目的地形象感知研究 [J]. 西藏科技，2019（1）：6-13.

[198] 谢彦君 . 中国旅游发展笔谈——旅游体验研究的范式创新 [J]. 旅游学刊，2019（9）：1.

[199] 习近平 . 推动我国生态文明建设迈上新台阶 [J]. 求是，2019（3）：1-10.

[200] 徐洪，李春莹，李泓沄 . 原真性对古村落旅游地形象的影响：怀旧情绪和情境涉入的作用 [J]. 海南师范大学学报（自然科学版），2020，33（2）：206-215.

[201] 徐虹，周泽鲲 . 气味景观感知对乡村地方依恋的影响机制研究——兼论怀旧的中介作用 [J]. 人文地理，2020，35（4）：48-55.

[202] 徐翠蓉，赵玉宗 . 文旅融合：建构旅游者国家认同的新路径 [J]. 旅游学刊，2020，35（11）：11-12.

[203] 辛志勇，杜晓鹏，李冰月 . 敬则不逐物——敬畏对炫耀性消费倾向的抑制：小我的中介作用 [J]. 心理科学，2021，44（3）：642-650.

[204] 薛博文 . 我国国家认同研究现状及其热点演进分析 [J]. 教育理论与实践，2021，41（4）：31-36.

[205] 许春晓，郑静 . 同伴角色、旅游体验质量与旅游者幸福感的关系 [J]. 湘潭大学学报（哲学社会科学版），2021，45（5）：69-73.

[206] 肖小芳，郑希付 . 主动性社交网站使用与高中生生活满意度的关系：社会比较和积极情绪的链式中介作用 [J]. 教育生物学杂志，2022，10（6）：439-444.

[207] 肖悦，刘金广 . 文化价值观对湖泊旅游者亲环境行为的影响机制——以西湖风景区为例 [J]. 湿地科学，2023，21（1）：16-27.

[208] 熊峰，范冰君，张绿水，等．老年人城市公园休闲满意度与游憩幸福感的相关性研究 [J]. 江西科学，2023，41（2）：279-285.

[209] 俞国良．社会认知视野中的亲社会行为 [J]. 北京师范大学学报（社会科学版），1999（1）：20-25.

[210] 杨妮，马耀峰，白凯．基于扎根理论的城市形象定位研究——以潼关为例 [J]. 城市形象，2010，17（11）：72-76.

[211] 杨洋，蔡溢，殷红梅．扎根理论下“90 后”旅游者行为 TGM 模型构建与分析 [J]. 旅游学刊，2015，30（2）：52-60.

[212] 余及斌．生态旅游涉入、地方依恋与环境负责任行为关系研究——以西溪湿地为例 [D]. 杭州：浙江大学，2015.

[213] 苑炳慧，辜应康．基于顾客的旅游目的地品牌资产结构维度——扎根理论的探索性研究 [J]. 旅游学刊，2015，30（11）：87-98.

[214] 姚丽芬，龙如银．基于扎根理论的游客环保行为影响因素研究 [J]. 重庆大学学报，2017，23（1）：17-25.

[215] 叶巍岭，周欣悦，黄蓉．敬畏感的复杂性及其在消费行为领域的研究展望 [J]. 外国经济与管理，2018，40（5）：69-83.

[216] 殷杰，郑向敏．高聚集游客群安全的影响因素与实现路径——基于扎根理论的探索 [J]. 旅游学刊，2018，33（7）：133-144.

[217] 阎友兵，郭亮宏．基于网络文本的红色旅游游客情感特征研究——以韶山风景名胜区为例 [J]. 湘潭大学学报（哲学社会科学版），2020（3）：131-136.

[218] 杨尹茵子．敬畏情绪对创造性的影响及其心理机制 [D]. 上海：华东师范大学，2020.

[219] 杨毅博，周炎根．大学生敬畏感对冒险行为的影响：自我控制的中介作用 [C]// 中国心理学会．第二十三届全国心理学学术会议摘要集（下）. 2021：620.

[220] 杨洋，刘敏，宋金泽，等．敬畏与宽恕的关系：谦卑和共情的链式中介作用 [C]// 中国心理学会，第二十四届全国心理学学术会议摘要集，2022：398-

400.
[221] 元晓春，郭进辉，肖晨媛，等 . 山地旅游者人格特质如何影响环境负责任行为——以地方依恋与解说满意度为中介变量 [J]. 中国生态旅游，2022，12（2）：307-319.
[222] 闫昕，晏雄，解长雯，等 . 红色旅游者主观幸福感的链式生成机理研究 [J]. 干旱区资源与环境，2023，37（3）：178-185.
[223] 朱竑，谢涤湘，刘迎华 . 青藏铁路对西藏旅游业可持续发展的影响及其对策 [J]. 经济地理，2005，25（6）：910-914.
[224] 赵红梅. 对旅游体验及相关研究的解读 [J]. 广西民族研究，2007（4）：171-178.
[225] 郑希付. 我们的幸福感 [M]. 广州：暨南大学出版社，2008.
[226] 张凌云 . 旅游学研究的新框架：对非惯常环境下消费者行为和现象的研究 [J]. 旅游学刊，2008，23（10）：12-16.
[227] 邹本涛 . 旅游情感体验的内容分析 [J]. 北京第二外国语学院学报，2010（9）：21-27.
[228] 赵红梅，董培海 . 回望“真实性”（authenticity）（下）——一个旅游研究的热点 [J]. 旅游学刊，2012，27（5）：13-22.
[229] 张伟胜 . 敬畏感及其中西比较 [J]. 浙江社会科学，2012（8）：95-99.
[230] 钟洁 . 基于游憩体验质量的民族村寨旅游产品优化研究——以云南西双版纳傣族园、四川甲居藏寨为例 [J]. 旅游学刊，2012，27（8）：95-103.
[231] 赵宗金，董丽丽，王小芳 . 地方依附感与环境行为的关系研究——基于沙滩旅游人群的调查 [J]. 社会学评论，2013，1（3）：76-85.
[232] 邹永广，林炜铃，郑向敏 .“驴友”旅游安全事故成因机理研究——基于扎根理论范式的质性分析 [J]. 旅游科学，2014，28（3）：76-86.
[233] 张玉玲，张捷，赵文慧 . 居民环境后果认知对保护旅游地环境行为影响研究 [J]. 中国人口 · 资源与环境，2014，24（7）：149-156.
[234] 张天问，吴明远 . 基于扎根理论的旅游幸福感构成——以互联网旅游博客文本为例 [J]. 旅游学刊，2014，29（10）：51-60.

[235] 郑保卫．敬畏历史尊重事实，真实客观记录事件解读历史 [J]. 新闻与写作，2015（10）：1.

[236] 朱峰，王江哲，王刚．游客地方依恋、满意度与重游意愿关系研究——求新求异动机的调节作用 [J]. 商业研究，2015（10）：180-187.

[237] 朱湘平．旅游地文化氛围、游客情绪与行为涉入的关系研究 [D]. 长沙：湖南师范大学，2016.

[238] 郑春晖，张捷，钱莉莉，等．黑色旅游者行为意向差异研究——以侵华日军南京大屠杀遇难同胞纪念馆为例 [J]. 资源科学，2016，38（9）：1663-1671.

[239] 张环宙，李秋成，吴茂英．自然旅游地游客生态行为内生驱动机制实证研究——以张家界景区和西溪湿地为例 [J]. 经济地理，2016，36（12）：204-210.

[240] 周尚意．旅游与空间道德碰撞 [J]. 旅游学刊，2017，32（4）：1-2.

[241] 张琳，张佳琪．传统村落景观情境感知与游客体验质量的关系研究——以宏村、篁岭村、诸葛八卦村为例 [J]. 建筑与文化，2017（7）：186-188.

[242] 张朝枝，张鑫．流动性的旅游体验模型建构——基于骑行入藏旅游者的研究 [J]. 地理研究，2017，36（12）：2332-2342.

[243] 赵昭，张朝枝．历史背景认知对殖民遗产旅游情感体验的影响——以广州沙面岛为例 [J]. 热带地理，2018（5）：707-716.

[244] 张晶晶．生态旅游示范景区服务空间、品牌形象与游客满意度关系 [J]. 林业经济问题，2019，39（2）：204-210.

[245] 张丹婷，邢占军．旅游与民众幸福感 [J]. 旅游学刊，2019，34（7）：1-3.

[246] 赵欢欢，许燕，张和云．中国人敬畏特质的心理结构研究 [J]. 心理学探新，2019，39（4）：345-351.

[247] 曾小五．对“敬畏生命”新的哲学解读 [J]. 中国医学伦理学，2019，32（4）：447-453.

[248] 张圆刚，程静静，朱国兴，等．古村落旅游者怀旧情感对环境负责任行为的影响机理研究 [J]. 干旱区资源与环境，2019，33（5）：190-196.

[249] 张曼婕，张兴奇 . 游客涉入与满意度对湿地公园形象影响的研究——基于性别与职业类型的调节效应 [J]. 林业经济，2019，41（10）：23-31.
[250] 纵纬 . 九鲤湖景区发展研究 [J]. 太原城市职业技术学院学报，2019（12）：21-25.
[251] 张潮，张文燚，刘文兰，等 . 大学生敬畏情绪问卷的编制 [J]. 心理技术与应用，2020，8（4）：243-251.
[252] 周佼 . 朱熹“敬畏”思想的美学意义 [D]. 杭州：浙江工业大学，2019.
[253] 张彩虹，段朋飞 . 情感体验：民族村寨旅游的后乡土消费 [J]. 现代商业，2020（7）：3-5.
[254] 赵臣，陈扬乐，张凯，等 . 三亚市季节性旅游移民社会融合对主观幸福感的影响 [J]. 地理科学，2020，40（12）：2064-2072.
[255] 赵欢欢，张和云，许燕 . 人心秩序：敬畏特质及其对腐败行为意向的抑制效应 [J]. 中国社会心理学评论，2021（2）：83-98，267.
[256] 赵莉，孙建鑫，张玲 . 环保广告聚焦主体差异与绿色购买意愿——敬畏情绪的调节作用和自然联结感的中介作用 [J]. 珞珈管理评论，2021（2）：125-140.
[257] 赵小红，童薇，陈桃林，等 . 敬畏的心理模型及其认知神经机制 [J]. 心理科学进展，2021，29（3）：520-530.
[258] 赵若晨，候文花，侯哲，等 . 敬畏情绪对欺骗行为的影响：自我控制的中介作用 [C]// 中国心理学会，第二十三届全国心理学学术会议摘要集（上），2021：305-306.
[259] 周晓丽，徐虹，刘悦 . 宗教山岳型景区游客文明旅游行为意向的影响机制——基于敬畏情绪的视角 [J]. 西北师范大学学报（自然科学版），2021，57（4）：70-77.
[260] 张庆芳，徐红罡 . 野生动物观赏旅游者的敬畏感体验：基于斯里兰卡大象旅游的实证研究 [J]. 中国生态旅游，2021，11（5）：705-719.
[261] 张金荟，张宏梅 . 近 10 年国内旅游幸福感研究进展 [J]. 旅游研究，2021，13（5）：88-98.

[262] 郑久良 . 非遗旅游街区旅游者地方感、满意度与忠诚度的中介作用机制研究——以黄山市屯溪老街为例 [J]. 西北师范大学学报（自然科学版），2021，57（5）：40-47.

[263] 周卫，聂晓嘉，闫晨，等 . 森林公园游客恢复性知觉、场所依恋与幸福感的关系研究 [J]. 林业经济问题，2021，41（5）：527-535.

[264] 周文丽，张海玲 . 民族文化旅游景区服务质量感知对游客行为意愿的影响研究——游客满意度的中介效应 [J]. 武汉商学院学报，2022，36（1）：5-12.

[265] 赵丽君，陈钢华，胡宪洋 . 背包客身份认同对主观幸福感的影响 [J]. 浙江大学学报（理学版），2022，49（2）：249-260.

[266] 周凌霄，李姗殷，彭凯平，等 . 敬畏体验量表的中文版修订 [J]. 中国临床心理学杂志，2022，30（5）：1138-1142，1148.

[267] 张彩红 . 敬畏情绪对游客亲环境行为的影响及机制 [D]. 成都：西南财经大学，2022.

[268] Aho S K. Towards a General Theory of a Touristic Experiences：Modelling Experience Processin Tourism[J].Tourism Review，2001，56（3/4）：33-37.

[269] Aigoe S B，Haidt J. Witnessing Excellence in Action：The ‘other-praising’ Emotions of Elevation，Gratitude，and Admiration[J]. The Journal of Positive Psychology，2009，4（2）：105-127.

[270] Agate J R. Inspiring Awe in the Outdoors：A Mechanistic and Functional Analysis [D].Clemson：Clemson University，2010.

[271] Altunel M C A，Erkurt B B. Cultural Tourism in Istanbul：The Mediation Effect of Tourist Experience and Satisfaction on the Relationship between Involvement and Recommendation Intention[J].Journal of Destination Marketing & Management，2015，4（4）：213-221.

[272] Ardoin N M，Wheaton M，Bowers A W，et al. Nature-based Tourism’s Impact on Environmental Knowledge，Attitudes，and Behavior：A Review and Analysis of the Literature and Potential Future Research[J].Journal of

Sustainable Tourism，2015，23（6）：838-858.

[273] Anderson C L，Maria M，Keltner D. Awe in Nature Heals：Evidence from Military Veterans，At-risk Youth，and College Students[J].Emotion，2018，18（8）：1195-1202.

[274] Adam S，Kahn，Aaron C C. Immersive and Interactive Awe：Evoking Awe via Presence in Virtual Reality and Online Videos to Prompt Prosocial Behavior[J]. Human Communication Research，2021，47（4）：387-417.

[275] Beardsley E M C. Aesthetic from Classical Greece to the Present [M]. New York：MacMilan，1966.

[276] Bagozzi R P，Gopinath M，Nyer P U. The Role of Emotions in Marketing[J]. Journal of the Academy of Marketing Science，1999，27（2）：184-206.

[277] Bowen D. Antecedents of Consumer Satisfaction and Dis-satisfaction（CS/D）on Long-haul Inclusive Tours a Reality Check on Theoretical Considerations[J]. Tourism Management，2001，22（1）：49-61.

[278] Bergeron N，Schneider B H. Explaining Cross-national Differences in Peer-directed Aggression：A Quantitative Synthesis[J]. Aggressive Behavior，2005，31（2）：116-137.

[279] Bigné E，Andreu L，Gnoth J. The Theme Park Experience：An Analysis of Pleasure，Arousal and Satisfaction[J]. Tourism Management，2005，26（6）：833-844.

[280] Bonner E T，Friedman H L. A Conceptual Clarification of the Experience of Awe：An Interpretative Phenomenological Analysis[J]. Humanistic Psychologist，2011，39（3）：222-235.

[281] Ballantyne R，Packer J，Sutherland L A. Visitors' Memories of Wildlife Tourism：Implications for the Design of Powerful Interpretive Experiences[J]. Tourism Management，2011，32（4）：770-779.

[282] Ballantyne R，Packer J，Falk B. Visitors' Learning for Environmental Sustainability：Testing Short and Long-term Impacts of Wildlife Tourism

Experiences Using Structural Equation Modeling[J]. Tourism Management, 2011, 32（6）: 1243-1252.

[283] Buda D M, D' Hauteserre A M, Johnston L, et al. Feeling and Tourism Studies[J]. Annals of Tourism Research, 2014, 46（8）: 102-114.

[284] Bareon A, Brown A. Show Me the Prison ! The Development of Prison Tourism in the UK [J]. Crime, Media, Culture: An International Journal, 2015, 11（3）: 237-258.

[285] Bai Y, Maruskin L A, Chen S, et al. Awe, the Diminished Self, and Collective Engagement: Universals and Cultural Variations in the Small Self [J]. Journal of Personality and Social Psychology, 2017, 113（2）: 185-209.

[286] Bayat F, Hesart E, Sheida G, et al. Analyzing the Causal Model between Place Attachment and Social Participation in Residences through the Mediation of Social Cohesion[J]. International Journal of Community Well-Being, 2022, 5（4）: 711-732.

[287] Churchlll G. A J. A Paradigm for Developing Better Measures of Marketing Constructs[J]. Journal of Marketing Research, 1979, 16（1）: 64-73.

[288] Cohen E. Rethinking the Sociology of Tourism[J]. Annals of Tourism Research, 1979, 6（7）: 18-35.

[289] Coyne I T. Sampling in Qualitative Research. Purposeful and Theoretical Sampling: Merging or Clear Boundaries ? [J].Journal of Advanced Nursing, 1997, 26（3）: 623-630.

[290] Curtin S. Nature Wild Animals and Tourism: An Experiential View[J]. Journal of Tourism, 2005, 4（1）: 1-15.

[291] Chen C F, Chen F S. Experience Quality, Perceived value, Satisfaction and Behavioral Intentions for Heritage Tourists[J]. Tourism Management, 2010, 31（1）: 29-35.

[292] Christopher M R, Brown G, Weber D. The Measurement of Place

Attachment: Personal, Community, and Environmental Connections[J]. Journal of Environmental Psychology, 2010, 30 (4): 422-434.

[293] Churtz D R, Blincoe S, Smith R H, et al. Exploring the Social Aspects of Goose Bumps and Their Role in Awe and Envy[J]. Motivation and Emotion, 2012, 36 (2): 205-217.

[294] Cappellen P, Saroglou V. Awe Activates Religious and Spiritual Feelings and Behavioral Intentions[J]. Psychology of Religion and Spirituality, 2012, 4 (3): 223-236.

[295] Coghlan A, Buckley R, Weaver D. A Framework for Analyzing Awe in Tourism Experiences[J]. Annals of Tourism Research, 2012, 39 (3): 1710-1714.

[296] Cohen E, Cohen S A. Current Sociological Theories and Issues in Tourism[J]. Annals of Tourism Research, 2012, 39 (4): 2177-2202.

[297] Campos B, Shiota M N, Keltner D, et al. What is Shared, What is Different? Core Relational Themes and Expressive Displays of Eight Positive Emotions[J]. Cognition & Emotion, 2013, 27 (1): 37-52.

[298] Chan L, Bishop B. A Moral Basis for Recycling: Extending the Theory of Planned Behavior[J]. Journal of Environmental Psychology, 2013 (36): 96-102.

[299] Chronis A. Moving Bodies and the Staging of the Tourist Experiences [J]. Annals of Tourism Research, 2015, 55: 124-140.

[300] Claire P, Vassilis S. Awe' s Effects on Generosity and Helping[J]. The Journal of Positive Psychology, 2016, 11 (5): 522-530.

[301] Chen R F, Bai K, Luo Q. To help or Not to Help: The Effects of Awe on Residents and Tourists' Helping Behaviour in Tourism[J]. Journal of Travel&Tourism Marketing, 2021, 38 (7): 682-695.

[302] David T. The Education and Practice of Physiotherapy by Visually Impaired Persons in the UK[J]. Physical Therapy Japan, 1999, 20 (7): 421-424.

[303] David G，Junaida A. Holiday Taking and the Sense of Well-being[J]. Annals of Tourism Research，2003，31（1）：103-121.

[304] De Bloom J，Geurts S A E，Kompier M A J. Effects of Short Vacations，Vacation Activities and Experiences on Employee Health and Well-being [J]. Stress and Health，2012，28（4）：305-318.

[305] Diener E. New findings and Future Directions for Subjective Well-being Research[J]. The American psychologist，2012，67（8）：590-597.

[306] Eisenberg N，Miller P A. The Relation of Empathy to Prosocial and Related Behaviors[J]. Psychological Bulletin，1987，101（1）：91-119.

[307] Ekman P. An Argument for Basic Emotions[J]. Cognition And Emotion，1992，6（3-4）：169-200.

[308] Elaine F M，Kim H，Uysal M，et al. The Effect of Co-creation Experience on Outcome Variable[J]. Annals of Tourism Research，2016（57）：62-75.

[309] Ejova A，Krátký J，Kundtová K E，et al. The Awe-prosociality Relationship：Evidence for the Role of Context[J]. Religion，Brain & Behavior，2022，11（3）：294-311.

[310] Fredricison B L. The Role of Positive Emotions in Positive Psychology：The Broaden-and-build Theory of Positive Emotions[J]. The American psychologist，2001，56（3）：218-226.

[311] Finkelstein M A，Penner L A. Predicting Organizational Citizenship Behavior：Integrating the Functional and Role Identity Approaches [J]. Social Behavior & Personality：an international journal，2004，32（4）：383-398.

[312] Farber M E，Hall TE. Emotion and environment：Visitors' Extraordinary Experiences Along the Dalton Highway in Alaska [J]. Journal of Leisure Research，2007，39（2）：248-270.

[313] Filep S，Deery M. Towards a Picture of Tourists' Happiness[J]. Tourism Analysis，2010，15（4）：399-410.

[314] Felix S，Joya A K，Choi J J. The Power of Beauty？ The Interactive Effects

of Awe and Online Reviews on Purchase Intentions[J]. Journal of Retailing and Consumer Services, 2020, 54 (C): 102066.

[315] Fu Y N, Feng R D, Liu Q, et al. Awe and Prosocial Behavior: The Mediating Role of Presence of Meaning in Life and the Moderating Role of Perceived Social Support[J]. Int J Environ Res Public Health, 2022, 19 (11): 6466.

[316] Goossens C. Tourism Information and Pleasure Motivation [J]. Annals of Tourism Research, 2000, 27 (2): 301-321.

[317] Gilbert D, Abdullah J. Holiday Taking and the Sense of Wellbeing [J]. Annals of Tourism Research, 2004 (1): 103-121.

[318] Gilbert D, Abdullah J. A Study of the Impact of the Expectation of A Holiday on an Individual' s Sense of well-being [J]. Journal of Vacation Marketing, 2002 (4): 352-361.

[319] Gallarza M G, Irene G S. Value Dimensions, Perceived Value, Satisfaction and Loyalty: an Investigation of University Students' Travel Behavior [J]. Tourism Management, 2004, 27 (3): 437-452.

[320] Griskevicius V, Shiota M N, Neufeld S L. Influence of Different Positive Emotions on Persuasion Processing: a Functional Evolutionary Approach [J]. Emotion, 2010, 10 (2): 190-206.

[321] Glaser B G. The Future of Grounded Theory [J]. Qualitative Health Research, 2016, 9 (6): 836-845.

[322] Guan F, Chen J, Chen O T, et al. Awe and Prosocial Tendency[J]. Current Psychology, 2019, 38 (4): 1033-1041.

[323] Gracey B, Sirgy M J, Michaell B. The Effects of Holiday Leisure Travel on Subjective Well-Being: The Moderating Role of Experience Sharing[J]. Journal of Travel Research, 2021, 60 (8): 1677-1691.

[324] Hood R. Eliciting Mystical States of Consciousness with Semi-structured Nature Experiences[J]. Journal for the Scientific Study of Religion, 1977, 16

（2）：155-163.

[325] Hall G S. A Study of Fears[J]. The American Journal of Psychology，1987（8）：147-249.

[326] Havitz M E，Dimanche F. Propositions for Testing the Involvement Construct in Recreational and Tourism Contexts[J]. Leisure Sciences，1990，12（2）：179-195.

[327] Halstead J M，Halstead A O. Awe，Tragedy and the Human Condition[J]. International Journal of Children' s Spirituality，2004，9（2）：163-175.

[328] Heike A S，Alison J M. An Insight into the Personal and Emotive Context of Wildlife Viewing at the Penguin Place，Otago Peninsula，New Zealand[J]. Journal of Sustainable Tourism，2000，8（1）：36-52.

[329] Hottola P. Culture Confusion Intercultural Adaptation in Tourism [J]. Annals of Tourism Research，2004，31（2）：447-466.

[330] Hughes K. Measuring the Impact of Viewing Wildlife：Do Positive Intentions Equate to Long-term Changes in Conservation Behavior[J]. Journal of Sustainable Tourism，2013，21（1）：42-59.

[331] Hill J，Curtin S，Gough G. Understanding Tourist Encounters with Nature：A Thematic Framework[J]. Tourism Geographies，2014，16（1）：68-87.

[332] Holm M R，Lugosi P，Croes R R，et al. Risk-tourism，Risk-taking and Subjective Well-Being：A Review and Synthesis[J]. Tourism Management，2016，63：115-122.

[333] ISO-AHOLA S E. Motivation for Leisure[J]. Understanding Leisure & Recreation State College Venture Publishing，1989，32（5）：422-423.

[334] Immordino-Yang M H，Mccoll A，Damasio H，et al. Neural Correlates of Admiration and Compassion[J]. Proceedings of the National Academy of Sciences of the United States of America，2009，106（19）：8021-8026.

[335] Jones F L，Smith P. Diversity and Commonality in National Identities：An Exploratory Analysis of Cross-national Patterns[J]. Journal of Sociology，

2001, 37 (1): 45-63.

[336] Joye Y, Verpooten J. An Exploration of the Functions of Religious Monumental Architecture from a Darwinian Perspective[J]. Review of General Psychology, 2013, 17 (1): 53-68.

[337] Jensen M T, Scarles C, Cohen S A. A Multisensory Phenomenology of Interrail Mobilities[J]. Annals of Tourism Research, 2015, 53 (7): 61-76.

[338] Jin N P, Lee S, Lee H. The Effect of Experience Quality on Perceived Value, Satisfaction, Image and Behavioral Intention of Water Park Patrons: New Versus Repeat Visitors[J]. International Journal of Tourism Research, 2015, 17 (1): 82-95.

[339] Jepson D, Sharpley R. More than Sense of Place? Exploring the Emotional Dimension of Rural Tourism Experiences[J]. Journal of Sustainable Tourism, 2015, 23 (8-9): 1157-1178.

[340] Jiang Libin, Yin Jun, Mei Dongmei, et al. Awe Weakens the Desire for Money[J]. Journal of Pacific Rim Psychology, 2018 (12): 4.

[341] Joshua D P, Leon L. Why Does Awe Have Prosocial Effects? New Perspectives on Awe and the Small Self[J]. Perspectives on Psychological Science, 2020, 15 (2): 291-308.

[342] Joseph L C, Vasanehi S, Parayitam S. The Relationship between Attraction, Perception of Service, Opportunities and Tourist Satisfaction in Backwater Tourism in Alappuzha District of Kerala in India[J]. Tourism and Hospitality Research, 2022, 22 (3): 314-335.

[343] Keltner D, Haidt J. Approaching Awe, A Moral, Spiritual, and Aesthetic Emotion[J]. Cognition And Emotion, 2003, 17 (2): 297-314.

[344] Kyle G, Chick G. Enduring Leisure Involvement: The Importance of Personal Relationships[J]. Leisure Studies, 2004, 23 (3): 243-266.

[345] Kyle G, Graefe A, Robert M, et al. Effect of Activity Involvement and Place Attachment on Recreationists' Perceptions of Setting Density[J]. Journal of

Leisure Research, 2004, 36 (2): 209-231.

[346] Kanchanapibul M, Lacka E, Wang X J. An empirical Investigation of Green Purchase Behavior among the Young Generation[J]. Journal of Cleaner Production, 2014 (66): 528-536.

[347] Kim L, Kin U A. Nature-Based Tourism: Motivation and Subjective Well-Being[J]. Journal of Travel & Tourism Marketing, 2015, 32 (1): 76-96.

[348] Kim H C, Chua B L, Lee S, et al. Understanding Airline Travelers' Perceptions of Well-being: The R OLE of Cognition Emotion, and Sensory Experiences in Airline Lounges[J]. Journal of Travel & Tourism Marketing, 2016, 34 (7): 1213-1234.

[349] Krenzer W L. Assessing the Experience of Awe: Validating the Situational Awe Scale[D]. Chicago: DePaul University, 2018.

[350] Kai C Y, Pok M T, Carisa L. Working with Animals: Implications for Employees' Compassion, Awe, Prosocial Behavior, and Task Performance[J]. Personnel Psychology, 2022 (1): 1-40.

[351] Lazarus R S. Emotion and Adaptation[M]. New York: Oxford University Press, 1991.

[352] Laurent G, Kapferer J N. Measuring Consumer Involvement Profiles[J]. Journal of Marketing Research, 1985 (22): 41-53.

[353] Lee T H. How Recreation Involvement, Place Attachment and Conservation Commitment Affect Environmentally Responsible Behavior[J]. Journal of Sustainable Tourism, 2011, 19 (7): 895-915.

[354] Lu J S, Maxwell K H. Service Fairness, Consumption Emotions, Satisfaction, and Behavioral Intentions: The Experience of Chinese Heritage Tourists[J]. Journal of Travel & Tourism Marketing, 2013, 30 (8): 786-805.

[355] Lee S H. The Influence of Experience Quality on Perceived Value, Satisfaction, and Future Behavioral Intention of Tourist[J]. International

Journal of Tourism & Hospitality Research，2018，32（3）：23-37.

[356] Li J J，Dou K，Wang Y J，Nie Y G，et，al. Why Awe Promotes Prosocial Behaviors？ The Mediating Effects of Future Time Perspective and Self-Transcendence Meaning of Life[J]. Front Psychol，2019（10）：1140-1140.

[357] Lusianus K. Tourist Loyalty to Hot Springs Destination：the Role of Tourist Motivation，Destination Image，and Tourist Satisfaction[J]. Leisure/Loisir，2022，46（3）：381-408.

[358] Maslow A H. Religions，Values，and Peak-Experiences [M]. Columus OH：Ohio State University Press，1964.

[359] Mackie D M，Worth L T. Processing Deficits and the Mediation of Positive Affect in Persuasion[J]. Journal of Personality and Social Psychology，1989，57（1）：27-40.

[360] Mcintyre N. The Personal Meaning of Participation：Enduring Involvement[J]. Journal of Leisure Research，1989，21（2）：167-179.

[361] Mcintyre N，Pigram J J. Recreation Specialization Reexamined：The Case of Vehicle—based Campers[J]. Leisure Sciences，1992，14（1）：3-15.

[362] Michelle N.Shiota，Dacher K，Amanda M，et，al. The Nature of Awe：Elicitors，Appraisals，and Effects on Self-concept[J]. Cognition & Emotion，2007，21（5）：944-963.

[363] Michael J G，Brown G. An Empirical Structural Model of Tourists and Places：Progressing Involvement and Place Attachment into Tourism[J]. Tourism Management，2008，29（6）：1141-1151.

[364] Mayes G，Richins H. Dolphin Watch Tourism：Two Differing Examples of Sustainable Practices and Pro-environmental Outcomes[J]. Tourism in Marine Environments，2009，5（2-3）：201-214.

[365] Moeller T，Dolnicar S，Leisch F. The Sustainability Profitability Trade off in Tourism：Can It be Overcome[J]. Journal of Sustainable Tourism，2011，19（2）：155-169.

[366] Melanie R, Kathleen D.Vohs, Jennifer A. Awe Expands People' s Perception of Time, Alters Decision Making, and Enhances Well-Being[J]. Psychological Science, 2012, 23（10）: 1130-1136.

[367] Mohamed M E, Kim D C, Lehto X, et al. Destination Restaurants, Place Attachment, and Future Destination Patronization[J]. Journal of Vacation Marketing, 2022, 28（1）: 20-37.

[368] Nunnally J C. Psychometric Theory[J]. American Educational Research Journal, 1967, 5（3）: 83.

[369] Nunnally J C. Psychometric Methods[M]. New York: McGraw, 1978.

[370] Naresh R P. The Creation of Theory: A Recent Application of the Grounded Theory Method [J]. The Qualitative Report, 1996, 2（4）: 1-15.

[371] Norenzayan A. Belief in Supernatural Agents in the Face of Death[J]. Personality & Social Psychology Bulletin, 2006, 32（2）: 174-187.

[372] Nawijn J. The Holiday Happiness Curve: A Preliminary Investigation into Mood During a Holiday Abroad[J]. International Journal of Tour-ism Research, 2010, 12（3）: 281-290.

[373] Oliver R L. Cognitive, Affective and Attribute Bases of the Satisfaction Response[J]. Journal of Consumer Research, 1993, 20（3）: 418-430.

[374] Otto J E, Ritchie J R B. The Service Experience in Tourism[J]. Tourism Management, 1996, 17（3）: 165-174.

[375] Pons P O. Being- on- holiday: Tourist Dwelling, Bodies and Place[J]. Tourist Studies, 2003, 3（1）: 47-66.

[376] Pollmann A. National Attachment among Berlin and London Head Teachers: the Explanatory Impact of National Identity, National Pride and Supranational Attachment[J]. Educational Studies, 2008, 34（1）: 45-53.

[377] Powell R B, Brownlee M T, Kellert S R, et al. From Awe to Satisfaction: Immediate Affective Responses to the Antarctic Tourism Experience[J]. Polar Record, 2012, 48（2）: 145-156.

[378] Piff P K, Dietze P. Awe, the Small Self, and Prosocial Behavior [J]. Journal of Personality and Social Psychology, 2015, 108（6）: 883-899.

[379] Prade C, Saroglou V. Awe' s Effects on Generosity and Helping[J]. Journal of Positive Psychology, 2016, 11（5）: 522-530.

[380] Pearce J, Strickland-Munro J, Moore S A. What Fosters Awe-inspiring Experiences in Nature-based Tourism Destinations？ [J]. Journal of Sustainable Tourism, 2017, 25（3）: 362-378.

[381] Perlin J D, Li L. Why Does Awe Have Prosocial Effects？ New Perspectives on Awe and the Small Self [J]. Perspectives on Psychological Science, 2020, 15（2）: 291-308.

[382] Pizarro JJ, Basabe N, Fernandez I, et al. Self-Transcendent Emotions and Their Social Effects: Awe, Elevation and Kama Muta Promote a Human Identification and Motivations to Help Others[J]. Front Psychol, 2021（12）: 709859.

[383] Rosenberg F R, Rosenberg M, McCord J. Self-esteem and Delinquency[J]. Journal of Youth and Adolescence, 1978, 7（3）: 279-294.

[384] Repko O F. Interdisciplinary Research: Process and Theory[M]. Sage Publications: Thousand Oaks, 2008.

[385] Rudd M, Vohs K D, Aaker J. Awe Expands People' s Perception of Time, Alters Decision Making, and Enhances Well-being[J]. Psychological Science, 2012, 23（10）: 1130-1136.

[386] Rocco Servidio, Ida Ruffolo. Exploring the Relationship between Emotions and Memorable Tourism Experiences Through Narratives[J]. Tourism Management Perspectives, 2016（7）: 151-160.

[387] Richard W B. Niche Tourism（Bird Watching）and Its Impacts on the Well-being of A Remote Island and Its Residents[J]. International Journal of Tourism Anthropology, 2019, 7（1）: 5-20.

[388] Rachel D. Maunder, Fiona A. White, Stefano Verrelli. Modern Avenues

for Intergroup Contact: Using E-contact and Intergroup Emotions to Reduce Stereotyping and Social Distancing Against People with Schizophrenia[J]. Group Processes & Amp, Intergroup Relations, 2019, 22 (7): 947-963.

[389] Rohana N. The Effects of Moral Norms, Social Norms and Pro-environmental Attitude on Travel Behavior in Malaysia[J]. Environment Behaviour Proceedings Journal, 2020, 5 (14): 287-291.

[390] Shigeno S. The Use of Short-term Memory in the Discrimination of Visually-Influenced CV-syllables[J]. The Japanese Journal of Psychonomic Science, 1999, 18 (1): 62-72.

[391] Strauss-Blasche G, Ekmekcioglu C, Marktl W. Does Vacation Enable Recuperation ? Changes in Well- being Associated with Time Away from Work[J]. Cupational Medicine, 2000, 50 (3): 167-172.

[392] Sundararajan L. Religious Awe: Potential Contributions of Negative Theology to Psychology, "Positive" or Otherwise. [J]. Journal of Theoretical and Philosophical Psychology, 2002, 22 (2): 174-197.

[393] Strange C, Kempa M. Shades of Dark Tourism: Alcatraz and Robben Island[J]. Annals of Tourism Research, 2003, 30 (2): 386-405.

[394] Shiota M N, Campos B, Keltner D. The Faces of Positive Emotion[J]. Annals of the New York Academy of Sciences, 2003, 1000 (1): 296-299.

[395] Shiota M N, Keltner D, John O P. Positive Emotion Dispositions Differentially Associated with Big Five Personality and Attachment Style[J]. The Journal of Positive Psychology, 2006, 1 (2): 61-71.

[396] Shiota M N, Keltner D, Mossman A. The Nature of Awe: Elicitors, Appraisals, and Effects on Self-concept [J]. Cognition & Emotion, 2007, 21 (5): 944-963.

[397] Saroglou V, Buxant C, Tilquin J. Positive Emotions as Leading to Religion and Spirituality[J]. Journal of Positive Psychology, 2008, 3 (3): 165-173.

[398] Schneider K J. Awakening to an Awe-Based Psychology[J]. The Humanistic

Psychologist，2011，39（3）：247-252.

[399] Spears R，Leach C，Zomeren M V，et al. Intergroup Emotions：More than the Sum of the Parts[A]. //：Emotion Regulation and Well- Being[C]. New York：Springer，2011，121-145.

[400] Stone P R. Dark Tourism and Significant other Death：Towards a Model of Mortality Mediation[J]. Annals of Tourism Research，2012，39（3）：1565-1587.

[401] Su L，Swanson S R，Chen X. The Effects of Perceived Service Quality on Repurchase Intentions and Subjective Well-being of Chinese Tourists：The Mediating Role of Relationship Quality[J]. Tourism Management，2015，52（2）：82-95.

[402] Stylos N，Vassiliadis C A，Bellou V，et al. Destination Images，Holistic Images and Personal Normative Beliefs：Predictors of Intention to Revisit a Destination[J]. Tourism Management，2016，53（11）：40-46.

[403] Sameer H，Girish P，RobertO V D，et al. Mediating Effects of Place Attachment and Satisfaction on the Relationship between Tourists' Emotions and Intention to Recommend[J]. Journal of Travel Research，2017，56（8）：1079-1093.

[404] Stellar J E，Gordon A，Anderson C L，et al. Awe and Humility[J]. Journal of Personality and Social Psychology，2018，114（2）：258-269.

[405] Stylidis D，Kyle M W，Milan I，et al. Destination Loyalty Explained through Place Attachment，Destination Familiarity and Destination Image[J]. International Journal of Tourism Research，2020，22（5）：604-616.

[406] Sangeetha G，Payel D，Dixit S K，et al. Wine-experienscape and Tourist Satisfaction：Through the Lens of Online Reviews[J]. Journal of Foodservice Business Research，2022，25（6）：684-701.

[407] Turner V，Turner E. Mage and Pilgrimage on Christian Culture [M]. Oxford：Basil Blackwell，1978.

[408] Thrash T M，Elliot A J．Inspiration as a Psychological Construct [J]．J PersSoc Psychol，2003，84（4）：871-889.

[409] Twenge J M，Baumeister R F，De Wall C N，et al．Social Exclusion Decrease Pro-social Behavior[J]．Journal of Personality and Social Psychology，2007，92（1）：56-66.

[410] Trommsdorff G，Friedlmeier W，Mayer B．Sympathy，Distress and Prosocial Behavior of Preschool Children in Four Cultures[J]．International Journal of Behavioral Development，2007，31（3），284-293.

[411] Troilo G，Cito M C，Soscia I．Repurchase Behavior in the Performing Arts：Do Emotions Matter without Involvement ？ [J]．Psychology & Marketing，2014，31（8）：635–646.

[412] Tinson J S，Saren M A J，Roth B E．Exploring the Role of Dark Tourism in the Creation of National Identity of Young Americans[J]．Journal of Marketing Management，2015，31（7-8）：856-880.

[413] Uriely N．The Tourist Experience：Conceptual Developments[J]．Annals of Tourism Research，2005，32（1）：199-216.

[414] Valdesolo P，Graham J．Awe，Uncertainty，and Agency Detection [J]．Psychological Science，2014，25（1）：170-178.

[415] Viol M，Todd L，Theodoraki E，et al．The Role of Iconic-historic Commemorative Events in Event Tourism：Insights from the 20th and 25th Anniversaries of the Fall of the Berlin Wall[J]．Tourism Management，2017，69：246-262.

[416] Wuthnow R．Peak experiences：Some Empirical Tests[J]．Journal of Humanistic Psychology，1978，18（3）：59-75.

[417] Westbrook R A，Oliver R L．The Dimensionality of Consumption Emotion Patterns and Consumer Satisfaction[J]．Journal of Consumer Research，1991，18（1）：84-91,

[418] Walker G J，Hull R B，Roggenbuck J W．On-site Optimal Experiences and

their Relationship to Off-site Benefits[J]. Journal of Leisure Research，1998，30（4）：453-471.

[419] Williams D R，Vaske J J. The Measurement of Place Attachment：Validity and Generalizability of a Psychometric Approach[J]. Forest Science，2003，49（6）：830-841.

[420] Wiles J L，Ruth E S，Allen A J，et al. Older People and their Social Spaces：A Study of Well-being and Attachment to Place in Aotearoa New Zealand[J]. Social Science & Medicine，2008，68（4）：664-671.

[421] Weinstein N，Ryan R M. When Helping Helps：Autonomous Motivation for Pro-social Behavior and its Influence on Well-being for the Helper and Recipient[J]. Journal of Personality and Social Psychology，2010（98）：222-244.

[422] Wheaton M，Ardoin NM，Hunt C，et al. Using Web and Mobile Technology to Motivate Pro-environmental Action after a Nature-based Tourism Experience[J]. Journal of Sustainable Tourism，2016，24（4）：594-615.

[423] Xin Y F，Laura M，Padilla-Walker，et al. Longitudinal Relations between Adolescents' self-esteem and Prosocial Behavior toward Strangers，Friends and Family[J]. Journal of Adolescence，2017（57）：90-98.

[424] Yoon Y，Muzaffer U. An Examination of the Effects of Motivation and Satisfaction on Destination Loyalty：A Structural Model[J]. Tourism Management，2003，26（1）：45-56.

[425] Yaden D B，Barry K S，Elizabeth H，et al. The Development of the Awe Experience Scale（AWE-S）：A Multifactorial Measure for a Complex Emotion[J]. The Journal of Positive Psychology，2018，14（4）：1-15.

[426] Young J S，Christoph K，Brock B. Awe Promotes Moral Expansiveness Via the Small-self[J]. Frontiers in Psychology，2023（14）：1097629-1097629.

[427] Zaichkowsky J L. Measuring the Involvement Construct[J]. Journal of Consumer Research，1985，12（3）：341-352.

[428] Zatori A，Smith M K，Puczko L. Experience-involvement，Memorability and Authenticity：The Service Provider’s Effect on Tourist Experience[J]. Tourism Management，2016，67：111-126.

[429] Zhe Ouyang，Dogan Gursoy，Bishnu Sharma. Role of Trust，Emotions and Event Attachment on Residents’ Attitudes toward Tourism[J]. Tourism Management，2017（6）：426-438.

[430] Zhao H H，Zhang H Y，Xu Y，et al. Relation Between Awe and Environmentalism：The Role of Social Dominance Orientation[J]. Frontiers in Psychology，2018（9）：2367.

[431] Zhao H H，Zhang H Y，Xu Y，et al. Why Are People High in Dispositional Awe Happier？ The Roles of Meaning in Life and Materialism[J]. Frontiers in psychology，2019（10）：1208.

[432] Zahra A A，Nasibeh Z，Ahmad D，et al. Place Attachment and Aging：A Scoping Review[J]. Journal of Human Behavior in the Social Environment，2022，32（1）：91-108.

[433] Zaitul Z，Desi I，Neva N. Village-Based Tourism Performance：Tourist Satisfaction and Revisit Intention[J]. Polish Journal of Sport and Tourism，2022，29（2）：36-43.

[434] Wan C，Shen G Q，Yu A. The Moderating Effect of Perceived Policy Effectiveness on Recycling Intention[J]. Journal of Environmental Psychology，2014（37）：55-60.

附录 1　游客敬畏情绪量表开发前测问卷

您好！我们正在进行游客敬畏情绪研究，请您回忆旅游过程中敬畏情绪产生时体验到的情绪变化，完成下面的调查问卷。问卷采用不记名方式，没有对错之分，数据仅用作学术研究，每题均为单选，在相应位置打√。感谢您的参与，祝您工作、学业顺利！

序号	题项	非常不同意	不同意	一般	同意	非常同意
当您在旅游过程中产生敬畏情绪时：						
1	人类的智慧、技艺与精神（浩大的工程、精美绝伦的艺术品、革命者的奉献精神等）令我惊叹					
2	壮观精彩的仪式活动、表演使我震撼					
3	恢宏大气的宗教场景使我惊叹					
4	高大庄严的宗教建筑、浓厚的宗教信仰给我带来心灵的震撼					
5	珍奇、壮观的文物、遗址引发历史共鸣，使我感到震撼					
6	展现顽强生命力的旅游景观令我惊叹					
7	生命对自然的抵抗与适应使我震撼					
8	壮美的地文景观使我感受到大自然的力量，产生震撼之情					
9	壮美的水域景观使我发现自然的神奇，感到震颤惊叹					
10	绝美、辽阔的气候生物景观使我产生震撼之情					
11	旅途中体会到岁月生命的流逝，使我认识到自己的渺小					
12	宗教旅游地的巨大神像，使我感知到自身的渺小					

续表

序号	题项	非常不同意	不同意	一般	同意	非常同意
13	壮阔的自然景观使我认识到自己的渺小					
14	自然的力量使我认识到，和自然界相比我是渺小的					
15	我意识到自己是更大整体的一部分					
16	旅游时我认为自己在一个伟大的事物面前					
17	在旅途中看到美丽的景色，我会更加愉悦					
18	在旅途中看到壮阔、神秘的场景，我会更加激动					
19	在旅途中实现旅游愿望时，我会更加激动喜悦					
20	旅游过程中的新奇体验令我感到惊喜					
21	在游玩时我更容易发现周围的美好事物					
22	我发现旅游过程中周围常常很美好，欣喜油然而生					
23	在惊险、绝美的旅游地，我保持更谦卑的态度					
24	我折服于自然景色，对自然充满虔敬之情					
25	不慕世俗的宗教氛围使我感到肃穆					
26	神圣的宗教旅游地使我内心更加崇敬、虔诚					
27	慈悲肃穆、正气凛然的神像使我内心虔敬					
28	站在神佛面前，我会感恩他们的庇佑					
29	面对美丽景色，我会感恩自然的给予					
30	我更加尊重旅游地展现的历史文化特色					
31	面对伟大工程、发明作品等，我会更加钦佩前人的工匠精神					
32	我会更加致敬旅游地展现的艰苦环境下的英雄人物					

1. 您的性别：男　女

2. 您的年龄：18 岁及以下　19～30 岁　31～45 岁　46～60 岁　61 岁及以上

3. 您的学历：初中及以下　高中 / 中专　大专　本科　研究生

4. 您的月收入：3000 元及以下　3001～6000 元　6001～9000 元　9001 元及以上

5. 您的职业：政府及事业单位人员　企业员工　医护人员　工人　教师　学生　自由职业者　离退休人员　其他

6. 您的常住地：辽宁省内　辽宁省外

附录 2　游客敬畏情绪量表开发正式问卷

您好！我们正在进行游客敬畏情绪研究，请您回忆旅游过程中敬畏情绪产生时体验到的情绪变化，完成下面的调查问卷。问卷采用不记名方式，没有对错之分，数据仅用作学术研究，每题均为单选，在相应位置打√。感谢您的参与，祝您工作、学业顺利！

序号	题项	非常不同意	不同意	一般	同意	非常同意
当您在旅游过程中产生敬畏情绪时：						
1	恢宏大气的宗教场景使我惊叹					
2	珍奇、壮观的文物、遗址引发历史共鸣，使我感到震撼					
3	展现顽强生命力的旅游景观令我惊叹					
4	壮美的地文景观使我感受到大自然的力量，产生震撼之情					
5	壮美的水域景观使我发现自然的神奇，感到震颤惊叹					
6	旅途中体会到岁月生命的流逝，使我认识到自己的渺小					
7	自然的力量使我认识到，和自然界相比我是渺小的					
8	旅游时我认为自己在一个伟大的事物面前					
9	在旅途中看到美丽的景色，我会更加愉悦					
10	在旅途中实现旅游愿望时，我会更加激动喜悦					
11	旅游过程中的新奇体验令我感到惊喜					
12	我发现旅游过程中周围常常很美好，欣喜油然而生					
13	我折服于自然景色，对自然充满虔敬之情					
14	神圣的宗教旅游地使我内心更加崇敬、虔诚					

续表

序号	题项	非常不同意	不同意	一般	同意	非常同意
15	慈悲肃穆、正气凛然的神像使我内心虔敬					
16	我更加尊重旅游地展现的历史文化特色					

1. 您的性别：男　女

2. 您的年龄：18 岁及以下　19～30 岁　31～45 岁　46～60 岁　61 岁及以上

3. 您的学历：初中及以下　高中 / 中专　大专　本科　研究生

4. 您的月收入：3000 元及以下　3001～6000 元　6001～9000 元　9001 元及以上

5. 您的职业：政府及事业单位人员　企业员工　医护人员　工人　教师　学生　自由职业者　离退休人员　其他

6. 您的常住地：辽宁省内　辽宁省外

附录 3　游客旅游体验质量假设检验正式问卷

游客您好！我们正在为我们的研究设计收集数据，请您根据在千山风景区游玩的体验感受，完成下面的调查问卷。问卷采用不记名方式，没有对错之分，数据仅用作学术研究，每题均为单选，在相应位置打√。感谢您的参与，祝您工作、学业顺利！

（1）已有研究发现千山风景区可以激发游客产生敬畏情绪，请您根据敬畏情绪产生时的情绪状态，对以下问题作出判断：

序号	题项	非常不同意	不同意	一般	同意	非常同意
1	千山恢宏大气的宗教场景使我惊叹					
2	千山展现的珍奇、壮观的文物、遗址引发我的历史共鸣，使我感到震惊					
3	千山展现顽强生命力的景观令我惊叹					
4	千山壮美的地文景观使我感受到大自然的力量，产生震撼之情					
5	千山壮美的水域景观使我发现自然的神奇，感到震颤惊叹					
6	在千山游玩，我体会到岁月生命的流逝，使我认识到自己渺小而脆弱					
7	在千山感受到自然的力量，使我认识到和自然界相比我是渺小的					
8	在千山旅游时，我认为自己在一个伟大的事物面前					
9	在千山看到美丽的景色，我会更加愉悦					
10	在千山实现了我的旅游愿望，我更加激动喜悦					

续表

序号	题项	非常不同意	不同意	一般	同意	非常同意
11	千山旅游过程中的新奇体验令我感到惊喜					
12	我发现在千山旅游时周围常常很美好，欣喜油然而生					
13	我折服于千山的自然景色，对自然肃然起敬					
14	千山神圣的宗教景观使我内心更加崇敬、虔诚					
15	千山风景区内慈悲肃穆、正气凛然的神像使我内心虔敬					
16	我更加尊重千山展现的历史文化特色					

（2）旅游涉入

序号	题项	非常不同意	不同意	一般	同意	非常同意
1	对我来说，到千山旅游是很有意义且重要的事情					
2	在千山旅游使我放松，是我感兴趣的事情					
3	到千山旅游给我带来了很多乐趣					
4	我非常喜欢在千山游玩					
5	去千山旅游是我生活的重要组成部分					
6	我很享受与朋友谈论我的千山旅游经历					
7	除了到千山旅游，我也乐于关注千山相关的旅游信息					
8	在千山旅游能展现我的个性与风格，我是真实的我					
9	在千山旅游可以真正地表现自我，让他人更了解我					
10	在千山旅游过程中我可以不受约束地做自己					
11	在千山旅游时，我喜欢别人看待我的方式					

（3）旅游体验质量

序号	题项	非常不同意	不同意	一般	同意	非常同意
1	我非常享受千山的旅游活动，甚至忘记时间的流逝					
2	我全身心投入千山的旅游活动中，甚至忘记烦恼					
3	我对在千山旅游总体上很满意					
4	我觉得来千山旅游很值得					
5	我认为此次千山旅游经历十分难忘					

（4）其他信息

1. 您的性别：男　女

2. 您的年龄：18 岁及以下　19～30 岁　31～45 岁　46～60 岁　61 岁及以上

3. 您的学历：初中及以下　高中 / 中专　大专　本科　研究生

4. 您的月收入：3000 元及以下　3001～6000 元　6001～9000 元　9001 元及以上

5. 您的职业：政府及事业单位人员　企业员工　医护人员　工人　教师　学生　自由职业者　离退休人员　其他

6. 您的常住地：辽宁省内　辽宁省外

附录 4　纪念性旅游场景中游客敬畏情绪对国家认同的影响

正式问卷：

您好！我们正在为我们的研究设计收集数据，请根据您的真实感受填写纪念性旅游场景中游客敬畏情绪对国家认同的影响调查问卷。本调查数据仅作学术研究使用，匿名回答，没有对错之分，不会泄露个人隐私，每题只能选择一个选项，1 代表完全不同意，2 代表不同意，3 代表一般，4 代表同意，5 代表完全同意。真诚感谢您的配合，谢谢！

（1）您在“九·一八”历史博物馆参观感受如何？（请在相应位置打√）

序号	题项	完全不同意	不同意	一般	同意	完全同意
1	到“九·一八”历史博物馆参观使我感到震撼	1	2	3	4	5
2	“九·一八”历史博物馆的历史性建筑使我感到震撼	1	2	3	4	5
3	“九·一八”历史博物馆留念性建筑（残历碑、警世钟、青铜雕像等）使我感到震撼	1	2	3	4	5
4	“九·一八”历史博物馆的建筑颜色（白色山脉浮雕、黑色大理石地面等）使我感到震撼	1	2	3	4	5
5	“九·一八”历史博物馆对东北人民的抗日救亡运动的故事记载使我对他们的经历充满了敬意，更加尊敬、尊重他们	1	2	3	4	5
6	“九·一八”历史博物馆对日军发动“九·一八”事变及抗日救亡的场景再现使我感到在战争灾难面前生命是脆弱的，认识到自己的渺小	1	2	3	4	5

续表

序号	题项	完全不同意	不同意	一般	同意	完全同意
7	“九・一八”历史博物馆对当事人（或见证人）对灾难发生时悲惨情况的口述记录使我感到生命的脆弱、自身的渺小	1	2	3	4	5
8	“九・一八”历史博物馆对战争造成伤亡人数的数据记载使我感到生命的脆弱，自身的渺小	1	2	3	4	5
9	在“九・一八”历史博物馆看到抗战武器（枪械、战刀等）使我感到震撼	1	2	3	4	5
10	在“九・一八”历史博物馆看到抗战时留下的战争痕迹使我感到震撼	1	2	3	4	5
11	在“九・一八”历史博物馆看到遇难同胞的遗物使我感觉每一个生命都值得尊重	1	2	3	4	5

（2）“小我”（请根据您的同意程度在相应位置打√）

序号	题项	完全不同意	不同意	一般	同意	完全同意
1	走进“九・一八”历史博物馆感受爱国主义教育，我觉得自己是爱国人士中的一部分	1	2	3	4	5
2	在“九・一八”历史博物馆看到中国人民抗争事迹，我觉得我在一个伟大的事物（事情、事迹）面前	1	2	3	4	5
3	在参观“九・一八”历史博物馆后，我觉得存在比我自身更强大的东西（力量、精神）	1	2	3	4	5
4	走进“九・一八”历史博物馆，在惨痛的历史面前，我觉得自己是渺小或微不足道的	1	2	3	4	5
5	在“九・一八”历史博物馆参观，相对于比自己更强大的东西（力量、精神）我觉得自己很渺小	1	2	3	4	5
6	在“九・一八”历史博物馆中感慨今日的生活来之不易，我觉得我自己日常的担忧相对来说微不足道	1	2	3	4	5
7	在参观“九・一八”历史博物馆后，我觉得自己的问题和担忧并不那么重要	1	2	3	4	5

（3）国家认同（请根据您的同意程度在相应位置打√）

序号	题项	完全不同意	不同意	一般	同意	完全同意
1	“九·一八”事变对中华民族具有特别意义	1	2	3	4	5
2	参观“九·一八”历史博物馆激发了我的爱国热情	1	2	3	4	5
3	参观“九·一八”历史博物馆让我产生了对国家的敬畏之情	1	2	3	4	5
4	我为国家当今的发展感到骄傲和自豪	1	2	3	4	5
5	我会主动向别人介绍“九·一八”历史博物馆	1	2	3	4	5
6	参观“九·一八”历史博物馆让我想要加深对这段历史的了解与学习	1	2	3	4	5
7	我会更加珍惜现在的幸福生活	1	2	3	4	5
8	我愿意参加“九·一八”纪念活动	1	2	3	4	5
9	中国未来的发展与我密切相关	1	2	3	4	5
10	我觉得中国未来会发展得更好	1	2	3	4	5
11	我愿意为中国发展贡献力量	1	2	3	4	5

（4）其他信息

1. 您的性别：男　女

2. 您的年龄：18 岁及以下　19～30 岁　31～40 岁　41～50 岁　51～60 岁　61 岁及以上

3. 您的学历：高中及以下　大专及本科　研究生

4. 您的月收入：2000 元及以下　2001～5000 元　5001～8000 元　8001 元以上

5. 您的职业：企业管理者职员　事业单位公务人员　技术人员　自由职业者　学生　退休人员　其他

6. 您的居住地：沈阳市　辽宁省非沈阳市　中国非辽宁省　其他

7. 您来过“九・一八”历史博物馆几次：1 次　2 次　3 次及以上

附录5 南山竹海景区游客亲环境行为调查问卷

游客您好！此问卷采用不记名的形式，每道题项回答没有对错之分，数据仅用于学术研究，不会泄露您的个人隐私。请您根据游玩南山竹海景区的真实体验感受，完成调查问卷。每道题均为单选题，请在相应的位置勾选√即可。真诚感谢您在百忙之中抽出时间帮助调研！祝您万事顺意！

（1）请根据您真实的游玩感受选择对南山竹海景区自然环境和宗教氛围的看法。

题项	非常不同意	不同意	一般	同意	非常同意
身处南山竹海让我感觉到其自然景观气势磅礴、秀美绮丽					
身处南山竹海让我感受到其自然景观形成的时光漫长					
身处南山竹海让我感受到其自然力量的神奇强大					
身处南山竹海让我感受到在大自然中我的力量是微弱的					
身处南山竹海让我感受到佛的伟大					
身处南山竹海让我感受到精妙的佛教艺术					
身处南山竹海让我感受到悠久的佛教历史					
身处南山竹海让我感受到自己在佛面前力量是微弱的					
身处南山竹海让我感受到自己在佛面前要保持谦卑					

（2）请根据您真实的游玩感受选择在南山竹海景区旅游的体验。（1 表示同维度的消极形容词，5 表示同维度的积极形容词。）

题项	1	2	3	4	5
在南山竹海旅游时，我的感受是（1 表示平静的，5 表示震撼的）					
在南山竹海旅游时，我的感受是（1 表示无聊的，5 表示惊奇的）					
在南山竹海旅游时，我的感受是（1 表示厌倦的，5 表示激动的）					
在南山竹海旅游时，我的感受是（1 表示无印象的，5 表示难忘的）					
在南山竹海旅游时，我的感受是（1 表示平常的，5 表示独特的）					
在南山竹海旅游时，我的感受是（1 表示藐视的，5 表示崇敬的）					

（3）请根据您真实的游玩感受选择在南山竹海旅游的看法。

题项	非常不同意	不同意	一般	同意	非常同意
身处南山竹海使我感觉到存在比我更浩大的事物					
身处南山竹海使我感觉到自己是某个更大实体的一部分					
身处南山竹海使我感觉到自己是某个更大整体的一部分					
身处南山竹海使我感觉到存在比我自身更强大的东西					
身处南山竹海使我感觉自己很渺小					

（4）请根据您真实的游玩感受选择在南山竹海旅游的看法。

题项	非常不同意	不同意	一般	同意	非常同意
身处南山竹海我知道违反景区环保规章制度的严重性					
身处南山竹海我知道破坏旅游地资源和生态环境的严重性					
身处南山竹海我知道造成环境污染的严重性					
身处南山竹海我知道逃票行为的严重性					
身处南山竹海我知道拥挤和争吵行为的严重性					
身处南山竹海我违反景区环保规章制度的可能性					

续表

题项	非常不同意	不同意	一般	同意	非常同意
身处南山竹海我破坏旅游地资源和生态环境的可能性					
身处南山竹海我造成环境污染的可能性					
身处南山竹海我逃票行为的可能性					
身处南山竹海我拥挤和争吵行为的可能性					

（5）请根据您真实的游玩感受谈谈对亲环境行为的看法。

题项	非常不同意	不同意	一般	同意	非常同意
我看到垃圾会主动捡起					
我看到破坏景区行为会主动上前制止					
有净化景区的相关活动我会参加					
我会尝试如何解决景区的环保问题					
我会阅读有关景区环保问题的书籍、广告等					
我会和他人讨论景区环保问题					
我会说服同伴采取积极行为，保护景区自然环境					
我不会破坏景区的环境					

（6）请用√勾选您的信息

1. 您的性别：男　女

2. 您的年龄段：18 岁及以下　19～25 岁　26～35 岁　36～45 岁　46～55 岁　56～65 岁　66 岁及以上

3. 您的学历：初中及以下　高中 / 中专　大专　本科　研究生

4. 您的职业：学生　政府机关 / 事业单位　公司 / 企业职员　私营业主　离退休人员　其他

5. 您的居住地：江苏省溧阳市　江苏省内其他城市　江苏省外其他城市

6. 平均月收入：2000 元及以下　2001～4000 元　4001～6000 元　6001～8000 元 8001 元及以上

附录6　千山风景区游客主观幸福感调查问卷

游客您好！此问卷采用不记名的形式，每道题项回答没有对错之分，数据仅用于学术研究，不会泄露您的个人隐私。请您根据游玩千山风景区的真实体验感受，完成调查问卷。每道题均为单选题，请在相应的位置勾选√即可。真诚感谢您在百忙之中抽出时间帮助调研！祝您万事顺意！

（1）请根据您真实的游玩感受选择对千山风景区自然环境和宗教氛围的看法。

序号	题项	非常不同意	不同意	一般	同意	非常同意
1	身处千山使我感受到山峰的形态秀美、气势雄伟					
2	身处千山使我感受到神奇的自然风景					
3	身处千山使我感受到自己在大自然中是渺小的					
4	身处千山使我感受到自己在大自然中的力量是微弱的					
5	身处千山使我感受到在面对大自然时要保持谦卑					
6	身处千山使我感受到佛的高大					
7	身处千山使我感受到绚烂的佛教文化					
8	身处千山使我感受到精妙的佛教艺术					
9	身处千山使我感受到悠长的佛教历史					
10	身处千山使我感受到自己在佛面前的渺小					
11	身处千山使我感受到自己在佛面前的力量是微弱的					
12	身处千山使我感受到在面对佛时要保持谦卑					

（2）请根据您真实的游玩感受选择在千山风景区旅游的体验。（1 表示同维度的消极形容词，5 表示同维度的积极形容词，请在相应的位置上打√）

序号	消极形容词	1	2	3	4	5	积极形容词
1	无聊的						惊奇的
2	镇静的						震撼的
3	没有印象的						难忘的
4	普遍的						独特的
5	蔑视的						崇敬的
6	高傲的						谦卑的
7	涣散的						肃然的

（3）请根据您真实的游玩感受选择在千山旅游的看法。

序号	题项	非常不同意	不同意	一般	同意	非常同意
1	我喜欢千山的自然环境超过其他地方					
2	相比于其他地方，千山更能够让我感到休闲					
3	当我离开千山，我会想念它					
4	游览千山比游览其他地方更会让我满意					
5	千山对我而言很有意义					
6	我对千山风景区产生十分强烈的认同感					
7	在千山游览让我感觉到很享受					
8	我愿意长时间停留在千山					
9	在千山游玩时我能更好地认识自我					
10	我对千山存在一种特殊的情感					

（4）请根据您真实的游玩感受选择在千山风景区旅游的观点。

序号	题项	非常不同意	不同意	一般	同意	非常同意
1	总的来说，我很满意在千山的游览体验					
2	跟我的期望相比较，我很满意在千山的游玩					
3	此次在千山的旅行值得我花费金钱和时间					

（5）请根据您真实的游玩感受谈谈千山旅游后对生活满意度和积极情绪的看法。

序号	题项	非常不同意	不同意	一般	同意	非常同意
1	千山旅行后，我的生活质量提高了					
2	千山旅行后，我的生活丰富多彩了					
3	千山旅行后，我对生活的满意度提高了					
4	千山旅行后，我感到生活更充实有意义					
5	千山旅行后，我的身体和精神都更好了					
6	千山旅行后，我感受到高兴					
7	千山旅行后，我感受到乐观					
8	千山旅行后，我感受到愉悦					
9	千山旅行后，我感受到享受					

（6）请用√勾选您的信息

1. 您的性别：男　女

2. 您的年龄段：18 岁及以下　19～25 岁　26～35 岁　36～45 岁　46～55 岁　56～65 岁　66 岁及以上

3. 您的学历：初中及以下　高中 / 中专　大专　本科　研究生

4. 您的月收入：2000 元及以下　2001～4000 元　4001～6000 元　6001～8000 元　8001 元及以上

5. 您的职业：学生　政府机关 / 事业单位职工　公司 / 企业职员　工人　教师　医务人员　私营业主 / 个体户　离退休人员　自由职业者　待业　其他

6. 您的居住地：辽宁省鞍山市　辽宁省内其他城市　辽宁省外其他城市

7. 您前往千山风景区的次数：1 次　2～4 次　5 次以上

8. 与您一同游览千山风景区的人员是：独自出游　家人　朋友　同学　情侣　同事　其他

9. 您对千山风景区的了解程度是：非常不了解　不太了解　一般了解　比较了解　非常了解